朱杰 卢毅刚 著

情境与范式

民族地区文化产业与
媒体互动的文化间性研究

中国社会科学出版社

图书在版编目(CIP)数据

情境与范式:民族地区文化产业与媒体互动的文化间性研究/朱杰,卢毅刚著. —北京:中国社会科学出版社,2020.9
ISBN 978-7-5203-7265-7

Ⅰ.①情… Ⅱ.①朱…②卢… Ⅲ.①民族文化—文化产业—研究—青海 Ⅳ.①G127.44

中国版本图书馆 CIP 数据核字(2020)第 179376 号

出 版 人	赵剑英
责任编辑	陈肖静
责任校对	刘娟
责任印制	戴宽

出 版	中国社会科学出版社
社 址	北京鼓楼西大街甲 158 号
邮 编	100720
网 址	http://www.csspw.cn
发 行 部	010-84083685
门 市 部	010-84029450
经 销	新华书店及其他书店
印 刷	北京明恒达印务有限公司
装 订	廊坊市广阳区广增装订厂
版 次	2020 年 9 月第 1 版
印 次	2020 年 9 月第 1 次印刷
开 本	710×1000 1/16
印 张	20.25
插 页	2
字 数	281 千字
定 价	118.00 元

凡购买中国社会科学出版社图书,如有质量问题请与本社营销中心联系调换
电话:010-84083683
版权所有 侵权必究

序

郑保卫

西北民族大学新闻传播学院的朱杰老师嘱我为他们的新著《情境与范式——民族地区文化间性中的媒介与产业研究》作序，使我不由地想起了同西北民族大学的交往情缘。我与西北民族大学结缘是在2004年。那年我参加了西北民族大学语言文化传播学院（现新闻传播学院前身）组织的"西部少数民族地区大众传播与社会发展论坛"，当我前往学校，远远看到那高高耸立的古色古香，具有浓郁民族特色的学校大门，留下了很深印象。那时候他们新闻专业还在语言文化传播学院里，只有几个专业老师，还处在创业初始阶段，但是看得出一帮年轻人劲头很足，一心想把新闻专业办好。

2020年5月我应邀到该校讲课，有机会参观了他们在榆中的新校区和新闻传播学院新大楼，真让我感慨万千。我看到一个西部民族地区高校新闻传播专业在15年中的快速发展。他们从只有几名专任教师、几百名学生发展到现在有千余名本科生研究生和49名专任教师；从单一的专业设置发展到拥有新闻学、广播电视学、广告学、广播电视编导、数字出版等5个专业方向；从仅有本科教育发展到包括本科、硕士研究生、职业培训在内的多元教育体系；从教师队伍学历的层次低结构发展到拥有以博士生和硕士生为主体的教学科研队伍。这些发展使得他们在西部民族地区新闻院校中有了一定声誉，形成了一定影响。

西北民族大学新闻传播学院的发展可谓来之不易。这些年，他们积极向外寻求知识拓展，不断参加各种全国性学术会议，借以提升科研能力和水平。而正是在他们积极参与学术交流的过程中，我结识了本书的两位作者。作为西北民族大学新闻传播学院的中青年学术骨干，他们十几年来致力于西部民族地区新闻传播与社会发展研究，并取得了不少成果，此书的出版就是重要成果之一。两位年轻作者的求知态度和坚守精神让我十分感动。我想，在西部民族地区新闻教育事业中尤其需要有这样一批视野宽、有毅力、能吃苦、肯担当，勇于挑战和善于学习的年轻学者。

两位作者这些年的学术研究始终围绕着"少数民族地区传媒与社会发展"这一主题。这个宏大且有着重要学术价值与实践意义的命题，所涉及的领域是多面向的。因为少数民族地区新闻传播事业对民族地区经济社会发展可以起到巨大的促进和推动作用，这就需要研究者能够从传媒与经济、政治、文化、社会、生态，以及民族、宗教等诸多方面，对这一命题做全方位的勾勒，努力建构传媒改革和民族地区经济社会发展的较为全面的现实图景。

当前我国民族地区新闻与信息传播研究呈现出研究领域逐渐扩大、研究内容更加多样、研究质量不断提升的特点。但依然存在区域发展不平衡、研究质量层次不齐、缺乏整体统筹规划，以及尚未形成整体研究团队等问题。少数民族地区是我国社会不可或缺的重要组成部分，少数民族地区经济社会的进步与发展，是全面实现我国"四个全面"总体布局和"五位一体"战略目标的需要，因此，深入研究少数民族地区的新闻与信息传播对社会发展的功能和作用具有重要理论价值和实践意义。

党的十八大确立了深化改革的思路和共识。因此，民族地区的新闻传播研究要关注并深入探讨民族地区的新闻传媒，如何为当地政府和各民族群众紧跟全国改革发展步伐，通过发展经济、改善民生，以及完善民族区域自治制度、创新服务民族地区体制机制来实现民族地区"维稳"和发展的目标服务。

当前民族地区新闻与信息传播存在的问题亟待完善。这就要求研究者须加强对少数民族地区新闻与信息传播的规律性认识，要使自己的研究成果有助于帮助少数民族地区群众更好地获得他们所需要的各种有益、有用、有趣和有效的新闻信息，以便更好地知悉本地情况，了解外部世界，而且要帮助少数民族地区群众更好地运用媒体发出自己的声音，表达自己的意愿，进而更好地服务民族地区的经济社会发展。

为此，民族地区的新闻与信息传播要从传播理念、机制、效果，以及队伍建设等多方面入手，推动少数民族地区新闻事业更好更快发展。在民族地区新闻与信息传播中，新闻工作者需要充分认识"民族问题无小事"，要做到"懂政策、有感情、知常识、守纪律"，要掌握民族地区新闻工作的特点，真正承担起媒体的职业使命与社会责任。

当前少数民族新闻传播研究影响力还十分有限，一些研究成果传播不开，即使传播出去，应用的效果也很有限。之所以出现这些问题，关键在于一些研究严重脱离实际，缺乏针对性和可操作性。因此，需要尽快改变这种状况。我们提倡研究者要关注自己的研究对象，要紧密联系少数民族地区新闻与信息传播现实，增强研究的针对性和有效性。

如今，我国已进入新的历史时期，国家制定了西部大开发的新战略，少数民族地区尤其是西部少数民族地区将迎来历史上从未有过的最好的发展机遇。在此背景下，西部民族地区新闻学界要围绕"一带一路"与少数民族地区经济社会发展、国际传播与少数民族地区经济社会发展、少数民族文化遗产与文化传播、全媒体时代民族地区信息传播与舆论引导、媒体融合与民族地区新闻教育转型等话题展开深入研究。

写到这里我想到了十年前，即2009年，我们中国人民大学新闻学院在院长赵启正教授倡导下，联合全国十几所少数民族地区新闻院校共同组建"中国少数民族地区信息传播与社会发展论坛"的初衷及效果。当时论坛定名为"信息传播与社会发展论坛"，就是希望通过组织论坛，为民族地区新闻院校的老师们搭建一个学术平台，借此促进学术交流，打造研究团队，同时也为推动民族地区经济发展和社会稳定服务。因为没有民族地区的改革、发展与稳定，任何一项国家战略目标的最终实现都会受到制约。十年来，论坛所举办的每届研讨会都会确定一个与民族地区信息传播与社会发展相关联的主题，都会尽力打造一支有地域特色、有学术涵养的研究团队，形成一些有代表性的学术成果。由此看来，《情境与范式——民族地区文化产业与媒体互动的文化间性研究》一书的出版，正是论坛这些年所坚持的研究方向的一项实践成果。

该书以"文化间性"作为理论基础，以文化旅游产业作为研究依托，对文化间性与文化产业之间的关联性作出理论阐释，这对当下我国具有文化间性特征的民族地区，尤其是正处于"一带一路"建设核心区域和关键地带的西部民族地区而言，意义尤为重大。从对民族文化的解读到民族文化间性的认知；从民族文化发展的传播动力到为这一动力形成驱动的现代媒介；从民族文化间性背景的现实语境到民族文化产业发展的新格局，对于民族地区社会发展，尤其是文化建设问题的认识将会形成一个应然的逻辑，即民族文化存在间性特征构成了民族文化传播的话语环境，在地性的传媒又进一步识别、适应和契合于话语环境并生产具有特质性的文化产品，在"互联网＋"的技术驱动下，在地化的传媒与相关文化产业联动，为其他产业不断注入文化意义并形成全球化传播。因此，民族文化既是在地化的，更是全球化的，这反过来又使得民族文化中的间性特征更加突出，并集中表现在传媒与文化产业生产的文化产品在传播后形成的话语空间中。

尤其应该看到，当下的任何一种民族文化都不可能是孤立存在的，伴随着个体交互所形成的文化交互趋势是生活世界的实然面向，个人中心主义和社群主义前所未有的发展使传统民族文化区域中的每一个社会主体都拥有表达、编辑和制作文化文本的权利，可以说，互联网下半场驱动的新的社会特征，正是由赋权所导致的，而这一特征明显地标识出以个人和社群为中心节点的，具有文化间性的文化传播。识别和理解这一特征，对于如何应用文化间性产生的内驱力与外驱力去实现社会认同、社会发展，是后现代社会生存的必然要求。与此同时，将其应用到具体的文化产业中又同时兼具了文化间性背景下民族文化社会价值转化的现实需求。

这正是该书的理论价值与实践意义之所在。期盼此书能够对关注民族地区新闻与信息传播和文化产业发展的读者有所启迪，也希望两位作者能够进一步拓展思路，深化研究，取得更多学术成果，以期更好地服务于民族地区传媒业发展，乃至于更好地服务于民族地区整个经济社会发展！

（作者系广西大学新闻与传播学院院长、中国人民大学新闻学院教授、中国少数民族地区信息传播与社会发展论坛理事长、教育部社会科学委员会委员兼新闻传播学科召集人）

目 录

绪论 ……………………………………………………………（1）

第一章 背景分析
——民族地区文化间性的特征与指向 ……………………（19）
第一节 融合：多元文化的互嵌 ……………………………（22）
第二节 自信：星丛文化的互构 ……………………………（35）
第三节 认同：民族文化主体的自信建构 …………………（49）

第二章 现实分析
——民族地区文化间性的表现与表达 ……………………（60）
第一节 文化间性的现实表现 ………………………………（60）
第二节 作为话语方式的文化间性 …………………………（62）
第三节 作为思维方式的文化间性 …………………………（75）
第四节 作为行为方式的文化间性 …………………………（77）

第三章 因素分析
——民族地区文化间性的影响性解读 ……………………（81）
第一节 文化间性与文化生态 ………………………………（82）

第二节　文化间性与文化产业……………………………………（85）

第三节　文化间性与媒介话语……………………………………（90）

第四章　特定文化结构中的青海民族旅游文化产业实证分析………（100）

第一节　文化产业的结构性………………………………………（101）

第二节　文化产业的系统性………………………………………（121）

第三节　文化产业的融合性………………………………………（132）

第四节　文化产业的创新性………………………………………（141）

第五章　特定文化语境下的青海民族旅游文化产业大数据分析……（151）

第一节　青海文化旅游产业网络舆情信息实证分析……………（151）

第二节　青海省人文、地理、民俗…………………………………（161）

第三节　传说、历史、遗迹…………………………………………（176）

第四节　饮食、住宿、交通…………………………………………（195）

第六章　青海民族旅游文化产业与传媒互动的实证分析……………（209）

第一节　民族旅游文化资源和传媒互动结果的关联度和
　　　　差异性………………………………………………………（209）

第二节　青海民族旅游文化产业与传媒互动效果的差异分析……（221）

第三节　青海民族旅游地区文化传播效能提升空间……………（228）

第七章　文化间性中的媒介与产业研究思考：宏观—间性特征下的
　　　　民族文化产业互动………………………………………………（243）

第一节　从文化间性中提取互动线索……………………………（245）

第二节　在文化间性中找寻互动框架……………………………（252）

第三节　以文化间性作为文化产品生产的内涵…………………（260）

第八章 文化间性中的媒介与产业研究思考：中观—"合—同模式"下的民族文化产业发展机制……………………………………（264）
  第一节 文化产业整合发展……………………………（264）
  第二节 文化产业数字化发展…………………………（274）

第九章 文化间性中的媒介与产业研究思考：微观—"线上—线下模式"的民族文化产业发展路径……………………………（280）
  第一节 文化产业的线上行动方案……………………（280）
  第二节 文化产业的线下布局方案……………………（290）

参考文献……………………………………………………………（298）

后记 媒介的全球化与文化的在地化：民族文化的间性发展与社会认同……………………………………………………（308）

绪　论

　　当前民族地区文化产业发展在深刻文化间性情境下展开。毋庸置疑，文化产业立足文化，而面对多元文化的共存怎样减少排异、怎样谋求共生、怎样吸收借鉴，这些问题最终排布合理的产业格局提出新时代的命题。这就要求首先加深认识和理解所处的文化间性情境，尤其是边疆民族地区，这种文化间性的特征更加显著。应该看到，很多在文化产业发展中的矛盾与冲突表象是经济利益所致，究其内里则是文化冲突、文化震荡处理不当的必然结果。习近平总书记的"一带一路"倡议更进一步要求文化走出去，而文化走出去的重要形式是文化产业的稳健前行。在这一过程中更需要学会审时度势，处理好由于文化间性带来的相关问题。讲好中国故事先要学会讲中国故事，学会讲中国故事更要明白所处的时代背景和文化环境。应该看到，文化间性也给今天的文化产业发展带来诸多契机。每一种文化都不是孤立的存在，其必然是和周边文化，乃至更远区域的文化之间的相互融合。一种文化只有呈现出多样性才更具包容性，这不仅是历史的经验更是当下的现实。这种应然的逻辑体现在以下三个方面中。

　　首先，从民族文化多元到民族文化间性存在既是客观的现实也是必须去认真面对的文化生态改变问题。在多元文化境域中，人的能动性、意识和实践的相互作用，被用来阐释民族区域的社会变迁。这种文化趋势，说明了在社会决定论领域内永远不可能一次性地揭示出事物的因果关系、条件与其制约的现象之间、前后现象之间的相互联系，辩证思维方法才是达到真相的途径。人们不能"把用抽象的方法孤立起来的所谓的经济因素扩展到其他方面去,问题首先在于历史地解释经济,并以它的变化来阐明其他的变化①"。区域经济与其中的多民族的文化意识联系在一起,从而形成对社会生活、社会历史过程的反作用力。并且,因为经济与文化的相互作用所形成的错综复杂的关系,构成了丰富多彩的民族文化生活与历史画面,因而也形成后马克思主义所谓的新"世界体系"。在这种"土著的"与世界的对视中,城市与乡村、中国与世界互动,城市不断缩小与文化相对落后的乡土之间的距离,但是城市也并非仅仅作为经济政治势力的根本性产物,它能在文化同构中达成与乡土的平等互动,原有的城市格局的变化与变化着的乡野,共同构成后现代风景中一个有机的景观,展现出"时空分延"的特征——遥远的乡野发生的事情,比过去任何时候都能更直接、迅速地对世界发生影响,城市与乡村成为交互活动的关联性指称,从而在生态、经济、政治、文化上皆具生产性。在互联与多种媒体作用下,个人与群体所作出的种种决定,其后果都是全球性的。由此,我们可以了解到,人类社会在艺术境域的精神互通,可超越技术风险并达成与宇宙的共通性。对立可以消解,特殊的传统可以激活,并成为当下、历史与未来的意义关联。因此,在此时空中,生活不再是作为"结构"被体验,而是作为日常存在的时间意义被领悟:民歌节与博览会把多样性的民族文化原则,主动地结合到各民族对资源的思考与利用的决策中,从而使之成为主动的民族文化模式与现实防卫策略,进而展现出民族文化成本—效益方程式中内外相兼的社会文化发展因素。

在理解民族地区文化产业发展环境的同时,要找到合适的平台、合理的抓手来形成操作范式。不可否认,传媒在这其中可能起到的作用无法替代。尤其是进入互联网时代,从线上的文化共存到线下的文化共在,互联网本身就是一个文化间性最富有活力的机体。然而,并不能把传媒产业和

---

① [意大利]安东尼奥·拉布里奥拉:《关于历史唯物主义》,杨启潾等译,人民出版社1984年版,第48页。

民族文化产业混为一谈，两者在概念界定上泾渭分明，但在实际操作中又互为依托。文化产业的发展需要传媒助力，传媒产业的进步又需要民族文化提供文本素材。那么，在必须都去观照文化间性的客观现实中，具体的实施路径里传媒对文化间性的关注应该更多还是更少？这也是本书需要重点研究的问题。理论的假设只是一种概念化的虚构，需要通过更加务实的调查、验证去充分说明传媒、民族文化产业、文化间性之间的逻辑关系从而为民族文化产业的发展提供切实可行的操作范式。

马克思在《神圣家族》中指出："古往今来每个民族都在某些方面优于其他民族……任何一个民族都永远不会优于其他民族。"恩格斯也在《波兰尼宣言》中认为："压迫其他民族的民族是不能获得解放的。"这说明马克思主义者强调民族平等与社会运动中交互作用的重要性。马克思和恩格斯认为："整个伟大的发展过程是在相互作用的形式中进行的（虽然相互作用的力量很不均衡：其中经济运动是更有力得多的、最原始的、最有决定性的），这里没有任何绝对的东西，一切都是相对的。"[1] 同时，马克思和恩格斯在1845—1846年合著的《德意志意识形态》中提出了许多民族和民族问题的理论观点，揭示了民族产生与生产力发展的关系；指出了经济基础对民族关系的决定性影响，民族关系对民族内部结构的重要影响，即"各民族之间的相互关系取决于每一个民族的生产力、分工和内部交往的发展程度"，"一个民族本身的整个内部结构取决于它的生产以及内部和外部的交往的发展程度"[2]。中国国家领导人周恩来等秉承马恩的精神，认为："我们对各民族既要平等，又要大家繁荣。多民族繁荣是我们社会主义民族政策上的根本立场。"[3] 这种民族平等观深刻地揭示了社会运动的辩证法，提出了民族文化的相互作用论与历史合力论，为当代民族文化区内建构民族文化间性，提供了良好的理论基础。

---

[1] 《马克思恩格斯选集》第4卷，人民出版社1984年版，第487页。
[2] 《马克思恩格斯选集》第1卷，人民出版社1984年版，第287页。
[3] 《周恩来选集》，人民出版社1984年版，第263页。

源生于地缘性的历史和原生性的文化的积淀，不仅仅是民族的族源性记忆和情境中的策略性生成。民族生态环境作为文化资本，通过其历史运演，以其历史时空、生命意义表述，其中穿插着民族国家政治性与权力性的话语，因而包含了纯生态与文化语境等多方面的意义。它指向民族生态的认识论、实践论与本体论的审美实质建构。然而，因为民族本身具有想象的、有限的及自我定义的特性，兼之任何生态环境观都具有具体的历史语境与适应性，因而使民族生态的历史叙述表现出在社会记忆基础上发现民族共同体的统一特征。民族历史中生态艺术美的提升，往往成为对民族和超民族政治共同体的共有理解的重要因素——在现代社会政治公认的基础上构建成世界性的公共场域与公共话语。因此，我们必须在历史发展的视野中建构与发现存在中所包含的真善美合一的生存境界，超越固守历史范畴与历史虚无主义。

其次，传媒力量在民族地区社会发展中体现出的重要性。民族性、地域性、文化性及其间性的存在实际上形成了一个地区在长期社会发展中的环境，且该环境同时造就了该地区信息传播的语境。传播本身是社会互动、社会认同和社会发展的动力因素，因此，如何利用传媒的力量感知、认识、利用和创造适应于民族文化地区的传播生态同样是一个重要的问题。经济贫困会导致信息贫困，信息贫困则会导致更为持久和顽固的经济贫困。在信息时代，信息贫困会使特定区域和人群成为被现代社会遗忘的角落，令他们陷入自我封闭的生活状态。我国少数民族地区特别是边疆地区，如果不能通过现代信息传播体系架构起与外部世界沟通的桥梁，极易成为被现代文明遗忘的角落。只有借助完善的现代信息传播体系，确保公众的信息权利，才能帮助少数民族群众融入信息社会。随着改革的深入，民族地区在经济、政治、文化等各方面都迎来了前所未有的挑战。各少数民族无不是拥有深厚文化、历史底蕴的共同体，这是保证其团结和稳定的关键。然而，在民族地区现代化进程中，难免产生一些复杂的问题。针对这些新的问题和矛盾，不同的学科和学者会提出不同的对策。在笔者看来，有效顺畅的信息沟通交流是不同民族、不同语言、不同信仰的群体建立和谐关系的前提，而完善的现代信息传播体系是少数民族地区构建和谐社会的重要支点。

在传统社会，公共信息的生产与传播被视为社会控制的核心权力，掌握在少数人手中。而现代社会的基本趋势是破除少数人对信息的垄断，保证公众对公共事务的知情权和意见表达权。因此，与传统的自上而下、以告知为中心的信息传播机制不同的是，现代信息传播机制由自上而下的信息公开机制和自下而上的诉求反馈机制组成。通过信息公开机制，公众可以知晓信息，防止因信息垄断而带来的暗箱操作。同时，通过诉求反馈机制，可以建立起公众讨论公共事务、表达意见的渠道，对涉及公共利益的社会活动实施有效监督，约束公权力。然而，现代社会日益复杂的生产关系和多样化的生活方式，使得信息的生产、传播成本不断增加，公众的信息需求与信息的生产者、提供者之间，始终存在着难以调和的矛盾。这一矛盾，在经济相对落后、文化较为封闭的民族地区尤为突出。改革开放以来，中国媒体发展的基本模式是以市场为导向的，民族地区党报、党台等传统主流媒体尚能找到市场经营与公共服务的结合点，既能在市场化的大潮中搏击风浪，赚取市场化带来的经济收益，亦能够获得垄断信息传播服务所带来的社会效益。新媒体崛起后，党报、党台等传统意义上承担公共信息传播功能的主流媒体逐渐边缘化，其公共信息服务的效果也逐渐弱化。同时，媒体市场化大潮涌动，而民族地区则是传媒市场遗忘的地方，经营困境——广告萎缩、发行萎缩、收入锐减冲击着民族地区媒体发展。面对受众需求多元化、媒体形态多样化、传播方式复杂化的新形势，民族地区媒体以及传统媒体工作者中"志向动摇""职业迷茫"等困惑非常普遍。

民族地区受社会条件、自然条件、经济条件的制约，社会力量与资本缺乏参与民族地区现代信息传播体系建设的动力。对于民族地区媒体发展的整体布局，政府应承担相应的引导责任和激励责任，应集中力量在民族地区发展以公益新闻信息传播为中心的信息传播体系，鼓励和支持传统媒体、新媒体、自媒体"弘扬主旋律，传播正能量"。

国家在《2006—2020年信息化发展战略》《关于进一步繁荣发展少数民族文化事业的若干意见》等规划、政策中都提出了民族地区信息传播事业发展的措施。2015年，习近平总书记在第二届世界互联网大会开幕式上发表重要讲话，针对不同国家和地区信息鸿沟不断拉大的现实，提出了弥补信息鸿沟、发展信息事业的主张。只有把国家的宏观决策转变为民族地区的具体行动，才可能弥补民族地区与东部发达地区的信息鸿沟。我国政府管理体制改革的基本目标是将原来的全能型政府转变为服务型政府，这就要求原本由政府和直属事业单位承担完全责任的信息传播，转变为政府主导、社会参与的新型信息传播机制。民族地区信息传播机制改革的关键是能不能有效吸引社会力量参与公共信息传播与信息基础设施建设，为民族地区各族群众提供更多样、更具个性、更专业的信息服务。信息传播等文化产业投资的回报周期较长，加之民族地区经济发展水平相对滞后、市场空间有限，社会力量参与信息传播事业的积极性和主动性都不高，需要政府通过制定政策加以引导：一方面，政府要确保对民族地区信息传播事业的投入。信息传播事业是一项具有普惠性、公益性特征的公共服务，政府是提供该项服务的责任主体。对于经济欠发达、开展信息服务基础较差的地区，则需要各级政府投入必要的人、财、物，以实现信息服务均等化这一终极目标。基于此，应把现代信息传播体系建设纳入各级政府施政考核的重要指标，以调动各级政府的积极性。另一方面，相对发达地区而言，民族地区信息传播事业的投资主体和投资渠道比较单一。应降低门槛，建立激励机制，拓宽渠道，鼓励非营利性组织和民间资本等社会资本参与民族地区信息传播事业建设的积极性。社会资本的参与有利于创新民族地区信息传播机制，提高民族地区信息传播体系的合理性、多样性和专业性。

国家从20世纪80年代开始先后实施了"边境广播电视建设计划"

"三区广播电视建设计划""广播电视村村通""西新工程"等重大信息基础设施建设工程。民族地区亦结合自身特点，大力推进信息传播事业发展。例如，宁夏回族自治区把直播卫星公共服务户户通、农村电影放映、城市影院建设改造等作为惠民工程，全力以赴抓落实，让城乡群众享受国家发展新成果。在直播卫星公共服务试点的基础上，坚持政府主导、企业参与、群众自愿、长期受益，把直播卫星、数字电视有机结合，全面实施户户通工程。但是，总体看，民族地区信息传播基础设施和信息传播水平仍然比较落后，特别是边疆民族地区的农牧区，地广人稀，信息基础设施建设的困难很多。以西藏为例，由于自然条件和历史因素等制约，西藏信息传播极不平衡：城市信息相对充足，农牧区信息严重贫乏。从首府拉萨到其他地区中心城市，到县城，到乡镇，到农牧区，信息密度层层递减。[1]类似于西藏地区的传播不平衡现象普遍存在于我国民族地区。以公益新闻信息传播为依托建立地方财政专项经费，用以支持媒体为公众提供信息传播服务。传统意义上的财政经费支持对象只有地方党委政府主持主办的媒体，是以媒体为单位划拨经费的。这样的财政经费拨款机制的弊端是，忽视了对公共信息传播效果的考察与考核，又不利于调动体制之外的新媒体参与公共新闻信息传播服务。应赋予所有媒体形态参与公共信息传播服务的同等机会。是否可以参考公共基础设施建设领域的PPP模式，政府选择具有一定实力的社会媒体，由社会媒体提供公共信息服务，政府依据公共信息服务绩效评价结果向社会媒体支付相应经费。同时，鼓励民族地区的传统媒体发展新媒体形态，依托和借助传统媒体的人才优势，确保信息传播的权威性，增强信息传播的时效性。生产方式社会化和社会分工细致化是现代社会的基本特征，都市是引领生产、生活方式潮流的地方，也就成为当今时代大众媒体的关注重点。相对落后的民族地区以及少数民族群众的生产、生活自然容易被现代传播体系忽略。生活在民族地区的少数民族

---

[1] 郑明轩、蔡汉珞、梁锋：《党报少数民族文字版如何提升影响力》，《新闻前哨》2010年第12期。

受众，其生活的内容与媒介现实有着较大的差距，这也在很大程度上影响了少数民族受众对于大众媒介的接受和利用，成为现代文明的边缘人群。正因为如此，推进少数民族地区信息传播事业的发展对于国家的信息安全、社会和谐、公平正义与均衡发展都具有特殊的重要意义。

上述这些应然的建构思路是否可以成为传媒在民族地区兼顾民族文化间性的基础上发挥其社会效能的实然路径呢？这仍然需要在不断的民族地区传媒实践并结合传媒与其他社会产业联动形成特定的"场域"来观测其可行性和价值，而这也正是本书所要验证的问题。

最后，以文化间性作为视域考察民族文化产业发展的实践必要性。继国家实施了西部大开发战略，民族地区不失时机地启动了"工业优先发展战略"，并利用自身的自然资源，确定了以冶金、能源、化工、机械制造、农畜产品五大资源型产业作为支柱型产业。实现了经济的跨越式发展。文化产业是市场经济发展到较高水平后出现的产业类型，继传统工业之后出现的以文化资源为主要要素的高级产业形态，具有资本循环周期短、投资回报率高、低消耗、低污染、缓和了人与自然、人与资源的矛盾等特点。国家"十二五"规划建议首次提出"推动文化产业成为国民经济支柱型产业"，"十三五"规划正式提出"十三五"末"文化产业成为国民经济支柱型产业"。经历了多年的积累与蓄势，我国文化产业已经成为助推国民经济发展的一支重要力量，而文化产业正逐步成为新的经济增长点。

很多民族地区拥有丰厚的历史、文化、生态资源，有得天独厚的特质文化资源，具有沟通世界文化、传承民族文化的潜力价值，但文化资源大区不等于文化资源强区，民族地区的文化资源并没有得到充分开发，存在缺乏规划、盲目开发、粗放开发、无序开发等问题，没有形成真正有规模、有影响力的特色品牌，文化资源与市场需求有较大的距离。具体表现在发展观念和发展方法上。在发展观念上，缺乏区域间文化资源整合的发展观念，没有实施错位发展，各地区还是采用独立单元的零散格局发展文化产业，这对于优化产业布局是十分不利的；在文化资源的开发利用过程同时也制约了民族地区文化产业持续、健康的发展,动力不足。

在上述面临的困境中,民族地区在改革发展的大潮中也在积极寻求自身发展的路径,而这一路径在现有的实践总结中可以得到以下几个观相:

其一,整合文化资源对于提高文化资源的利用率具有重要作用。在文化发展的进程中可以看到,打造地区特色的文化产业,必须对民族地区独有的文化资源进行有效的、战略性的整合。民族地区自治区文化产业的发展离不其特质原文化的土壤,应以特质文化为依托,深入挖掘特质文化资源,推出特色产品,展示不同地区特色的文化。整合文化资源一是要评估资源的经济转化价值和其潜在的增值空间,坚持进行科学的产业化整合;二是搭建文化资源的整合平台,包括规划平台、人才平台、技术平台、文化产业园区平台等,利用多种平台整合外部资源。想要真正产业化的开发文化资源,内容永远是根本,也是文化产业发展的根本,而创意则是最重要的支点。激发文化创意,需要对文化资源的"稀缺性""有用性""组合型"等方面进行提炼,加强文化产业中文化资源的创造性转化和创新性发展,打造原创能力强、具备核心竞争力的资源组合。市场经济条件下,品牌建设是产业发展的核心竞争力所在,民族地区民族文化产业的发展更应该注重在市场化改革和发展中加强地区品牌建设。通过对民族地区文化资源进行全面梳理,为地区文化品牌建设提供决策支持。大力发挥科研机构、院所的研究职能,从各个角度深入研究、整理地区文化资源。集中力量开发地区代表性的文化资源,打造文化品牌,民族地区可以通过产业规划和政策引导,对各种特质文化进行开发,结合市场通过上下游产品的研发,挖掘文化资源价值,创新文化产品,大力推进文化与旅游的融合,从而树立民族文化品牌,发展民族文化产业。

其二,文化企业既是产业的微观主体也是产业效益增加的基本单位,中小微文化企业更是集中了"文化产业"与"中小微企业"这两个我国经济热点问题的交叉领域,与其他行业相比,文化产业的中小微企业占据的比重更大、固定资产更少、知识智力属性突出、抵抗风险能力弱,只有保证文化企业的利润才能促进产业效益的提高。发展民营及中小微文化企业要增强服务意识，帮助文化企业做强做大。民族地区小微文化企业占比较大，注重小微文化企业发展，鼓励小微文化企业实行技术创新与知识管理，提高企业文化内涵，提升文化企业竞争优势，发展民族区域特色的文化经济，推进落实小微文化企业享受国家相关扶持政策和减免税收政策。培育包括大学生在内的各类创意创新团队，构建和拓展文化产业"众创空间"，打造良好的创意创新创业生态环境，培育文化产业的市场主体。提高微观主体的经济利润才能促进民族地区文化产业的效益提高，从而达到产业繁荣的最终目的。

其三，产业的发展离不开资本的推动，因此建立一条通畅的投融资渠道对自治区文化产业的发展十分重要。首先，拓宽文化产业的投融资路径离不开政府主导的基金的支持，与市场资本相比较政府性基金的介入能够发挥较好的效果，除了能够发挥其本身的拉动作用之外，还能够起到杠杆的作用撬动更多的社会资本融入其中，应当提升政府投资的质和量，找准其在文化产业发展过程的角色定位。其次，建立文化投融资平台，推动文化金融创新。一方面，基于文化产权交易，建立文化投融资平台，让更多的社会资本能够进来；另一方面，尝试开展给予文化资源收益的资产证券化，是未来文化产业发展的一个重要方向。再次，发展互联网金融，互联网使文化产业参与的人更多，无论从供给端还是需求端上看，互联网让分散的大量文化创意和文化需求摆脱了传统商业模式的限制，由于文化产品的精神属性，在互联网中文化创意和需求能够零成本的进行对接，结合大数据的运用，互联网金融将推动文化众筹迈向文化众创。最后，鼓励银行创新金融产品，开发适合文化产业特征的金融产品，完善各类金融中介服务机构，如引导银行、保险机构、担保公司、信用评级机构、信托融资公司等与文化产业的合作，从而营造良好的文化产业投融资环境。

总体上看，近几年民族地区文化产业发展迅速，产业规模不断壮大，产业集聚持续增强，使文化产业逐渐成为经济社会发展的强劲动力。同时，西部民族地区与东部地区文化产业的发展差距依然存在并呈现出新的阶段性特征。如何以科技创新为引领，以供给侧结构性改革为主线，不断优化文化产业布局，以新技术、新业态、新产品、新模式、新空间形成现代文化产业体系和新的发展动能，力争与全国同步把文化产业培育成为国民经济支柱性产业，这是新时代彰显文化自信，促进民族地区文化产业走向高质量发展阶段的必然要求。国家统计局发布的《文化及相关产业分类（2012）》把文化产业分为两大部分和10个大类（包括50个中类和120个小类）。两大部分分别是"文化产品的生产"和"文化相关产品的生产"，10个大类包括新闻出版发行服务、广播电视电影服务、文化艺术服务、文化信息传输服务、文化创意和设计服务、文化休闲娱乐服务、工艺美术品的生产、文化产品生产的辅助生产、文化用品的生产和文化专用设备的生产。以此为基础结合民族地区实际，发现近20年来民族地区文化产业发展的类别几乎与全国同步，从传统走向现代。只是由于民族文化不同的资源禀赋和环境特点，才形成了民族地区文化产业发展的民族性、区域性和阶段性特征。基于上述三个方面的特征，民族地区文化产业的现状是：发展势头迅猛与发展不平衡不充分的矛盾并存；文化资源的独特性优势与文化产业发展的同质化竞争现象并存；传统文化业态过剩与数字创意产业薄弱并存。

第一，民族地区文化产业发展势头迅猛与发展不平衡不充分的矛盾并存。整体而言，如同经济社会发展的阶梯状分布格局一样，中国地区间文化产业发展也呈现出由东到中再到西的梯度发展态势。民族八省区（云南、贵州、青海、内蒙古、民族地区、西藏、宁夏、广西）全部位于西部地区，无论从东中西各省区文化产业从业人员、资产总额、主营收入，还是文化产业各类别增加值排序来看，阶梯状分布的特征都很明显。特别是从文化产业增加值占GDP的比重这一核心指标来看，民族地区文化产业产值虽然不断提升，但产业比重较小。非常明显地反映出东部发达地区与西部民族地区之间在文化产业发展方面的差距，体现了中国区域文化产业发展的不平衡和不充分。西部民族地区要在 2020 年将文化产业培育成为国民经济的支柱性产业，任重而道远。

第二，民族地区文化资源的独特性优势与文化产业发展的同质化竞争现象并存。民族文化资源是民族地区文化产业发展的前提条件和物质基础，文化资源的多样性、独特性和差异性优势，是发展民族地区文化产业的资源依托和保障。而民族文化资源的独特性，决定了民族地区必然走特色文化产业发展的差异化路径[①]。在中国的 55 个少数民族中，每个民族都有着符合自己民族习俗和生产、生活方式的特色文化资源，如自然资源、历史文化资源、民族风俗风情、宗教仪式、独特的建筑和历史遗址等。在中国已公布的三批国家级非物质文化遗产目录中，少数民族项目共有 515 项，约占项目总数的 42%。这些以多种文化元素、文化符号和文化独立性为特征的丰厚资源，赋予了民族地区文化产业广阔的发展空间。尤其是中国民族地区地域十分辽阔，既有多种地形地貌和气候类型，更有草原文化、农耕文化、渔猎文化、高原文化、雪域文化、绿洲文化等多种文化形态，具备因地制宜发展不同民族和地域特点文化产业类型的自然和人文条件。由于民族地区文化资源丰厚，具有独特的旅游文化资源，加之投入小、见效快和产业门槛低等因素，文化旅游产业就成为许多民族省区最为倚重和重点布局的文化产业类型。

第三，民族地区传统文化业态过剩与数字创意产业薄弱并存。近年来，民族地区文化产业发展的速度虽明显快于其他产业，但还属于以数量扩张为主、依靠文化产品的低端生产、低技术含量、低附加值的粗放型发展模式。当发达地区连古老的戏曲也用创意和互联网打开了新市场之际，一些欠发达地区却依旧徜徉在过剩的传统业态中亦步亦趋。一方面，民族地区文化业态较为单一，民族文化旅游、民族演艺、民族节庆、民族手工艺品等资源型产业成为主要业态；另一方面，由于文化与科技的融合创新

[①] 丁智才：《民族地区少数民族特色文化产业发展研究》，《广西民族研究》2014 年第 6 期。

不够，使得民族地区以"互联网＋"为主要形式的文化信息传输服务业、网络媒体、动漫游戏、网络音乐、网络演艺、网络广告、文化电子商务和增值服务等新兴业态缺乏技术、人才和政策的支撑，以创意、技术、资金密集为特征的现代文化产业发育不足，急需从人才培养、财税金融、科技创新等多方面推动数字创意产业的创新发展，而民族地区文化产业的发展潜能尚未得到充分挖掘和释放，这为民族地区文化产业的转型升级和进一步拓展留下了巨大的空间。

当前我国经济发展进入了新时代，基本特征就是经济已由高速增长阶段转向高质量发展阶段。新时代我国社会主要矛盾已经转化为人民日益增长的美好生活需要和不平衡不充分的发展之间的矛盾，纵观文化领域发展不平衡不充分的情况，在我国西部民族地区与东部发达地区之间以及城市和乡村之间表现得尤为突出，各族人民对美好生活的需求已经在物质层面基本得到了解决，进而转到了精神文化的需求方面。因此，满足各族人民过上美好生活的新期待，补齐文化产品供给的"短板"，促进民族地区文化产业转型升级就是一个关乎全局发展的重大课题[①]。而推动民族地区文化产业转型升级和实现高质量发展，必须"健全现代文化产业体系和市场体系，创新生产经营机制，完善文化经济政策，培育新型文化业态"[②]。

在新一轮科技革命和产业变革中，民族地区文化产业转型升级最根本的动能在于提升创新能力。虽然民族地区具有丰厚的文化多样性资源，但制约民族地区文化产业发展的因素也是多方面的，其中导致民族地区产业升级缓慢的重要原因之一就是文化科技创新能力弱，包括互联网在内的新一代信息技术集成水平低，同时还面临着跨界融合型人才与资金匮乏、发展理念与政策滞后等体制机制障碍。因此，要推进少数民族传统文化创造

---

① 李鸿、张瑾燕：《供给侧改革与民族地区文化产业的转型升级》，《大连民族大学学报》2016年第4期。

② 习近平：《决胜全面建成小康社会夺取新时代中国特色社会主义伟大胜利——在中国共产党第十九次全国代表大会上的报告》，人民出版社2017年版，第44页。

性转化和创新性发展，贯彻落实创新、协调、绿色、开放、共享的发展理念，推进民族地区文化产业领域供给侧结构性改革，是新科技革命条件下民族地区产业变革的迫切需要，关键在于把握好文化产业在供给和需求两方面的辩证关系，尤其是通过供给侧结构性改革实现发展动能的转换，解决民族地区文化产业低端产品供给过剩、中高端产品供给严重不足的结构性矛盾，进一步优化资源配置效率，提升全要素生产率。民族地区文化产业领域供给侧结构性改革的战略重点是推动科技创新和体制机制改革的双轮驱动，一方面科技创新为产业结构优化升级提供内生动力，驱动产业实现引领性发展；另一方面通过体制机制改革激发产业的创新活力，体现在深化文化体制改革，优化产业资源配置、管理机制、市场环境和社会氛围，加大人财物投入等制度安排和政策落实等多个层面。未来5到10年是全球新一轮科技革命和产业变革从蓄势待发到群体迸发的关键时期。信息革命进程持续快速演进，物联网、云计算、大数据、人工智能等技术广泛渗透于经济社会各个领域，信息经济繁荣程度成为国家实力的重要标志。数字技术与文化创意、设计服务深度融合，数字创意产业逐渐成为促进优质产品和服务有效供给的智力密集型产业，创意经济作为一种新的发展模式正在兴起。"数字文化产业以文化创意内容为核心，依托数字技术进行创作、生产、传播和服务，呈现技术更迭快、生产数字化、传播网络化、消费个性化等特点，有利于培育新供给、促进新消费。当前，数字文化产业已成为文化产业发展的重点领域和数字经济的重要组成部分"。[①]

数字创意产业的显著特征是以数字技术和先进理念推动文化创意与创新设计等产业加快发展，促进文化科技深度融合、相关产业相互渗透。国家明确提出要依托地方特色文化，创造具有鲜明区域特点和民族特色的数字创意内容产品。对民族地区来说，推动数字创意产业成为战略性新兴产业或支柱产业，重点是加强大数据、物联网、人工智能等技术在数字文化

---

① 文化部关于推动数字文化产业创新发展的指导意见，2017年4月11日，http：//zwgk.mcprc.gov.cn/auto255/201704/t20170424_493319.html。

创意创作生产领域的应用，创新数字文化创意技术和装备，提升创作生产和传播服务技术的装备水平，丰富数字文化创意的内容和形式，加快出版发行、影视制作、演艺娱乐、艺术品、文化会展等行业数字化进程，提高动漫游戏、数字音乐、网络文学、网络视频、在线演出等文化品位和市场价值。促进少数民族优秀文化资源创造性转化，加强对民族特色艺术品、文物、非物质文化遗产等文化资源进行数字化转化和开发，加强现代设计与传统工艺对接，促进融合创新，提高图书馆、美术馆、文化馆、体验馆的数字化与智能化水平。结合民族地区乡村振兴战略，促进乡村文化开发和脱贫攻坚，提高休闲农业创意水平，推动乡村旅游发展，提升旅游产品开发和旅游服务设计的文化内涵和数字化水平，推进数字创意生态体系建设。

文化是一个国家、一个民族的灵魂。文化兴国运兴，文化强民族强。没有高度的文化自信，没有文化的繁荣兴盛，就没有中华民族伟大复兴。这是党的十九大确立的新时代文化创新思想，不仅对民族地区文化产业发展具有重要指导意义，而且具有构建人类命运共同体的文化情怀和全球意识。随着世界多极化、经济全球化、文化多样化、社会信息化深入发展和"一带一路"倡议的全面推进，一方面为中国少数民族地区文化产业发展提供了良好的机遇，另一方面也是推动中国少数民族文化走出去，提高中华文化的国际传播能力，借鉴吸收世界有益文化成果，深化不同文明交流互鉴和加强对外文化合作共赢的必然要求。

从民族文化的解读到对民族文化间性的认知；从民族文化发展的传播动力到为这一动力形成驱动的传媒产业；从民族文化间性背景的现实语境到民族文化产业发展的新格局，对于民族地区社会发展尤其是文化建设的问题认识将会形成一个应然的逻辑，即民族文化存在间性特征构成了民族文化传播的话语环境，在地性的传媒又进一步识别、适应和契合于话语环境并生产具有特质性的文化产品，在"互联网+"的技术驱动下，在地化的传媒与相关文化产业联动，为其他产业不断赋予文化意义并形成全球化的传播。因此，民族文化既是在地化的更是全球化的，这反过来使得民族文化中的间性特征更加突出并集中表现在传媒与文化产业生产的文化产品在传播后形成的话语空间中。更应该看到，当下的任何一种民族文化都不可能孤立的存在，伴随着个体交互形成的文化交互趋势是生活世界的实然面向，个人中心主义和社群主义前所未有的发展使传统民族文化区域中的每一个社会主体都拥有表达、编辑和制作文化文本的权利，可以说，互联网下半场驱动的新的社会特征正是由赋权所导致的，而这一特征明显的标识出以个人和社群为中心节点，具有文化间性的文化传播。识别和理解这一特征对如何应用文化间性产生的内驱力与外驱力去实现社会认同、社会发展是后现代社会生存的必然要求。

正是基于对上述问题的观照，本书的写作拟以一个典型的拥有民族文化间性的地区及其具有传媒、行业互动特征的文化产业——青海省民族地区的文化旅游产业为研究切口，深刻剖析其所处的文化间性情境对文化产业和媒体互动提出了怎样的现实要求；分析当前媒体，尤其是互联网背景下新媒体在打造民族文化产业中的得失；理论结合实际的证明传媒在充分的文化间性关照后可以为民族文化产业提供哪些切实可行的发展路径；从宏观、中观、微观三个层面提出可能的操作范式，使其既具有理论意义也同时兼具实践意义。

第一章　背景分析

——民族地区文化间性的特征与指向

在西方文化哲学理论中，文化间性作为主体间性在文化领域的拓展和应用，为目前多元文化背景下处理不同文化主体之间的关系提供了理论依据。从西方文化间性视域下对跨文化能力进行研究，有利于厘清跨文化能力内部的理论机制，触及跨文化的本质，在一定程度上可丰富跨文化能力分级、量表构建、评价模型等相关内容的研究。然而，如果跨文化交际的目的仅仅停留在对文化差异因素静态地感知与比较，就会忽略真正参与到文化交互作用中产生的关联部分，从而导致文化动态特质的缺失。"跨文化研究要真正显示出现实活力就必须对两种文化间客观存在的间性关联有真正的切入，要在间性思维引领下紧紧扣住两者间能引发彼此反响的部分"。因此，从文化间性视域下对跨文化能力的划分进行重新审视，是非常必要的。

在近代西方哲学发展过程中，对于理性主义的倡导促进了主体性哲学的全面发展。从笛卡尔的"我思故我在"到黑格尔的"绝对理念"都强调了理性作为实体和主体的绝对地位，哲学家们都自觉地强调作为认识主体的人以理性的不同形式去把握处于主体之外的客体，即"把心灵和肉体、精神和物质、思维和存在区分开来，由此来探讨主体如何认识和作用客体，客体如何作用和呈现于主体"。虽然近代西方哲学以理性主义精神克服了古代哲学的朴素性和直观性，但是它以主客体分离为前提而忽视了二者之间的对立统一关系，使其在不同程度上陷入了二元论以及把认识绝对化的思维倾向。

20世纪初，人类的工业文明达到了空前的发展水平，但在这种以理性化和机械化为特征的工业链条中，人逐渐沦落为机器系统中的组成部分，导致了人主体性和能动性的缺失，人与人之间丧失了有机的联系，变得疏离和冷漠。这种文化危机的根源在于西方对理性至上、技术万能的过度歌颂，而忽视了人的本真存在，以及与其共同经验世界"他者"的共在。面对传统二元论思维方式所导致的人的生存危机，现代西方哲学家，特别是人本主义思潮哲学家，开始倡导以交互主体及主体间性来取代主客互为独立的实体，对近代哲学的主体性进行了反思和超越，从而实现了主体性向主体间性的转向。

"主体间性"这一概念由胡塞尔最先提出，在《笛卡尔的沉思》的第五沉思中，胡塞尔对交互主体性问题进行了深入探讨，将他人与先验自我都当作一种单子。"通过单子之间相互'造对'的构造形成了单子之间的共同体，形成了不同单子之间的联结"。在胡塞尔思想的引导下，海德格尔从存在主义出发对主体间性进行探寻，认为传统哲学主客二分的观点实质就是从设定孤立的主体出发去认识与之相对的客体，但实际上"此在"的存在并不是孤立的，而是与他人共同在世，即"共在"，他们作为人同我自己一样具有此在的意义。伽达默尔从哲学释义学的视角对主体间性进行了阐释。他提出，我们视域的形成是与传统视域不断融合的过程，在这一过程中，我中有你，你中有我，新的视域对传统视域进行了超越，给予了新的经验和理解的可能性，即视域融合。

主体间性最重要的代表人物是法兰克福学派的哈贝马斯。在他的交往行动理论当中，主体间性理论被给予了强烈的重视。他用主体间性关系来建构交往理性的范式，使主—客关系转变为主—主（主体间性）关系，从而克服了资本主义下工具理性所导致人的交往行为"物化"。该理论强调在承认彼此主体地位的基础上包容差异、相互理解、相互信任，形成共识，达到交往行为的合理化，从而消解科学技术和工具理性在主客关系中的异化性质。

当哈贝马斯将其主体间性理论向国际关系层面进行推进时，发现文化成为阻碍其发展的障碍，因此他开始如何把将主体间性概念发展到文化层面上，在全球范围内建立起一种话语性的"文化间性"关系作为关注点。文化间性作为主体间性理论在文化领域的延伸和发展，在本质属性上与主体间性一脉相承，其既要坚守对自身文化身份的认同，同时也要与其他文化相融、相涉，从而达到文化之间的共生、共存。

首先，它以文化之间积极地对话为前提。正如托马斯·尼克曼所提到的交互反射理论：每一个作为主体的人是不可能独立存在的，他对于自身个性与个体的认同，是需要通过与他者进行交往并不断进行反思的。文化也是如此，每一种文化样态并不是一种处于封闭状态之中，对自我本身进行一种催眠似的自说自话，而是需要积极地在与他者文化的对话之中进行交互反射，以他者文化这面镜子得到自我形象的反馈，在这种彼此之间的相互观照中，来对自身的文化意义进行确立，为文化的延续与发展提供动力。

其次，注重文化"差异"与"同一"的关联性。在全球化进程中，"差异"与"同一"一直是各民族面对自身文化何去何从时，所争执不下的两种路径。从辩证的角度看，以同一性为特征的文化霸权主义忽视了文化的差异性，而以异质性为特征的文化保守主义则忽视了文化的整体性，二者都割裂了文化之间的有机联系。针对这一矛盾，文化间性提出的解决思路是，不同文化之间要秉承相互尊重、相互理解、相互宽容的态度来保持一种和谐稳定持续的对话关系，在承认"他者"文化主体地位的前提下，能够在差异中相互学习和借鉴，在"他者"视域中反观自己，探寻文化间的关联地带，进行文化意义的重组与革新。虽然每一种文化本身都是完整的体系，但就实际而言，只有在与其他文化主体之间产生关联时，它自身存在的意义才能显现出来。

当前,世界图景呈现出文化多元的局面,部分民族虽然表面上强调对于多元文化应具有理性的包容态度,但是在经济全球化浪潮中,各民族文化还是有一种越来越被现代科技文化融入的趋势。面对这种现象的可能解决途径就是,将文化间性理论作为跨文化研究内在理论机制,在保证自我与他者文化主体地位的基础上,形成相互尊重、理解、宽容、融合的交流范式,在文化的关联重组中,迸发出新鲜的文化血液。与此同时,我们对于西方的文化间性理论仍要保持批判的审视。

第一节　融合:多元文化的互嵌

随着我国社会主义建设进入新阶段,社会主义各项事业蓬勃发展的同时,也呈现出多方面不平衡、不匹配的新特征,特别是中国特色社会主义的"社会主要矛盾已经转化为人民日益增长的美好生活需要和不平衡不充分的发展之间的矛盾"为社会主义建设提出了新的课题。[①] 就现阶段来看,未来我国社会主义建设的重要发展战略将围绕着全面建成小康社会、新型城镇化建设、全面深化改革、治理体系和治理能力现代化等重大战略部署推进。

在新时期,我国民族工作最重要的步骤是在多民族地区"推动建立相互嵌入的社会结构和社区环境"[②]。这一重要的论述和工作方案在中共中央"政治局会议研究进一步推进民族地区社会稳定和长治久安工作会议"和"第二次中央民族地区工作座谈会"中率先提出。同时,会议特别强调了民族地区工作的"民族团结问题"的基本问题和主线,[③] 指出,"各民

[①] 新华社:《习近平指出,中国特色社会主义进入新时代是我国发展新的历史方位》(2017-10-18)[2018-01-12], http://www.xinhuanet.com/2017-10/18/c_1121819978.htm。

[②] 新华社:《全国城市民族工作会议在京召开,俞正声作出批示》(2016-01-07)[2018-01-12], http://paper.people.com.cn/rmrbhwb/html/2016-01/07/content_1645850.htm。

[③] 新华社:《中共中央政治局召开会议,研究进一步推进新疆社会稳定和长治久安工作》(2014-05-26)[2018-01-12], http://www.gov.cn/xinwen/2014-05/26/content_2687490.htm。

族要相互了解、相互尊重、相互包容、相互欣赏、相互学习、相互帮助,像石榴籽那样紧紧抱在一起","推动建立各民族相互嵌入的社会结构和社区环境,促进各民族交往交流交融,部署和开展多种形式的共建工作,巩固平等团结互助和谐的社会主义民族关系"的建设,实现民族地区在跨越式发展中的"社会稳定和长治久安"目标。[①] 这不仅为民族地区的民族工作进行了全面的部署,也为全国的民族工作带来新的思路和方针。此后,在中共中央"国务院第六次全国民族团结进步表彰大会"中,同样强调了多民族国家"民族团结"的主线,要"加强各民族交往交流交融"并着力在城市民族工作中做好"推动建立相互嵌入的社会结构和社区环境"建设。[②] 中央民族工作的思路、政策中的重要思路便是推动构建"互嵌入的社会结构和社区环境"的动力,这是我国全面深化改革、实现治理能力和治理体系现代化后在民族工作上的重要创新和突破。

一 互嵌共同体

多民族互嵌型格局多被理解为中华各民族在长期历史交往互动中形成"一种相互嵌入、交错杂居的地理空间分布格局"[③]。当然,就多民族的互嵌格局来看,地理空间形式上的互嵌并不能全部概括中华民族多民族的互嵌格局,还包括经济、文化、生态、情感的无形互嵌格局。[④] 中华民族是天然的命运共同体,包含着政治命运共同体、经济命运共同体、文化命运共同体和情感命运共同体,多民族复合互嵌型的"命运共同体"彼此交往交流融合。

中华民族是中华大地疆域范围内古今各民族命运共同体的总称,是由

[①] 《习近平在第二次中央新疆工作座谈会上发表重要讲话》,《人民日报》2014年5月30日。
[②] 新华网:《中央民族工作会议暨国务院第六次全国民族团结进步表彰大会在北京举行》(2014-09-29)[2018-01-12],http://www.xinhuanet.com/politics/2014-09/29/c_111268 2650.htm。
[③] 张会龙:《论我国民族互嵌格局的历史流变与当代建构》,《思想战线》2015年第6期。
[④] 刘成:《民族互嵌理论新思考》,《广西民族研究》2015年第6期。

众多民族在长期历史发展中逐渐形成的以汉族为中心的民族国家共同体。中华民族共同体的多民族各有其发展的地理空间、经济方式、历史脉络与文化源流,中华民族的多民族实体长期共处并存,交流交往融合发展,有着不可分割的联系,最终自觉地联合成不可分割的整体。① 具体来看,中华民族又包含着主体民族和多民族的双重结构,② 中华民族的一体包含着中华多民族的多元,中华多民族的多元又组成中华民族的整体。中华民族的共同一体离不开多元,多元也离不开一体,一体是主线和方向,多民族多元是中华民族共同体凝聚、发展的要素和动力。③ 作为多民族主体的汉族在地理空间、人口规模、社会结构、经济生产、文化发展等方面都处于主导地位,各少数民族围绕着汉族不断"交相互动和多向度流动",汉族不断与少数民族通婚、通商、交融,汉族也在此过程中形成、凝集并成为多民族国家多元一体互嵌格局凝聚的核心。

费孝通先生于1988年在香港中文大学主办的"特纳"演讲上发表中华民族"多元一体"格局的重要演说,认为中华民族在国家疆域内包括56个民族的多元,又形成中华民族的一体。费孝通先生更强调:"中华民族作为一个自觉的民族实体,是近百年来中国和西方列强对抗中出现的,但作为一个自在的民族实体则是几千年的历史过程所形成的。"④ 在长达三千余年的历史演进中,中华民族的许多"分分散散"的民族单元经过不断"经过接触、混杂、联结和融合,同时也有分裂和消亡,形成一个你来我去、我来你去、我中有你、你中有我,而又各具个性的多元统一体"⑤,"历史的发展使中国各民族是杂居的,互相同化,互相影响"⑥。中华民族的"统一多元"共同体不仅是自在的民族实体,也是自觉的民族共同体,

---

① 陈连开:《中国·华夷·蕃汉·中华·中华民族》,中央民族学院出版社1989年版。
② 周平:《中国民族构建的二重结构》,《思想战线》2017年第1期。
③ 周平:《中华民族的性质和特点》,《学术界》2015年第4期。
④ 费孝通:《中华民族的多元一体格局》,《北京大学学报》(哲学社会科学版)1989年第4期。
⑤ 周恩来:《周恩来选集》,人民出版社1984年版。
⑥ 马戎:《民族社会学导论——社会学的族群关系研究》,北京大学出版社2005年版。

并不是"想象的共同体",而是在历史演进中形成的"事实上的命运共同体"。在中华民族共同体的形成过程中,多民族共同体形成的过程十分漫长,多民族共同体融合的人口规模、地域分布、经济发展、社会文化、宗教信仰、历史进程发展程度相差较大,各民族生存发展的具体条件也十分复杂,各个少数民族与汉族的交流和融合程度也存在较大差异。[1] 各民族的历史演进事实却始终围绕着汉族凝结和不断交流交往融合,最终从相互依存的多元结合成统一不可分割的共同体。[2]

复合互嵌格局和多民族多元一体交融与现代民族主义、民族国家发展的西欧有着显著区别。西欧国家在地理空间、人口规模、社会结构、经济生产、文化宗教等方面有着较大相似性,为民族形成奠定了良好基础。事实上,西欧却在经历罗马帝国灭亡之后,国家发展跨入封建制,原有的地理空间、人口、社会结构、族群等社会组织被"人身方面的封臣制"和"财产方面的封土制或称采邑制"的封建主义完全破坏,[3] 封建的欧洲没有民族的概念,也没有现代意义的国家[4]。在中华民族的历史演进过程中,历朝历代都建立了完整统一的地理疆域、政治组织、财政制度、文化制度,为多民族国家发展绵延至今提供了完整体制,为多民族国家的互嵌型格局和多元一体交融提供了完备物质空间。

二 互嵌格局的多重复合体

毫无疑问,在中华民族"统一又多元"的共同体之内,实质上是包含多重因素的"一体又多元的复合体",而且这个多元"复合体"呈现着"相互嵌入性"的特质。在中华民族整体性的统一之下,中华民族内部具

---

[1] 费孝通:《简述我的民族研究经历和思考》,《北京大学学报》(哲学社会科学版)1997年第2期。
[2] [法]弗朗索瓦·冈绍夫:《何为封建主义》,张绪山、冯兆瑜译,商务印书馆2016年版。
[3] 钱乘旦:《世界现代化进程》,南京大学出版社1997年版。
[4] [美]史徒华:《文化变迁的理论》,张恭启译,远流出版事业股份有限公司1989年版,第152页。

有差异性的各民族不断此消彼长、多变不息、交流融通，共同体铸成五彩斑斓的中华民族。

(一) 互嵌与地理空间

人始终是自然之中的人。自然环境是指特定地域单元范围内所有动物与植物彼此互动并与自然界诸特质，进而彼此互动所构成的生命之网。[①] 人依赖于自然而存在，纵然随着生产力的提高，人类认识自然、改造自然的能力不断变革，人的活动始终受制于自然环境，自然环境对人的生产、活动、历史都有着决定性影响。在西方的历史文化中，"地理决定论"始终占有重要地位，孟德斯鸠、拉策尔、巴克尔、森普尔、亨廷顿都不同程度发展了"地理决定论"，始终认为人类的文化形态由自然地理所决定。[②] 显而易见，"自然条件，一个民族国家的地理特征，对民族的历史生活过程有着强烈的影响"[③]，地理空间格局对多民族的分布有着决定性的影响，而民族的分布格局也似乎始终反映着地理的生态结构[④]。正如埃里克·霍布斯鲍姆所言："民族原本就是人类历史上相当晚近的新现象，而且还是源于特定地域及时空环境下的历史产物。"[⑤]

中华民族所繁衍生息的中华大地疆域十分辽阔，同时拥有十分复杂的地理条件，地理格局在整体上形成"半封闭"的地理环境。[⑥] 在东北、北方、西北以人迹罕至的森林、沙漠、戈壁呈现，西北、西南以高大山脉与南亚和东南亚大陆相隔，东方、东南则面对大洋大海，地理格局逐渐从西往东部平原汇聚。就整体而言，中华大地的地理空间始终是呈现"半包

---

① 余谋昌：《地学哲学：地球人文社会科学研究》，社会科学文献出版社2013年版，第297页。
② 郭圣铭、王晴佳：《西方著名史学家评介》，华东师范大学出版社1988年版，第157页。
③ 费孝通：《中华民族多元一体格局》（修订本），中央民族大学出版社1999年版，第264页。
④ [英]霍布斯鲍姆：《民族与民族主义》，李金梅译，上海人民出版社2006年版，第58页。
⑤ 许彬、谢忠：《论地理环境对中华民族多元一体格局形成和发展的影响》，《广西民族研究》2007年第1期。
⑥ 郭家骥：《地理环境与民族关系》，《贵州民族研究》2008年第2期。

围""汇聚型""向心型",在这种"天然向心"的自然地理条件下,边疆各地区少数民族始终向中心汇集,而处于中心的汉族也不断向四周发散。

(二)互嵌与经济场

中国地理环境兼具区域多样性和整体统一性,[①] 无论是在东北的林原、北部的草原、西北的荒原,在自然条件好或者物产欠缺的环境中,具有差异性的地理单元造就了独有的民族地理生存单元。中华民族的各民族在相对封闭和独立生存的地理区域内基本实现自给自足,在一定的历史时期保持了相对的封闭性和稳定性,物质需求和商贸往来又由于自身生存发展的需求使得各民族主体之间在长期的历史发展过程中发生了各种直接或间接的共生关系。[②]

荒漠、森林、山川、江河、湖海为各民族的生产生活提供了立体复合的生产空间,丰富多彩的地理条件形成了多元差异的资源禀赋、生态环境、经济生产方式,特别是围绕着生产技术、劳动方式、生计模式以及由此形成的社会组织形态与结构等,系列经济生存和经济生产差异显著。[③]总体来看,在经济生产方式上,中华大地疆域中形成了不同地理疆域条件下的几个差异较大的板块,在西北、北方形成大漠游牧文明板块,在东部平原形成泛中原农耕文明板块,在东北平原形成渔猎、耕牧文明板块,在西南的"世界屋脊"的青藏高原及周边形成雪域牧耕文明板块,在东部及南部形成海洋海上文明板块。[④]

在地理环境差异显著的自然条件下,各民族在以经济生产方式的不同差异上逐渐形成不同的文明,不同板块之间的经济生产方式有着较大差别,发展的历史演进阶段也有前后,各以不同的发展线路进行演进。在多

---

① 周智生、繆晓婷:《藏彝走廊地区多民族经济共生形态演进机理研究》,《云南民族大学学报》(哲学社会科学版)2014年第3期。

② 许宪隆、张成:《文化生态学语境下的共生互补观——关于散杂居民族关系研究的新视野》,《中南民族大学学报》(人文社会科学版)2011年第5期。

③ 于逢春:《构筑中国疆域的文明板块类型及其统合模式序说》,《中国边疆史地研究》2006年第3期。

④ [英]马凌诺斯基:《文化论》,费孝通等译,华夏出版社2002年版,第62页。

民族互嵌的经济依存格局中，多民族以自身地理条件、生产要素和生产方式为区域的生产相对封闭，而事实又相互依存、相互嵌入，各个相对封闭的经济生产单位无法脱离他者而独存，彼此又相互影响。在各个地理单元范围内，多民族的经济生产或相互重叠，或彼此交叉，或局部游离，同时各种经济生产相互撞击、彼此交流、渐次统合，① 共同构成了中华民族经济生产方式依存的多元性。

（三）互嵌与文化场

中华民族"多元一体"中的民族"多元"的本质区别在于文化，民族"多元"性又相互共生，共同组成中华民族的"一体"，"多元"文化共生在"一体"中，"多元"文化也凝结在"一体"中。人类群体如何适应塑造其生存环境并伴随此过程形成相应的风俗习惯，以及由此形成的社会、经济、政治生活便是多民族文化主体来源。各民族所处的自然环境并非纯客观的自然空间，而是经由该民族加工改造的结果，其中深深蕴含着各民族文化积淀，在自然空间之中形成文化空间。② 多民族文化是纷繁复杂的物质和精神的有机组合体，与特定民族发生关系的外部生存环境，已经不是纯客观的自然生态系统，而是系统化的特有生存空间，这样的生存空间既是社会的需要，又是文化的产物，它已经与社会文化紧密结合，成为该民族社会的一个有机组成部分。③

相应地，不同的自然环境造就不同的人，不同的人在不同自然环境中形成不同文化，文化与自然环境之间相互影响、相互作用、互为因果。因此，文化是对特定自然环境适应而生成，文化区域也相应地与自然地理区域相吻合。④ 当然，在相似的地理区域范围内也存在着各种不同文化模式，不同的文化也可能存在相似自然环境之中，多民族互嵌的地理、经济格局

---

① 罗康隆：《论民族生计方式与生存环境的关系》，《中央民族大学学报》（哲学社会科学版）2004年第5期。
② 费孝通：《费孝通文集》第15卷（1999—2001），群言出版社2001年版，第43页。
③ 费孝通：《费孝通论文化与文化自觉》，群言出版社2005年版，第97页。
④ [美]史徒华：《文化变迁的理论》，张恭启译，远流出版社1989年版，第153页。

就营运出互嵌型的文化共生格局。中华民族除汉族文化以外的55个少数民族的民族文化始终与"文化内核"的汉族文化有着相互补充、相互渗透、互相支持的内在机制,在不断的交流交往融合中,以汉文化为中心的中华民族各文化有着强烈"文化自觉",既"多元统一"又"和而不同"。①文化内涵多元的中华民族文化与中华民族所繁衍生息的互嵌型地理疆域相吻合,受到半封闭、半包围整体地理空间的内向型、向心型塑造,由自然环境导致物质环境、精神环境不断形成互相依存、优长互补的族际间关系,正是在这种"美美与共,和而不同"②的"多元""共生"的格局下不断演进至今。

以地理空间为基本依托,中华民族及其文化既表现为多元、多区域、多中心不平衡发展,又呈现出多元、多区域、多中心文化向中原文化内向汇聚和中原文化向四周辐射的特点,③这种文化互嵌共生格局对中国民族关系、中华民族融合产生了深远的影响。

(四)互嵌与情感性

中华民族多民族互嵌型格局在地理空间分布、经济活动交往依存、多民族文化共生交融推动下,不断接触、交往、交流、影响、补充、融合、浸润,④最终形成了"你离不开我,我离不开你;你中有我,我中有你;甚至我就是你,你就是我"⑤的异彩纷呈的民族文化亲缘关系。中华民族互嵌型的情感亲近为中华民族这个实体注入强有力的凝聚力、向心力和想象力,各民族在历史交往中既有矛盾冲突也有和合与共,各民族始终以情感亲近为基础的强大的凝聚力认同中华民族、认同中原王朝、认同中华文化。

---

① 费孝通:《费孝通文集》第14卷(1996—1999),群言出版社1999年版,第176页。
② 班班多杰:《和而不同:青海多民族文化和睦相处经验考察》,《中国社会科学》2007年第6期。
③ 郝时远:《中华民族:从中央民族工作会议的论述展开》,《黑龙江民族丛刊》2016年第1期。
④ 马戎:《中国民族关系现状与前景》,社会科学文献出版社2014年版,第126页。
⑤ 韩庆祥:《现代性的本质、矛盾及其时空分析》,《中国社会科学》2016年第2期。

同西方多元移民型民族国家不同，中华民族共同体是文化历史发展的实体。早在秦汉时期，中华民族共同体的远祖"夷""戎""蛮""狄""华夏"的"五方之民"就在不停交流交往融合的互动之中，早早以"大家庭"的形式存在并形成中华民族共同体的基本底色。秦汉之后，中华民族共同体形成以汉族为主体的中原王朝绵延至今，各少数民族也以汉文化为中华民族"正统"不断交融、亲近，特别是秦汉、隋唐、元明和清朝对国家疆域实现统一，将各民族都纳入国家政治经济文化范围内，中华民族多民族的薪火不断被重新拾整延续。中国"多元一体"的历史文化积淀，培育了中华民族维护国家统一的精神"基因"。[1] 特别是在近代，当中华民族遭遇到家国危亡时候，多民族凝结成一个民族即以中华民族为单元来面对和参与世界各国间的激烈竞争，[2] 各民族的整体性情感在救亡图存的过程中更加凝聚整合，中华民族共同体意识从实体自在转变为实体自觉，共同体形成了现今中华民族共同体意识。

中华民族繁衍生息的地理空间格局不仅造就了多民族传统意义上"大杂居、小聚居"的分布形态，许许多多分散孤立存在的民族单位，经过接触、混杂、联结和融合，同时也有分裂和消亡，形成一个你来我去、我来你去，我中有你、你中有我，而又各具个性的多元统一体，[3] 也造就了多民族在相对封闭地理环境中自给自足、自成体系、差异显著的经济生产方式。同样，差异显著的地理空间也孕育了丰富多彩的民族文化。多元共生性的民族文化格局反过来又促进多民族在经济、历史、情感方面的交往交流融合。

三　互嵌的现代性社会格局

中华民族绵延至今，互嵌型的地理空间分布、互嵌型的经济依存、互

---

[1] 张琳：《现代性的信仰困境与信仰塑造》，硕士学位论文，复旦大学，2012年。

[2] Kater M. H., Heidegger's Confrontation with Modernity: Technology, Politics, and art, *German History*, 1992（2）．

[3] 费孝通：《中华民族的多元一体格局》，《北京大学学报》（哲学社会科学版）1989年第4期。

嵌型的文化交融、互嵌型的情感亲近等整体特性并未发生重大变化，而互嵌型的格局存在的环境已然在"现代性"的背景下发生重大变迁。

（一）现代性与多民族互嵌型格局转化

"现代性"的复杂概念是人类社会从传统农业社会演化到现代工业社会所孕育的价值理念和文化模式，不论在东方还是在西方社会都存在着从传统到现代的断裂，而现代性便是生产方式、交往方式、生存方式和思维方式及其蕴含的思想观念与传统的断裂。① 在西方社会，现代性是从传统社会经过启蒙运动、工业革命产生的理性技术、社会组织和文化机制的过程和结果，在东方社会则是在西方社会冲击下接受西方工业技术、社会机制和文化价值的过程与结果。② 西方学者普遍认为社会变迁是由科技进步来促进，包括马克斯·韦伯的"理性化"、涂尔干的"社会分工"、汤尼斯的"社会契约"以及帕森斯的"社会体系"等理论，都是工业技术带来的生产变革导致社会体系和社会结构发生变革。

齐尔默认为海德格尔的"现代性"包含：一是以理性主义、效率至上观为核心的现代观念体系，二是以机器生产为标志的现代工业体系，三是把一切存在者当作对象乃至质料的现代揭示方式。③ 现代性包括工业技术、社会结构、经济方式、价值理念、情感意识等方面在经过时间、空间和内在结构"断裂"之后兼及的特殊性、多样性、相对性，④ 特别在强调经济基础抑或生产力呈现的农耕文明向工业文明转型的普遍趋势的基础上，导致上层建筑抑或精神文化演化和表达形式的多样化，进而"特指西方理性启蒙运动和现代性历程中所形成的理性文化模式和社会运行机理"⑤。仅以"现代性"的过程和结果显然无法全面认知现代性，需要重要把握的

---

① 韩庆祥：《现代性的本质、矛盾及其时空分析》，《中国社会科学》2016年第2期。
② 张琳：《现代性的信仰困境与信仰塑造》，硕士学位论文，复旦大学，2012年。
③ Kater M. H., Heidegger's Confrontation with Modernity: Technology, Politics, and art, *German History*, 1992 (2).
④ 冯平、汪行福、王金林等：《"复杂现代性"框架下的核心价值建构》，《中国社会科学》2013年第7期。
⑤ 衣俊卿：《现代性焦虑与文化批判》，黑龙江大学出版社2007年版，第129页。

"现代性"特质便是"多元文化方案、独特的现代制度模式以及现代社会的不同自我构想不断发展、形成、构造和重构"①。总而言之，社会现代性是伴随着生产力发生革命性转变之后有计划的社会变迁，涉及经济关系、政治关系和精神情感各个方面的整体性变迁。

相应地，中华民族传统的互嵌型格局在"现代性"的历史进程中必然发生变化。在中华民族互嵌型格局中，虽然中华大地的地理疆域不发生变化，而中华民族传统的农耕社会已然演进成了工业社会，同时普遍性的传统社会结构迅速在工业革命的带动下发生分层，以汉文化为主体和以多元文化为承托的中华民族文化迅速在西方文化的推动下发生悄然变化，多民族凝聚的情感亲近也与在西方普世价值通约性的文化理念影响下逐渐发生变化甚至弱化。特别是科学技术、市场经济和全球化使得带有多元性"族群属性"抑或差异性"文化属性"的人突破地理空间、经济生产、文化依存和情感亲近，变成去"文化化""族群化"的"现代性"人，物质、理性、自立、利益、个性的人最终解构了传统的多民族复合互嵌的格局，最后形成复合互嵌的社会结构。

（二）现代性与互嵌型社会结构格局

现代性的转变根源在于工业生产方式的转变，由工业生产方式带动由传统社会向现代社会、由农业社会向工业社会转型，②而现代性的体现则以"社会结构转变"为本体。从现代性的历史和实践来看，现代性就是从工业生产方式的转变开始演化成社会结构转型为本体，现代性过程本质上就是社会结构转型的过程。③

马克思就直接指出："每一个历史时期主要的经济生产方式和交换方式以及必然由此产生的社会结构，是该时代政治的和精神的历史所赖以确

---

① [以] S. N. 艾森斯塔特：《反思现代性》，旷新年、王爱松译，生活·读书·新知三联书店 2006 年版，第 78 页。

② 郗戈：《现代性的矛盾与超越：马克思现代性思想与当代社会发展》，中国人民大学出版社 2014 年版，第 78 页。

③ 韩庆祥：《现代性的本质、矛盾及其时空分析》，《中国社会科学》2016 年第 2 期。

立的基础。"① 现代性的社会结构必然建立在生产力的现代性转变上。无疑，社会结构的现代性转变对人的影响至深，现代性的生产方式将人从对物依赖或者是将人从封建主义的人身依附生产关系中解放出来，个人相对独立且成为主体。要言之，多民族的人在中华民族传统的多民族互嵌型格局之中，不论在地理空间、经济生产、文化依存和情感亲近都存在着相对固定和相对封闭环境。在固有的地理差异之上形成以传统农耕、游牧、渔猎、耕牧、交商为主的社会经济体系之中，②不同地区之间的流动较低，自成一体，事实上并无现代性快速流动的社会网络、经济网络、文化网络、情感网络，各民族也就无法在不同区域之内形成"多元"差序的社会网络和经济网络。现代性便将这种相对封闭和相对固定打破，使得人的关键要素流动起来，复合互嵌型的社会机制便在现代性的进程中形成。

在中华民族发展的新时期，我国的多民族分布发生新变化，特别是在经济发展现代性、社会现代性、城市化的进程中，现代性显著的城市化中"空间极化与隔离问题"③ 在民族居住聚群空间中"放大效应"。人口流动使得多民族分布格局从原初的自然分布地理区域的"大杂居、小聚居"的模式下多元、多区域、多中心不平衡发展，④ 迅速转变成现代经济社会中原子化、差异化、分离化、陌生化的特征，由多元、多区域、多中心文化向中原文化内向汇聚和中原文化向四周辐射的特点转变成主要向东部经济发达地区、城市化、现代性聚焦。在这种民族分布格局中，在"社会层次驱动"和"经济利益驱动"⑤ 的现代性催生下迅速转变成具有现代性的社会结构分层、居住空间分异、族际接触陌生、人际关系间隔离、文化关

---

① ［德］马克思、恩格斯：《马克思恩格斯选集》第1卷，中共中央马克思恩格斯列宁斯大林著作编译局，人民出版社2012年版。
② 于逢春：《构筑中国疆域的文明板块类型及其统合模式序说》，《中国边疆史地研究》2006年第3期。
③ 邱梦华：《中国城市居住分异研究》，《城市问题》2007年第3期。
④ 郭家骥：《地理环境与民族关系》，《贵州民族研究》2008年第2期。
⑤ 马戎：《中国人口跨地域流动及其对族际交往的影响》，《中国人口科学》2009年第6期。

系间隔膜,① 互嵌型的社会结构格局形成。

（三）现代性与复合互嵌型社会空间格局

在传统与现代的社会空间变革中，传统的社会空间或社会关系是由传统农耕生产方式决定的，无论是游牧、农耕、渔猎生产方式都与所处的社会空间、社会结构、社会功能是混同的。文化作为价值模式将决定系统对其所处的情景所采取的基本取向，进而指导个人参与的活动。因此，农业社会中的人所处的社会结构、社会空间是与生俱来的共处关系，完全由私人关系和个人情感来决定，完全存在一种"自然秩序"。② 这种"自然秩序"下农村社会空间的人口密度较低、社会关系简单、经济活动自给自足、组织形式也简单，家庭作用在传统社会空间内显得尤为重要。③

在工业文明催生的现代社会之中，人类社会的"自然秩序"被打破，以土地、劳动、资本和其他生产要素带动社会结构朝着经济发展靠齐，而传统社会中占主导的宗教、信仰、个人兴趣或者社会自身价值和社会的本身整合都将倾向于控制外部环境。④ 因此，传统社会的社会组织、社会关系和社会空间完全嵌入进农耕生产之中，现代社会以经济化的制度价值系统内嵌入个人的个性之中，使得社会空间从生产功能中脱离出来并服务于经济生产。⑤ 城市化是社会空间的重要形式，城市化使得人们脱离原先传统社会空间向城市集中，相应地将传统社会空间也带入到城市之中，同时也在城市之中适应城市社会空间。相较于传统农村社会空间，城市社会空间则人口活动、经济活动十分集中，社会空间内的要素流动频率较高，城市社会空间的结构组织纷繁复杂，城市空间内的生活方式多种多样，基本生活单位的家庭规模及其功能均迅速缩减，正式的

---

① 李松、张凌云、刘洋等：《新疆主要民族空间分布格局演变——基于1982—2010年人口普查数据》，《人口研究》2015年第4期。
② [美]塔尔科特·帕森斯：《社会行动的结构》，张明德等译，译林出版社2003年版。
③ 社会学概论编写组：《社会学概论：试讲本》，天津人民出版社1984年版。
④ [美]T.帕林斯：《现代社会的结构与过程》，梁向阳译，光明日报出版社1988年版。
⑤ 同上。

家庭宗族关系变成公民关系，人际之间的交流由熟人社会变成陌生社会。① 现代性的发展必然带动社会空间格局的变化，进而使得多民族所处的社会空间格局兼及现代社会的特质又保留传统互嵌型社会格局的遗留。

第二节 自信：星丛文化的互构

如果要在2016年中国人的思想话语场中推选一个最为重要的关键词，显然非"文化自信"莫属；同样，要在2017年新年伊始，也是选取一个最有意味和前景的关键词，该词能够为整个2017年及今后相当长的一段时间定下基调，那么恐怕还是非"文化自信"莫属。就像民粹－民族主义是借以自由进出当前欧美乱象迷局的阿里阿德捏线团一样，"文化自信"正日益成为一个欲观览未来中国文化走向则必须涉足其间的"众妙之门"（老子语），而文化自信的后果又绝非仅仅发生在文化方面，依照亨廷顿的观点，"文化举足轻重"（cultures count）② 于经济发展、物质福祉、政治民主化、乃至军事战略，等等。文化自信不仅在构造未来的中国文化，也在构造未来的中国。对文化自信的解释不纯是学究性的，它同时也是对此构造活动的积极介入，或者，对未来的一种选择。解释总是指向未知和未来的。

那么，究竟什么是文化自信呢？文化自信有无一个官方版本？本文将以习近平总书记的相关论述为研究中心，探知文化自信的权威阐述及其可能的思想容量。毋庸讳言，我们之所以这样做，乃是因为习总书记的讲话代表着一个时代所能达到的同时也是为多数人所接受的思想高度，它既是当代中国的政治风向标，也是其社会的和文化的语境。

---

① 社会学概论编写组：《社会学概论：试讲本》，天津人民出版社1984年版。
② Samuel Huntington, *Culture Matters: How Values Shape Human Progress*, Basic Books, 2000, pp. 143–151.

一　文化自信来自于文化间性的互构前提

"文化自信"并不是一个刚刚提出来的新术语,远的不论,自 20 世纪 90 年代以来,随着全球化进程的逐渐加速,从而中国传统文化所遭受到的来自西方文化的挤压的日益加剧,作为一种反弹,就有一些学者在不断地使用这一术语,以重振民族文化士气,但是其被提高到国家政治层面来使用则是自 2011 年胡锦涛同志"七一"讲话而开始的:

> 社会主义先进文化是马克思主义政党思想精神上的旗帜。面对当今文化越来越成为综合国力竞争重要因素的新形势,我们必须以高度的文化自觉和**文化自信**,着眼于提高民族素质和塑造高尚人格,以更大力度推进文化改革发展,在中国特色社会主义伟大实践中进行文化创造,让人民共享文化发展成果。[①]（黑体为引加）

五年后,即 2016 年,在又一个"七一"大会上,习近平总书记再提文化自信,但赋予其一个新的可见性与一个从未有过的重要性:

> 全党要坚定**道路自信、理论自信、制度自信、文化自信**。当今世界,要说哪个政党、哪个国家、哪个民族能够自信的话,那中国共产党、中华人民共和国、中华民族是最有理由自信的。有了"自信人生二百年,会当水击三千里"的勇气,我们就能毫无畏惧面对一切困难和挑战,就能坚定不移开辟新天地、创造新奇迹。我们要坚信,中国特色社会主义道路是实现社会主义现代化的必由之路,是创造人民美好生活的必由之路。我们要坚信,中国特色社会主义理论体系是指导党和人民沿着中国特色社会主义道路实现中华民族

[①] 胡锦涛:《在庆祝中国共产党成立 90 周年大会上的讲话》（2011 年 7 月 1 日）,《人民日报》2011 年 7 月 2 日第 2 版。

伟大复兴的正确理论，是立于时代前沿、与时俱进的科学理论。我们要坚信，中国特色社会主义制度是当代中国发展进步的根本制度保障，是具有鲜明中国特色、明显制度优势、强大自我完善能力的先进制度。

文化自信，是更基础、更广泛、更深厚的自信。在 5000 多年文明发展中孕育的中华优秀传统文化，在党和人民伟大斗争中孕育的革命文化和社会主义先进文化，积淀着中华民族最深层的精神追求，代表着中华民族独特的精神标识。我们要弘扬社会主义核心价值观，弘扬以爱国主义为核心的民族精神和以改革创新为核心的时代精神，不断增强全党全国各族人民的精神力。[①]（黑体为引加）

这种新的可见性在于文化自信与道路自信、理论自信、制度自信这些撑起国家政治大厦之柱石从此赫然并列，产生强烈的视觉冲击力，让我们没有理由去漠然置之。而新的重要性则在于，文化自信不再被放置于文化生产与分配的层级——在这种情况下，无论其重要性被如何地强调，它都将不越出文化的领域，即是说，它始终都从属于或附属于一个宏大的政治计划——被彻底地政治化，被给予与道路、理论和制度具有同等分量和价值的政治品格，且共同构成一种新的政治图景，并且在某种意义上，"文化自信，是更基础、更广泛、更深厚的自信"——这倒不是说，文化就比道路、理论和制度方面的政治更政治化，而是说在同为政治构件的前提下，文化这种政治还具有文化自身的特殊性，即它更基础，更广泛，更深厚，因为文化就是我们的日常生活，处在我们无意识的深处。如雅各布·布克哈特所指出的："文化的许多因素并不为人所感觉到，因为它们是从某个以往民族那里传承到人类共同血液中的。我们应当时刻意识到，这种无意识的文化成果的积累不仅发生在每个民族中，也发生在每个

[①] 习近平：《在庆祝中国共产党成立 95 周年大会上的讲话》（2016 年 7 月 1 日），《人民日报》2016 年 7 月 2 日第 2 版。

人身上。"① 这也就是说，文化是一个民族无处不在的"集体无意识"（荣格）或"政治无意识"（杰姆逊），再或毋宁说，文化即文化无意识，而未能沉积为无意识的文化就只是文本、书本、文字、话语一类漂浮着的东西。

在其"七一"讲话大幅提升文化自信之前，习近平总书记也在多个场合谈到文化自信，其中最值得关注的是他在 2016 年 5 月 17 日面对全国哲学社会科学工作者代表时对文化自信的阐述，我们可以把它与"七一"讲话比照阅读：

> 我们说要坚定中国特色社会主义道路自信、理论自信、制度自信，**说到底是要坚定文化自信**。文化自信是更基本、更深沉、**更持久**的力量。历史和现实都表明，一个抛弃了或者背叛了自己历史文化的民族，不仅不可能发展起来，而且很可能上演一场历史悲剧。②（黑体为引加）

相对"七一"讲话，习近平总书记这里对文化自信的阐述还有两大不同的或者也可以说是新的观点。第一个是文化自信的时间面向，即"更持久"一语所意味的。显然，这一措辞暗示了文化的传承性，其传承性达到了生物基因的程度，即不可更改性和反时间性。就文化之不变性而言，当我们说"文化"时，我们说的是"文化基因"。

文化自信的第二个面向看来是颠覆性的——尽管在"七一"讲话中也不是不能怎么读出，但绝无此处来得语义坚决、斩钉截铁，让我们重温如下："我们说要坚定中国特色社会主义道路自信、理论自信、制度自信，

---

① ［瑞士］雅克布·布克哈特：《世界历史沉思录》，金寿福译，北京大学出版社 2007 年版，第 51 页。

② 习近平：《在哲学社会科学工作座谈会上的讲话》（2016 年 5 月 17 日），载《人民日报》2016 年 5 月 19 日第 2 版。此文以下简称"哲社"，采取随文夹注形式。

说到底是要坚定文化自信。"在此习近平总书记不容置疑地告诉我们,文化自信并非与道路自信、理论自信、制度自信身份平列,位处同一层级,而是沉降在政治的最基层,托举所有的其他自信,从而也可能涵括了所有的其他自信,即是说,所有其他的自信都融合在文化自信之中,以至于我们只能看到文化自信而不见其他。这当然又是由文化自身的特性所决定的。文化是基础性的、整体性的、包容性的和弥漫性的。无处不文化!或者说,没有什么不是被文化穿透或环绕的。这就是布克哈特所谓的(精神本能地发展的)"总和",或曰所谓的"整体",即"从广义上讲,而且相对国家和宗教而言,文化作为一个整体,其外部表现形式就是社会"[1]:此处言下之意,文化为里,社会为表;循此则亦可接着说,文化之衍生为社会,而社会之本根乃文化。关于文化的性质,与布克哈特同时代的英国人类学家爱德华·泰勒也有"全部"与"复合体"之说:"文化,或文明,就其广泛的民族学意义来说,是包括全部的知识、信仰、艺术、道德、法律、风俗以及作为社会成员的人所掌握和接受的任何其他的才能和习惯的复合体。"[2] 受泰勒启发,威廉斯也把文化作为生活方的"全部",包括物质的、知识的和精神的生活方式,等等[3]。

从胡锦涛同志的讲话到习近平总书记的讲话,其"文化自信"的指意没有任何歧义,它和民族自身的标识相关,即自信于中华民族从古至今所形成并传递下来的优秀文化传统。这个传统就其代代相传、绵延不绝而言,堪称中华民族的"文化基因"。更简单地说,"文化自信"的核心是"自我"的文化,是具有自身特色的文化。但是,任何"自我"都不是自我形成、自我圆满的,自我是一种结构、一种话语,必须借助于一个外围

---

[1] [瑞士]雅克布·布克哈特:《世界历史沉思录》,金寿福译,北京大学出版社2007年版,第51页。

[2] [英]爱德华·伯内特·泰勒:《原始文化:神话、哲学、宗教、语言、艺术和习俗发展之研究》,连树生译,广西师范大学出版社2005年版,第1页。

[3] Raymond Williams, *Culture and Society*, 1780—1950, London: Chatto & Windus, 1959, p. 151.

的"他者"来完成其自身的叙述和建构，因而"文化自信"就必然涉及如何看待外国文化或异质文化以及因为他者的出现而如何重新打量和定位自身的问题。

如果说文化自信不仅是对自身文化传统的坚持，也是为更好地坚持即丰富和发展这一传统而对他者文化之有益成分的汲取，以此而营养和强壮自身，那么文化自信也就必然意味着一种文化间性、主体间性或文化的主体间性。

文化间性首先包含了文件之间的相互敬重、理解以及共在，但既然作为文化间的对话，它也同时意味着对自身特殊性的超越。这种"超越"不是对自身特殊性的摈弃，而是留置，它仍然留存于其原初所在的地方，甚至根本没有被实际地触动和改变，但同时在概念上将其置于与其他文化的表接之中，由此特殊性便不再是那孤独的个体性，而在位处"文化星丛"之中的特殊性。这种特殊性既属于其自身，但更属于它在其中显出自身的星丛。特殊性是比较和对话的产物。自在的事物，即是说，自然中的事物，是既无特殊性亦无普遍性可言的。俗谓"与众不同"，其中"与"这一介词一则表示分割，二则也暗含着连接。没有与"众"物（人）的连接，谈何一物（人）之"不同"。

就一物与其他物之相互连接而言，一物之特殊性也是它的普遍性。我们知道，没有任何事物敢于僭称"普遍性"，所谓的"普遍性"不过是诸物之间的一种关系，诸物在其中并不丧失其特殊性存在的一种抽象连接。由于特殊的历史和体验，多半与心理创伤有关，我们一直讳言普遍性，我们将普遍性让与了西方，同时我们一直声张特殊性，把特殊性留给了自己。我们不知道，歌德和马克思所说的"世界文学"或日益居于当代学术话语中心的"全球文化"，其实并非一具体之文本，它们意味着一种地方间性，是各个民族文化之间的相互沟通和欣赏。最近哈佛教授大卫·丹穆若什提出了一个简便易行的"世界文学"定义："我用世界文学来包容所有在其原来的文化之外流通的文学作品。它们或者凭借翻译，或者凭借原先的语言（很长时间，维吉尔以拉丁文形式被欧洲人阅读）而进入流通。在最宽泛的意义上，世界文学可以包括任何影响力超出本土的文学作品"[①]。这也就是说，一部文学作品只要能够"从原有的语言和文化流通进入到更宽广的世界之中"[②]，那么它便堪以"世界文学"相称。简而言之，世界文学就是文学的跨界流通。这一以流通来定义的世界文学概念启示我们，只要我们打开被封闭于国门之内或自身文化传统之内的特殊性，让它与来自其他世界的特殊性相遇、相识、相悦，让我们的特殊性显现给他人，则我们的特殊性可瞬间转变为普遍性。原来，普遍性一点儿都不神秘，一点儿都不高不可攀，它就是我们的特殊性与其他文化的特殊性的面对面和相互接纳！只是在中西文化二元对立的思维和情绪的支配下，我们没有胆量要求那份本就属于我们的普遍性。

今日中国经济早就与世界融为一体，并被认为是全球经济的引领者。我们已经有了充分的经济自信，敢于针对当前愈演愈烈的贸易保护主义和民粹主义发出如此掷地有声的宣言："中国的发展是世界的机遇，中国是经济全球化的受益者，更是贡献者。"[③] 以此经济实力做后盾，可以说，我们甚至也具备了充分的政治自信和道路自信，敢于在国际场合不讳言我们的政治选择和道路选择："道路决定命运。中国的发展，关键在于中国人民在中国共产党的领导下，走出了一条适合中国国情的发展道路。"（《共担》）但是，面对一贯强势的西方文化，我们的文化自信还远未真正地建立起来。而只有经济自信、政治自信、道路自信却没有文化自信的自信将是脆弱的、易碎的，因为它没有一个深厚的、坚固的基础：文化是一个民族赖以屹立于世界的底蕴和底气。对于民族文化自信的建构，人文社

---

① [美]大卫·丹穆若什：《什么是世界文学？》，查明建、宋明炜等译，北京大学出版社2014年版，第5页。
② 同上书，第7页。
③ 习近平：《共担时代责任，共促全球发展——在世界经济论坛2017年年会开幕式上的主旨演讲》（2017年1月17日，达沃斯），《人民日报》2017年1月18日第3版。此文以下简称"共担"，采用随文注形式。

科工作者责任重大。习近平总书记晓谕我们：

> 强调民族性并不是要排斥其他国家的学术研究成果，而是要在比较、对照、批判、吸收、升华的基础上，使民族性更加符合当代中国和当今世界的发展要求，越是民族的越是世界的。解决好民族性问题，就有更强能力去解决世界性问题；把中国实践总结好，就有更强能力为解决世界性问题提供思路和办法。这是由特殊性到普遍性的发展规律。(《哲社》)

我们读之为一种精神上的勉励，但它更是一种理论上的澄清或解惑：诚然，我们需要强调民族性，但是，这还不够，我们应该在坚持民族性的同时，让其介入世界，即"使民族性更加符合当代中国和当今世界的发展要求"。与那些扎篱笆、砌围墙、拒世界文化于国门之外的保守主义和民粹主义不同，我们所强调的民族性是世界文化星丛中的民族性，而唯如此，我们才能够声言"越是民族的越是世界的"——我们的意思是：第一，民族进入世界并从而参与了世界的构成。第二，民族在世界中显出为民族，即是说，民族的特殊性为世界、为进入世界的其他各民族所给予（即特殊性出现在与他者的相遇之时）、所认知（即特殊性是一种认识论现象），这种特殊性越是突出，则说明越是为世界所看见和接受，而被看见和接受了的特殊性便是普遍性。特殊性从民族的实在中生长起来，并在其他民族的目光中浮现出来。

二 文化自信来自于文化星丛共同体

我们的文化自信绝非塞缪尔·亨廷顿所担忧的那种在其文明冲突论框架下的文化自信，即排除一切差异而唯我独尊的普世主义的自信。

早在20世纪90年代，亨廷顿就注意到："非西方社会，特别是东亚社会，正在发展自己的经济财富，创造提高军事力量和政治影响力的基础。随着其权力和自信心的增长,非西方社会将越来越坚持它们自己的文化价值,并拒绝那些由西方'强加'给它们的文化价值。"① 他反复指出:"亚洲国家越来越坚信其价值观和体制的效力,并自认为其文化比西方的文化优越。"② 显而易见,以上说的就是文化自信。而在另一处,亨廷顿几乎就算是用到了这一形式简约而其义丰赡的术语:"当其他文明的力量相对增强、西方文化的感召力消退之时,非西方国家的人民对其本土文化的自信心和责任感也随之增强。"③ 不错,经济成就必然会带来军事自信、政治自信,最后,文化自信,如其所概括的,"物质的成功带来了对文化的伸张,硬实力衍生出软实力"④,但对他而言暗藏凶险的是,这种自信甚至可能演变为狂妄的自信,以为自己的文化具有普世的价值:"东亚日益增长的自信导致了亚洲普世主义的出现,而普世主义一直是西方的特征。"⑤ 如马哈蒂尔于 1996 年面对欧洲国家政府首脑所宣称的:"亚洲价值观是普遍的价值观,欧洲价值观是欧洲的价值观。"⑥ 具体于中国的情况,亨廷顿的文化焦虑亦非全然的杞人忧天、庸人自扰,他当是正确地预见了(至少部分是正确的)中国因其经济、军事和政治影响力日增而滋长的文化民族主义,它就是我们所说的在中西文化二元对立中独尊中华文化的那一方,而另一方便是腐朽的和没落的西方文化。儒学民族主义因其热衷于频频制造新闻效应而不必提它了,我们想说的是,不少学者即使在习近平总书记阐明了文化自信的含义之后,仍然延续着如儒学民族主义一样的片面思维,如在一份报纸这个更适宜于表达立场和宣泄情绪的媒介中,有人就是这样理解"文化自信"的:"有文化,还得有自信。自信,首先

---

① [美] 塞缪尔·亨廷顿:《文明的冲突与世界秩序的重建》(修订版),周琪等译,新华出版社 2009 年版,第 6 页。根据该书英文版(Samuel P. Huntington, *The Clash of Civilizations and the Remaking of World Order*, New York: Simon & Schuster, 1996),引文有所改动,下同。
② 同上书,第 201 页。
③ 同上书,第 161 页。
④ 同上书,第 89 页。
⑤ 同上。
⑥ 同上。

是'自'字。我们说的自信，是从我立足、以我为本，把自我的主体性凸显出来，把民族的主体性确立起来。"① 这初看起来是没有错误的，但这只是第一步；而如果"文化自信"仅仅止步于所谓的"自"字，止步于自我和主体性的营构，那么这或许正确的第一步也将变成一个错误。重要的是第二步，将自我、主体性等置于与他者和客体的动态链接之中，并从而进入后者的视域，获得其敬重、接受和承认。在此意义上，文化自信将不再是唯我独尊、顾盼自雄、舍我其谁，而是一种特殊性，如前所说，是被异质文化所看见了的特殊性，因而普遍性。

亨廷顿不赞成任何一种普遍性，无论是西方普世主义的普遍性，抑或亚洲普世主义的普遍性，他偏爱和推崇的是特殊性，并将之提升到文化战略的高度：

> 一些美国人在国内推行多元文化主义，一些美国人在国外推行普世主义，另一些美国人则两者都推行。美国国内的多元文化主义对美国和西方构成了威胁，在国外推行普世主义则对西方和世界构成了威胁。它们都否认西方文化的特殊性。全球单一文化论者想把世界变成像美国一样。美国国内的多元文化论者则想把美国变成像世界一样。一个多元文化的美国是不可能的，因为非西方的美国便不成其为美国。多元化的世界则是不可避免的，因为建立全球帝国是不可能的。维护美国和西方需要重建西方认同，而维护世界安全则需要接受全球的多元文化性。②

亨廷顿的文化政策建议相当稳健和实用：对外实行文化多元主义，以此可以避免文化冲突；对内则是重建西方认同，即强化西方文化的身份特

---

① 潘玥斐：《文化自信为世界文明增添色彩》，《中国社会科学报》2017年1月13日第1版。
② [美] 塞缪尔·亨廷顿：《文明的冲突与世界秩序的重建》（修订版），周琪等译，新华出版社2009年版，第293页。

殊性。也许特别值得注意的是，与流行的学术想象——如全球化即西方化、美国化或"麦当劳化"——恰恰相反，亨廷顿放弃了西方文明的普适性，而高举其特殊性："西方文明的价值不在于它是普遍的，而在于它是独特的。因此，西方领导人的责任，不是试图按照西方的形象重塑其他文明，这是西方正在衰弱的力量所不能及的，而是保存、维护和复兴西方文明独一无二的特性。"① 或许亨廷顿的意图主要在于为政府提供决策建议，发挥"智库"的作用，在对于普遍性和特殊性两者之间的理论关系上则显得漫不经心、语焉不详，但是只要我们认真追问一下其彰显西方文化的特殊性之于接受一个多元文化的世界秩序有何作用，那么亨廷顿便可能回到我们对文化星丛的假定：特殊性不是一个拒斥他者的概念，而是通过凝聚和凸显自身特殊性而使之成为一个可供交流的标识，即说到底，特殊性是一个交流和对话的概念。亨廷顿坚信文化的顽固性和不变性②，认定（文化的）西方性并不等于（技术的）现代性，即是说，现代性能够与任何文化相结合，而任何文化都不会因为被现代化而改变其本质，由此说来，文化之间因其各执一词、一端而来的竞争与冲突不可避免。尽管如此，但如果像他所如上提议的，"接受全球的多元文化性"，或者说，在多文明的基础上重建国际秩序③，即我们能够积极主动地改变对于这样的文化冲突的态度和战略，不是在国际上推行任何一种文化普世主义，而是发扬文化星丛之精神，即携带其特殊性而进入星丛，那么文化之间的冲突便可能转

---

① ［美］塞缪尔·亨廷顿：《文明的冲突与世界秩序的重建》（修订版），周琪等译，新华出版社 2009 年版，第 287 页。
② 需要小心的是，亨廷顿反对无所不包的"文化"定义，其"文化"概念主要是指价值观，他声称："我们以纯粹主观的方式将文化界定为在一个社会中人们普遍守持的价值、态度、信念、取向以及基本假定。"［Samuel Huntington, "Forward: Cultures Count", in Lawrence E. Harrison & Samuel Huntington (eds), *Culture Matters: How Values Shape Human Progress*, p. 15］。保加利亚学者米歇尔·明科夫将德国总理安吉拉·默克尔所看到的多元文化主义实践的失败归因于在价值和信念层面上文化差异的不可调和，而衣食方面的差异和多样则不过是"生活的调味品"而已，"那只能让生活变得更加有趣"。（参见 Michael Minkov, *Cultural Differences in a Globalizing World*, Bingley: Emerald, 2011, pp. 105 – 112。）
③ ［美］塞缪尔·亨廷顿：《文明的冲突与世界秩序的重建》（修订版），周琪等译，新华出版社 2009 年版，第 297 页。

化为一种交流与对话的关系。有学者之批评亨廷顿主张多元文明和平交往、共同生活、相互学习"听起来有一点伪善的味道"①，或者，匆促地将亨廷顿的文明冲突论与文明对话论对立起来②，都是在理论上忽略了特殊性之作为/转变为一种普遍性的可能。

对于此类误解和批评，亨廷顿本人在某种程度上当是难辞其咎，因为在人们首先读到的《文明的冲突？》（1993年）一文，甚或在此后展开详细论证的《文明的冲突与世界秩序的重建》一书，他都未能讲明白一个关键性的问题：不受任何外部因素触动和改造的文明，即是说，根本上拒绝接受异质和他者的文明，何以能够与其他文明进行一场对话？可以推测，他本人大约还不能完全明白特殊性向普遍性转换的秘密。从文字层面上看，亨廷顿确乎是主张对话的。在结束其《文明的冲突与世界秩序的重建》全书的时候，他呼吁文明之间的对话："和平与文明的未来都取决于世界各大文明的政治、精神和知识领袖之间的理解和合作。"③ 而在他为该书所写的中文版前言中，他更是清晰地表达了其文明冲突论所内含的对话指意：第一，他说他了解中国学者"把世界看作一个具有各种不同文明的，而且有时是相互竞争的文明的世界"④；第二，在预见到"在未来的岁月里，世界将不会出现一个单一的普世文化，而是将有许多不同的文化和文明相互并存"⑤ 以及"在人类历史上，全球政治首次成了多极的和多文化的"⑥（这实际上就是他的主要立论）之后，他诚恳而绝非假意地表示：

---

① 李慎之：《数量优势下的恐惧——评亨廷顿第三篇关于文明冲突论的文章》，《太平洋学报》1997年第2期。
② ［保］亚历山大·利洛夫：《文明的对话：世界地缘政治大趋势》，马细谱等译，社会科学文献出版社2007年版，第72页。
③ ［美］塞缪尔·亨廷顿：《文明的冲突与世界秩序的重建》（修订版），周琪等译，新华出版社2009年版，第297页。
④ 同上书，第1页。
⑤ 同上。
⑥ 同上书，第2页。

我所期望的是，我唤起人们对文明冲突的危险性的注意，将有助于促进整个世界上"文明的对话"。欧洲和亚洲国家最主要的政治家已经在谈论需要抑制文明的冲突和参与这样的对话。我所主持哈佛国际和亚洲研究会正在积极地提倡这一努力。我相信，我的著作在中国的出版将鼓励中国领导人和学者做同样的事情。①

意识到文明的冲突，但又极力通过对话来避免这样的冲突，两方面合起来应该才是亨廷顿文明冲突论的完整意涵。对此，亨廷顿不能有再明白的表述了！其问题唯在于，如前所示，如何在理论上令人信服地阐释文明的特殊性是可以转化为文明的普遍性的。亨廷顿寄希望于中国领导人和中国学者如他一样地致力于对话精神的研究和实践，我们真的是在这样做，他不会失望的，而且可能让他大喜过望的是，我们在对文明对话的倡导和解说上，要比他本人更直接，更坚定不移，更贴近我们介入全球化过程的经历，因而也更言之有据，并且在理论上由于将特殊和差异纳入对话的范畴而更具整合力和超越性。

习近平总书记 2017 年 1 月 18 日在联合国日内瓦总部的讲演是对目前弥漫于整个西方世界的民粹主义和民族主义一个旗帜鲜明、毫不含糊的强力回应和善意警示。我们的目标是顺应全球化的客观大势，做全球化的捍卫者和引领者，积极构建人类命运共同体，但它不是传统意义上的共同体，而是一个被重新界定了的共同体，即一个被星丛化了的共同体，在其中，我们敬重差异，敬畏差异，与差异始终保持不即不离的间距，坚信：第一，差异是世界的本来面貌和本体论特征；第二，差异是人类进步或文明发展的源泉和动力；第三，差异使世界丰富多彩，使世界充满了意趣和意义。借用中国古人的话说就是，唯有"合异"，才能得到"和羹之美"。

---

① ［美］塞缪尔·亨廷顿：《文明的冲突与世界秩序的重建》（修订版），周琪等译，新华出版社 2009 年版，第 2 页。

这里"合异"也就是孔子"和而不同"之"和"。此"和"乃应和[①]而非"迎合"[②]。"应和"留有与他者互动的空间，应之焉，和之焉，而"迎合"则是完全的"合一"：或合一于他人，或强迫他人合一于自己，总之，是绝对的同一，不留一丝的缝隙。"和而不同"乃君子风范，君子坦荡荡，"同而不和"为小人伎俩，小人长戚戚[③]。对"异"和变数的恐惧，因而追求"合一"而非"合异"，是古今中外一切弱者即不自信者的通病，即便这种"合一"有时是以霸权的形式表现出来。

此处当略作辨析，儒家一向以"天下大同"为其社会乌托邦，然此"大同"者，非彼小人之"同"也。如郑玄注《礼记·礼运》之"大同"："同，犹和也、平也。"[④] 又如钱穆所明察："后儒言大同，即太和。仁义即大同之道。若求同失和，则去大同远矣。"[⑤] 鉴此，"和而不同"是"大同"，"同而不和"是"小同"。"大同"是"天下"之大同，"小同"是"小人"之苟同。"天下大同"不是消灭了一切差异的同一，而是一切差异仍然存在但均处于"太和"之中，即和谐相处。在此意义上，"天下大同"便是"和而不同"。

以孔子"和而不同"为志趣的"人类命运共同体"或言人类命运的星丛共同体显示了习近平总书记所表达的当代中国人的"文化自信"的最高旨趣，这一自信将打破世界主义、普遍性、共同体、世界文学等那些长久以来被单极化、单一化了的意指，而赋予其多元、复数、间性但同时又不失"应"、失"和"即动态性的相互联系的新蕴涵。我们的文化自信就是敢于"和而不同"，敢于"合异"，敢于"交流互鉴"，敢于与其他文明合奏一部走向未来的交响曲。

---

① "和，相应也。"源自许慎《说文解字》，中华书局1978年版，第32页。
② "同，合会也。"源自许慎《说文解字》，中华书局1978年版，第156页。
③ "戚戚"通常解作"蹙缩貌，亦忧惧义"（钱穆：《论语新解》，生活·读书·新知三联书店2015年版，第180页）。
④ 郑玄注，孔颖达正义：《礼记正义》，吕友仁整理，上海古籍出版社2008年版，第875页。
⑤ 钱穆：《论语新解》，生活·读书·新知三联书店2005年版，第313页。

三 文化自信建构在多样文化可以互构的条件上

这种建立在文化间性或曰"和而不同"基础之上的文化自信已经远远地超越了长期困扰中国思想文化界的中西二元对立思维模式,也超越了与此中西二元对立思维模式颇有几分类似的当前以英脱(Brexit)和川普主义(Trumpianism)为代表的将自我孤悬于全球和全球化、世界和世界化之外的民粹主义和民族主义的认同政治。

亨廷顿告诉我们:"强大的社会是普世的,弱小的社会是特殊的。"[①]他或许是错误的,因为强者未必真的就代表普世,而弱者也未必真的就意味特殊,但至少在现象层面他是正确的:在当代文化政治场景中,可以发现,弱者总是声称其特殊性或差异性,以此为话语(如果不是话语策略的话)和旗帜,如第三世界、少数族裔、同性恋人群以及妇女等。在中西文化之间,或者,在西方与非西方文化之间,株守和标榜任何一方的特殊性或优越性都是弱者或即将滑落为弱者的表现。也许亨廷顿之捡拾西方文化的特殊性而丢弃其普遍性有其策略上的考虑,西方文化未必会自甘于边缘化,但对于已经崛起了的、愈益扮演全球化引导者的中国来说,我们需要的是兼取了特殊性和普遍性或者由特殊性而过渡到普遍性的文化自信,自信于我们自己的实践着的当代文化和现实文化,自信于我们自己古老文化的当代价值和对于当代世界的价值。

第三节 认同:民族文化主体的自信建构

民族文化指向精神性和意义性,在代际传承的过程中以习俗、行为、信仰机构和传播模式构成其总体积累并通过民族文化符号意义的积累形成

[①] [美]塞缪尔·亨廷顿:《文明的冲突与世界秩序的重建》(修订版),周琪等译,新华出版社 2009 年版,第 89 页。

民族文化的象征性资源。不可否认，每一种民族文化的发展都存在着变化的因素，其与整体社会的变迁和享有、传递以及受其影响的民族文化主体之间有着不可分割的联系，甚至作为民族文化主体的社会人经常是研究民族文化意义问题的核心元素。另一个不得不关注的现实是，随着全球化、信息化的进一步加深，承载民族文化的社会及其形制发生裂变，"一种野蛮游牧动力的明显品质，如狂欢节人流威胁要泛滥所有边界，使国际政法律与文明规范蒙上一层阴影"①，多元化、碎片化和主体性消解等问题成为这个时代无法回避的情景。在这种背景下谈论民族文化自信似乎有些"不合时宜"，但是，应该看到，正是处于这一时代才更需要通过确立民族文化自信并使之成为应对上述问题时主体的、社会的、民族文化的、心灵的依托。而建构民族文化自信是一种社会性的意义解释，以胡塞尔交互主体性为端口，从互动的视角入手去释读身份、认同两个维度下建构民族文化自信中的意义。而结合中国社会当前发展的实际情境所提出的"讲好中国故事"正是民族文化自信建立中的具体实践，在阐释过程中既将其作为一种理论应用的实景，又将其视为形成民族文化自信的表现并证明这一提法的逻辑合理性。

在网络社会当中，社会人的主体性是逐渐消解还是进一步强化，是异质化还是同质化？在消费社会中，公众在日益增多的符号消费，甚至过度的符号消费中是一种迷失还是自我意识重构？在后真相时代，对情感的追求及借此获得的集体狂欢背后，松散和暂时集合体是否让人们对个体身份、团体身份、社会身份的识别产生困惑？在后媒介时代，信息传播拥有更多的渠道，形成更大的社会关系网络，提供更多自主化的或是超经验的信息以丰富社会人认知的同时却又一次次冲击人们在原有经验体系上建构的认同并使之显现出脆弱的一面。在多元民族文化时代，各种民族文化呈现出的交互、嵌套特征，以及已然成为客观因素的民族

---

① ［西］曼纽尔·卡斯特：《认同的力量》，黄丽玲等译，社会科学文献出版社2003年版，第322页。

文化间性使得没有哪一种民族文化能够完全独立的和以最初的样式存在，旧民族文化的解构和新民族文化的确立进一步加速某种社会意识的重新建立，进而对受到新的民族文化影响的主体产生在身份、认同问题上的规约。与此同时，将社会人视为某一民族文化的主体则需要进一步明晰，主体是否能在这一民族文化机体中对自己的身份有所识别，这是产生相应民族文化行动的基础。作为行动者的民族文化主体只有对共同享有的民族文化产生认同的时候才能将行动本身的诉求转化成民族文化价值，而这种认同同时也催生了对该民族文化的自信。对上述问题的观照并不是批判性的反思，而是对其实质的提炼，即如何明确主体身份并形成民族文化认同基础上的民族文化自信。以此逻辑进行的思考也有助于对习近平主席提出的"讲好中国故事"这一命题更为深刻的解读，中国故事，是民族文化的积累也是民族文化的融合，更是民族文化间性的现实折射。而"讲好中国故事"的前提是要学会讲中国故事，更进一步说，后者是一个过程，这一过程体现了对当下民族文化的认同和由其表现出的自信，更重要的是"讲好中国故事"和"学会讲中国故事"的主体需要明确自身在民族文化中的身份并在建立民族文化身份认同的基础上自愿、自主的传播。

一 互动、身份、认同——从共同主体性到身份认同、民族文化认同

应该看到，当前新技术的发展，尤其是媒介技术的日新月异，使社会各主体之间的交互性进一步增强，可以假设一个理论并将其称之为多元主体互动。这一假设并非建立在虚无的想象中，作为现代最后一个主体哲学家的胡塞尔曾经提出"交互主体性"并认为主体性的关键依然是"同一性"，但是"同一性"绝非主体自身拥有的某种特质而是与"他者"结合之后形成的"移入"与"共现"关系。在这里，移入是共现的前提，而移入本身不仅表现了主体"在"的意识，更显现了"在"的位置——与他者同经历、共体验，同思维、共情境，化入他者的存在，他者成为"另一个自我"。可以说，移入就是一种互动，是自我和他者之间的交互作用，而作用的结果则带来了同一性。实际上，上述互动同时是自我借助他者感知自身身份和形成身份认同的过程。正如拉康所说，"我对我在符号交流中采取的各种身份有所感觉、有所觉悟，自我在这些'自我感觉'中产生。"[1] 通过与他者的对话——"我是谁""我如何去表达"以及通过获义而对成功的表达实现经验积累并逐渐进入身份认同。换句话讲，主体身份认同是自我与他者在共景的民族文化单元中通过交流与互动实现的，并且这一过程伴随着对共同拥有和使用的民族文化符号传递。比如，以公共意见的形成与传播来看，上述互动与身份认同的共联就具有了更为实际的意义。从一个公共意见的发展曲线上看，公共意见出现周期上升与回落的规律，这是完整的过程。公共意见始于话题出现，意见产生；蓬勃于达成共识，社会认可；消弭于问题解决，形成风尚。如果我们把公共意见看作是社会公共意见表达时的一种符号，那么它在其全域范围内按照基本存在形态分节可以划分为：潜公共意见、显公共意见和行为公共意见。从符号学角度讲公共意见的这种能指所带有的方向性分节使得其所指有了具体的层次，也可以从一个侧面观察公共意见发展的全序列。在社会民族文化意义上，潜在公共意见更多代表了并未通过公开的意见表达所形成的一种公共意见聚合状态。它存在潜伏性，是民间话语形式最充分的和最真实的表达场域。但是，由于对信息符号意义解释的有限性、非理性，这种公共意见形态也被看作是公共意见的早期形式。显在公共意见则是借助公共性表达平台（比如传统媒介中的报纸、广播、电视等）公开释放意见，因此其往往代表着官方话语形式。童兵将上述两种公共意见形态看作是民间公共意见场和官方公共意见场。当两个公共意见场能够形成对话与融合，处于显在状态的公共意见因为其公开传播的能力更容易逐渐走向公共意见的强势阶段，也更容易催生第三种形式——行为公共意见。所以，社会学中出现

---

[1] 赵毅衡：《哲学符号学》，四川大学出版社2016年版，第23页。

了这样一种公共意见演进的秩序：潜公共意见→显公共意见→行为公共意见。作为符号的公共意见，其能指是一种社会意见的表达，将其分节后所指指引人们去审视不同层级的公共意见表达及其关联性建构。以符号学视角去看待公共意见从能指到所指的这种双重分节意义，拓展了对于认识公共意见周期性的理解形式。在不断变化的社会环境中，公共意见的出现与消失都可以遵循这种双重分节的规律并按照这一规律去分析不同状态下的公共意见会表现出何种不同的社会民族文化意义。正如前文所述，公共意见最终为社会留下的是风尚、规范，但仍然需要在其作用的民族文化场域中去评估。

在更大范围的社会互动中，上述过程不断出现在社群中，拥有共同解释的社群——即解释社群，同时拥有着生产"共享民族文化"的能力并对这一民族文化产生较高认同进而结成民族文化社群。于是，可以看到这样一个逻辑线索，从主体互动到主体身份认同再到借助社群传播出现解释社群，逐渐稳定了社群关系，而这种关系最突出的表达式则是"共享民族文化"的产生和对该民族文化的认同。由此也可以连接胡塞尔所说的共同主体性与身份认同、民族文化认同之间的关系，它们之间潜在的动力是互动，在社会关系中以对话的形式出现。当然，认同不是这一过程的最终结果，认同是人们意义与经验的来源，认同形成后"反哺"社群，成为社群行动者为其目的所做的"象征的确认"[1]。而这里的象征是社群在"共享民族文化"中对民族文化符号使用的意义积累，在历时的发展中符号意义上升成为民族文化中一些抽象的部分，比如信念、观念并以此塑造了使用民族文化的自信。再比如，对舆论本身的理解也存在着一个被修辞的过程，即舆论成为一种现代社会民主的象征。卢梭认为，这种法律既不是铭刻在大理石上，也不是铭刻在铜表上，而是铭刻在公民们的内心；笔者说的就是风尚、习俗，而尤其是舆论；黑格尔说"无论哪个时代，公

---

[1] ［英］哈维·弗格森：《现象学与社会学》，刘聪慧、郭之天、张琦译，北京大学出版社2010年版，第121页。

共舆论总是一支巨大的力量,尤其在我们时代是如此……舆论像季节变换一样来了又去";穆勒说"舆论本身就是一种最大的积极社会力量";马萨利克说"根据自由与平等这两项民主原则,可以断定,民主政治的基础在于一切公开。这就是它和贵族政治不同之处。因之舆论在现代生活中也就具有极大的重要性";库珀说"民主难以纠正的缺陷是使公众舆论取代法律。这是大众显示他们的专制的常见方式";盖洛普说"由于政治领袖在作出各种决定时实际考虑舆论,因而他应该正确而客观地衡量舆论"。[①] 上述思想家、政治家对舆论的理解和对其意义的积累,无不加诸于对现实社会中通过舆论来完成公共领域的改造,推进社会民主化进程实践的观照,这使得舆论与民主之间有超越符号形式的映现关系,并在整个现代国家和社会中普遍认同两者的关系且作为标准——有无舆论是是否民主的标志。

从社会心理学的角度讲,正是通过共性来表达个性的过程,才使共性成为社会人以个性的方式进行表达时不可剔除的因素,此种共性心理使得个体在表达时,尤其是借助民族文化符号表达自己所属民族文化时,体现出了"无畏感"。通过上述分析,当再次回到"讲好中国故事"的现实命题中时,对中国故事形成的民族文化认同和在此之前通过多元主体互动达到的身份认同是"学会讲中国故事"行动基础,也就是说它们间接对"讲好中国故事"提供精神支持。

二 共享、位置、意象——以民族文化认同与民族文化心理建构的民族文化自信

如果说建立民族文化自信的前提之一是社会人对"共享民族文化"的认同,那么就必然要进一步解析认同的产生及其意义。通常,认同的社会建构发生在一个以权力关系标示的脉络当中,这种对认同形成及起源的界

[①] 刘建明:《舆论传播》,清华大学出版社2012年版,第101页。

域性认知使得可以将认同本身的构造进行以下三个方面的解释。

其一,社会发展的运行规律可以探测其轨迹的合理方式之一是通过制度、支配性制度以及区隔在不同民族文化环境中制度产生支配性的差异。首先应该强调的是,制度隶属于民族文化的范畴,其对认识和理解民族文化具有相当的指示意义。而更为重要的是,由社会支配性制度所介导,以拓展及合理化它们对社会行动者的支配成为一种合法性的认同产物,或者可以称之为合法性认同——产生公民社会的基础动力。虽然公民社会有通过非暴力的形式便能掌握国家的可能性,但不得不说,民族文化的多元主义和信息的碎片化等社会实景已经使公民社会开始逐渐瓦解,合法性认同在社会中曾经拥有的宰制性在受到更多因素的挑战时而逐渐弱化。

其二,在不得不承认民族文化具有标出性时,可以得到或直接感知的结果是,被标出成为异项的民族文化在主流民族文化的压抑和被污名化的环境中,持有该民族文化的社会行动者会产生拒斥性认同。为了抵制乃至反抗主流民族文化他们建立战壕,以不同或相反于既有体制的原则为基础而生存。在这种情况下"排除者对排除他的人们所进行的排除"[①]和自组织,促成了某种民族文化社区并使之带有防御性。这种情况在社会中时有发生,尤其是在观念塑造的过程中。观念自身存在着民族文化标出性的意义,有些观念是非标出的,有些观念是标出的,这是因为在观念建构的过程中与民族文化一样存在二元对立,比如,激进与保守、传统与现代、理性与感性、法治与人治等。并不能说处于二元对立的某种观念就一定是错误的,在历时的社会发展中,经常会出现观念的标出性反转。正如在封建社会时期,利用君权神授的比喻将君权思想固化,公众(中项)将自身的命运寄托在君权的圣神当中,即使君权的拥有者会因个人能力而被诟病,但无数次的改朝换代依然是君权至上。公众(中项)对人治这种观念(正项)的认同使其成为非标出的主流意识,而法治观念则成为那个时代

[①] [西]曼纽尔数·卡斯特:《认同的力量》,黄丽玲等译,社会科学文献出版社2003年版,第196页。

的异项。随着资产阶级革命和"天赋人权"的思想开始逐渐深入人心,制定全社会共同遵循的契约并在契约精神的指导下生活,使法治逐渐取代人治成为非标出项(正项),而以人治为基础的管理结构被视为标出项(异项)并必然被标出,这是法治与公众结合后对人治的排他性要求。在今天的社会中对法治与人治的关注依然存在并经常以舆论的形式产生大规模的社会性讨论。不断强调建立法治社会的必要性实际上是对仍然存在于某些领域人治现象的标出。人治容易滋生腐败、人治有可能使政治滑向独裁,为了控制其发生率和遏制公众(中项)再次认同,社会民族文化经常会动用舆论的方式进行"口诛笔伐"(比如:"将权利关在制度的笼子里"的舆论口号),并以舆论监督的方式标出异项、控制异项。但客观的讲,人治社会曾经延续千年的历史和至今在社会中无法完全剔除的臣民意识依然有其存在的空间,尽管在现代社会中人治作为标出项被边缘化,却不得不被社会民族文化所容忍,只不过曾经的历时对立变成了今天的共时对立。也正是因为存在着各种观念的反转和对立,才使舆论及其传播的每次出现都成为一种带有社会民族文化标出性意义的活动,通过"争夺"社会民族文化人——公众(中项)的支持(中项的偏边)来使某种观念成为主流而与其对立的观念则被标出成为异项。

其三,如布尔迪厄所说:"现代社会中,人不一定知道自己叫什么,但一定要知道自己处于什么位置。"位置对社会行动者而言其重要性在于,基于对自身所处社会位置的判断来明确阶层、立场和角色。可是,如果将位置看作是固定的或是一成不变的又会陷入主观僵化的尴尬中。社会信息系统因技术因素变迁后形成的客观情况使社会人拥有了更多获得民族文化材料的渠道和平台,同时也让社会行动者通过建立一个新的认同来界定他们的位置,换句话讲,借助媒介所形成的思想与符号层面的互动、互证使新的认同可以去解释变动不居的位置,也因不断改变着的位置行动者经常处于各种调试与转换当中并借此寻求社会结构的全面改造。这正如卡洪举例说明的一样:"当女性主义从女性身份及女权抵抗的战壕中出来,挑战父权家庭，整个生产、再生产、性别及人格结构都长期依赖的父权主义时。"上述对认同社会建构层面的分析可进一步揭示，在构筑民族、阶层、社区民族文化同一性的过程中，认同在不同的历史阶段和不同的民族文化环境、语境下均是社会行动者在认知自身所处社会位置以及借此产生行为意向性的核心因素，在时间和空间的浸润之下形成行动的惯习，也由此建立起共同的民族文化心理基础。

基于以上分析，当把"讲好中国故事"看作是一种以计划性认同为民族文化心理的社会行动时，不管基于哪一种方式获得的民族文化材料，都是一种新的认同建立——集中表现为"学会讲中国故事"的渐进化过程中。也就是说，作为结果的"讲好中国故事"需要通过"学会讲中国故事"这一过程中由民族文化认同催生的变化（这种变化最终内化为该民族文化社群特有的心理状态并表现出相当的民族文化自信）来实现。

三 变迁、根源、重构——民族文化自信中的民族文化认同因素

民族文化自信折射出的不仅是民族文化主体心理层面的共识与共感，同时也是在社会变迁和今天称之为民族文化星丛的时空中建立起来的主体与他者之间由互动产生的共在与共思。实际上，这里需要进一步观照的是两个问题，其一，在社会变迁中存在着认同的建构、解构与重构过程，这将直接关系到民族文化自信的产生。网络社会的崛起深刻影响着社会结构的变化，这种结构变化最明显的写照则是越来越片段化的社会形态，与此同时，人们不再是自主主体，而是在"永恒时间"中瞬息性地为了某个临时议题形成的"暂时联盟"，时间似乎已经被摧毁，高速的信息化和大量超文本的传播，消除了顺序，创造了更多的未加分化的时间，这使一般社会的民族文化主体在认识和理解他们身边的世界时必须借助与他人的互动来实现，甚至在理解自身时也必须通过"我看人看我"。从时间上重新解构了信息社会从而间接分离了原有的社会整体性，主体成为他者的主体并最终导致主体在符号互动的过程中为了获得意义而进入区隔化的社群。也

因此，大范围的社会认同很难再像"钟摆时间"指引的那样在公民社会中以共同经验的方式出现，"认同的分解，相当于作为一个有意义的社会系统的社会之分解"①，而这正是今天社会的具体情境。认同在整体社会中碎片化的解构，使认同重构本身成为再次形成社会凝聚力和自信力的重要问题，而这一问题在国家、民族、社会不得不面对全球化的过程中显得更加迫切。

其二，全球化过程中新的认同重构的根源与意义与民族文化自信发声的空间相关。在这个新的时代背景下，对全球化、信息化的对抗实际催生了新的认同产生，这种认同发轫于抵制的意义并因此建立起抵抗的社区。"抵制认同"社区防守他们的空间和区域，对信息时代产生社会支配性的流动空间和无地方逻辑进行抗争，以此来进一步稳固社区认同。应该说，"抵制认同"成为今天这个时代产生认同的一种根源，它植根于一种对抗意识和实践于社会主体自主性形成的社区中（在较长时间的行动和意义积累之后，社区明显成为一个民族文化社区并以新的权力再现形式——信息符码与意象来维系社区认同），因此也可以说，全球化导致了社区化，或者越是全球化的越是社区化的。但同时需要注意的是，当"抵制认同"成为一种现实情况，其具有的孤立性又与信息社会本身存在的联通性产生矛盾，换句话讲，"抵制认同"并不能成为当前认同重构的实践基础，而真正的问题是由上述矛盾所催生的计划性认同出现。在计划性认同中颇具代表性的领域认同是一个明显具有计划性的方案，地方与区域政府在代表制与干预制两个方面表现出的调适能力是面对全球流动的无穷变化时的显著力量和重要角色。其在充分理解民族文化间性并通过利益、取向与共同抗争的基础上建立相对范围的民族文化认同社区从而使自身的民族文化自信能在更大的空间中得以彰显和确立。

基于上述阐释，"讲好中国故事"的计划性认同是由整个社群抵制中

---

① [西]曼纽尔·卡斯特：《认同的力量》，黄丽玲等译，社会科学文献出版社2003年版，第277页。

浮现而非来自公民社会制度的重建，因为随着全球化和信息化，公民社会制度本身存在着危机，而"讲好中国故事"更多依靠的是通过建立民族文化认同社区并以信息的符码和再现的意象获得新的权力，这个权力的基础是人们的心灵。可以说，"讲好中国故事"是中国政府在领域认同所采取的计划性主张，在合理的时间范围内，对弹性的网络社会进行动员的心灵而言，"学会讲中国故事"则是产生认同进而确立民族文化自信的历时阶段。"不管是谁，或不管怎样，赢得了人们心灵的战斗才能统治"[1]，诚然，从"学会讲中国故事"到"讲好中国故事"并不是要确立中国在更大区域范围内的"统治"，而中国本身也并不谋求"统治"，只是在新的时代背景下，必须通过这种社会运动提供的机会重思与重建新的符码并经由重拾民族文化自信来适应发展。

---

[1] ［美］比尔·科瓦奇等：《真相》，孙志刚译，中国人民大学出版社2015年版，第206页。

第二章 现实分析

——民族地区文化间性的表现与表达

随着经济全球化迅速发展，中国与国际间合作和交流日益增多，对具备较强跨文化交际能力的国际型人才的需求也越来越大。除了对跨文化交际能力中交际能力培养之外，我们还要关注如何在各种文化差异之间建立一种文化关联，激活文化的间性特质，使文化之间能够相互关联，相互融合，促进彼此的和谐发展。因此，我们要对跨文化交际能力中的文化间性问题进行研究，使文化间性所传达的理念在跨文化交际能力中有所彰显。基于现有跨文化交际能力理论的梳理归纳，从哈贝马斯提出的文化间性理论的哲学视角出发，构建文化间性视域下的跨文化能力维度框架，使文化间性理论的核心能够在跨文化能力维度框架中有所凸显。

第一节 文化间性的现实表现

文化多样性是文化间性的前提条件，文化多样性不仅是事实也是共识，多样性是人类文化的原生态[①]。文化多样性是人类的共同遗产，应该把多样性视为一个起点，而不是一个不得不克服的障碍。文化间性承认文化多样性，强调多样性中的文化间关联和文化差异之中固有的关联性

---

① Chen Chen, Professor Habermas visited China and delivered a speech, *Social Sciences Abroad*, 2001, p. 99.

和差异性的间性特质。文化间性并不消减文化多样性,而是加强了文化多样性。

文化间理解(inter-cultural understand,ICU)是文化间性的基础。文化间理解是互为条件共在的文化主体"我们"对文化多样性、文化间差异性和关联性的认知,文化多样性理解包括承认文化多样性、关联性和差异性的文化事实,以及理解文化间物质、精神、制度等多样性的文化内容,理解文化差异性以消除文化间的误解或文化震惊,理解文化关联性以避免文化间偏见。充分意识到文化差异性,才会认识关联性和相同性,从而洞见文化间的间性特质。

文化间互动(inter-cultural interaction,ICI)是文化间性达成的途径。文化并非自我封闭或静止不动的实体。文化间性从多样性互动层面看待不同文化或不同族群的共存。文化间交流是两个各具特色文化群组之间文化信息的交换,包括面对面以及大众传媒和组织机构之间的相互作用。无论何时至少会有两个异质文化的个人或群体采集或交换口头的或非口头的文化符号。文化间交流可以定义为来自不同文化背景人们的相互作用,可能通过特有的文化特征影响或被影响。文化间性将文化与文化的主客关系转变为主体与主体之间的关系,以主体与主体的思维模式为前提,极力倡导承载或代表着不同文化体系的人与人、群体与群体之间的互动交往,以突出其间性特质。文化间互动内容包括物质、精神和制度等不同文化表现形式。文化互动是不同文化主体之间的交流与互动的动态实践过程,文化间性中的互动强调交往过程中主体间的平等地位。平等互动是指在文化间交往中对不同交往对象不做区别对待的友好行为。文化间互动目的是要实现不同文化体系之间的理解、尊重和共识。

文化间尊重(inter-cultural respect,ICR)是文化间性达成的关键。马斯洛需求层次理论认为尊重需求包括自我尊重、被他人尊重和对他人尊重而获得的信心和成就,尊重是一种情感表达,是平等主客体之间的情感双向互动过程。尊重是在评估某个特定事物喜欢或不喜欢的程度后所表现出的一种情感倾向，尊重概念中也包含有认知和行为的成分。文化间尊重是承认文化间主体地位平等性的情感表达和诠释，以及自我实现和得到认同的高层次需要，文化间尊重是动态的双向情感发展过程。文化间尊重包括自我尊重、尊重他者和受他者尊重三个维度和文化间主体性承认、互为尊重对象和双向情感过程等内容。

文化间认同是文化间性的旨归。在英文语用中认同的基本含义是指物质实体的存在具有同一性质或状态。在哲学的研究范畴中，从柏拉图到海德格尔等人，均将"同一"与"差异"相互对照。霍尔把"文化认同"界定为"一种共有的文化"，文化认同是个体或群体据以同一性质或状态作为追寻与确认文化身份的内在尺度和参照系，文化间认同是承认和接受多元文化间共在的间性状态特性，呈现为不同文化间的共性共识、意义整合生成以及文化间协同共进的发展战略。首先，文化间共识是在交流对话的过程中不同文化群体在文化共性层面所达成的基本理解和认同，包含着对文化间共性的认知，也代表着文化间信任和承诺的态度，文化间认同的核心是求同存异共享共同文化价值和发展成果的价值观认同。其次，意义整合是在多元文化交互作用的过程中，双方获取原文化特质变异或者意义整合后新文化意义生成。文化间性目标表现为不同文化之间的互识互补和新意整合生成。文化间认同是文化间当前视域与过去视域、自我视域与他者视域相整合的结果。最后，协同共进是文化间协同一致地完成共同目标的过程和对发展成果的共享。文化间性的重要意义还在于共在文化间的协调与协作，加强整体和共同发展形成文化间协同效应构筑文化命运共同体，而文化间能力是文化间协同共进的利器。

第二节　作为话语方式的文化间性

发展一种新的文化，例如在当前的中国，是应该以中国传统文化为出发点、为本位，还是以西方所代表的现代文化为本位、为摹本？张之洞

"中学为体，西学为用"的回答有大批的赞同者①，而反过来说，"西学为体，中学为用"也不乏甚至吸引了同样多的追随者。前者希望把西学整合进中学，借西学以滋养和强健中学，万物皆备于我，而后者则试图用西学取代中学，将中国打造成另一个西方②，有敢教日月换新天的豪气！不过，若是超出两派的争执，我们则会发现它们有一共同特点，即均守持一个陈腐的"中西二元对立"模式。

无论"中学为体"云云，抑或"西学为体"等等，其实都是一个伪命题，一个凭空想象出来的问题。或者说，中西二元对立仅仅存在于人们的观念之中，根本上是属于知识分子的知识与话语，是飘浮在云端、不接地气的臆想和独断。在习近平总书记那里，过去一切形式的二元对立纷争，真可谓，"俱往矣！"然而由于习近平总书记的有关论述分散在各处，其对中西二元对立思维模式看来是十分鲜明的超越，并未引起一向闻风而动的思想界的关注和重视。或许，责任不在于习近平总书记之微言大义，需要较高的读解悟性，而在于我们那些胶柱鼓瑟的"文化"人之于中西二元对立这一思维俗套相沿成习，以至于习焉不察其问题所在罢了，这时虽有耳提面命、反复提醒，亦浑然不觉，依然故我，我自岿然不动。眼下该是我们认真反思中西二元对立思维定势的时候了。本文且不提时代之要求，全球化之大势，中国之崛起为世界性大国所必需的话语调整等，单是从面对文本的态度上说，如果我们理论工作者不能在一个意义充盈的文本

---

① 塞缪尔·亨廷顿发现，面对西方现代化的冲击，非西方社会的一个回应是改良主义，准确地说，相对全盘拒绝和全盘接受而言，是折中主义，即把现代化与本土文化的主要价值观、实践和体制结合起来，借取西方技术但坚守民族文化本位；换言之，要（器物）现代化而不要（文化）西方化。这方面亨廷顿举出的例子有中国的"中学为体，西学为用"，日本的"日本的精神，西方的技术"，以及20世纪30年代埃及的穆罕默德·阿里"不使文化过分西方化的技术现代化"的尝试。参见［美］塞缪尔·亨廷顿《文明的冲突与世界秩序的重建》（修订版），周琪等译，新华出版社2009年版，第53页。

② 亨廷顿也注意到日本和中国的全盘西化论，其立论的依据是："现代化是可望的和必要的，本土的文化与现代化不相容，必须抛弃或废除；为了成功地实现现代化，社会必须完全西方化。现代化和西方化相互加强，而且必须相辅相成。"参见［美］塞缪尔·亨廷顿《文明的冲突与世界秩序的重建》（修订版），周琪等译，新华出版社2009年版，第52页。

中读出其重大意义，那真是愧对我们的职业和职责了！

综合阅读习近平总书记多次相关论述，可以说，作为伟大的文化战略家，时代的精神舵手，他已经为我们明白无误、毫无歧义地指出了中西二元对立的不可能，并昭示了走出此二元对立之困局的康庄大道。

一 "当代文化"和"现实文化"间性话语方式

在纪念孔子诞辰2565周年国际学术研讨会暨国际儒学联合会第五届会员大会开幕会（2014年9月24日）上，习近平总书记提出了两个看似波澜不惊但实有平地起雷效果的大概念，一是"当代文化"，二是"现实文化"。初览，它们悄然掩映在一贯如此表述的字里行间；但旋即，只要我们想及长久以来困扰着我们的那个中西文化二元对立，即带着问题来展读，它们顿时便闪亮起来。

从马克思到列宁，从列宁到毛泽东，那些砸烂旧世界、开辟新天地、创造新文化的伟大领袖们，在创造新文化方面，一直是如此这般地口授秘诀的。对于既往的或其他民族的即一切的人类文化，即便是作为其斗争对象的资本主义文化、封建主义文化，他们也从来都是一分为二地有辨别地萃取和利用的。例如列宁对于那些企图创造纯而又纯的无产阶级文化的人就曾严厉地告诫说："无产阶级文化并不是从天上掉下来的，也不是那些自命为无产阶级文化专家的人杜撰出来的。如果硬说是这样，那完全是一派胡言。无产阶级文化应当是人类在资本主义社会、地主社会和官僚社会压迫下创造出来的全部知识合乎规律的发展。"[①] 他将马克思和马克思主义作为批判继承并从而创新人类文化遗产的典范："凡是人类社会所创造的一切，他都有批判地重新加以探讨，任何一点也没有忽略过去。凡是人类思想所建树的一切，他都放在工人运动中检验过，重新加以探讨，加以批判，从而得出了那些被资产阶级狭隘性所限制或被资产阶级偏见束缚住

[①] 《列宁全集》第39卷，人民出版社1986年版，第299页。

的人所不能得出的结论。"[1] 领袖们的谆谆教诲早已写进了教科书，我们一遍又一遍地诵读，化为我们的基本话语、态度和习惯。对于古代文化遗产和外国文化，我们不是列宁所批评的"无产阶级文化专家"，我们很辩证，我们知道应该怎么做。但是，对于我们这些执行批判地汲取古代文化遗产和外国文化这一任务的人，即对于我们自身究竟是什么，我们由什么所构成，却被不经意间忽略了，似乎就不存在这一问题似的。说明白点儿，我们行动着，我们专注于我们的行动，而对于行动着的我们/主体却无暇反思。习总书记将我们的注意力来了个180度的大反转，即从行动转向行动者，转向行动者的本质属性：作为一切人类知识的接受主体，我们代表的是"当代文化"，我们的位置是"当代"，我们站在"当代"这个位置上，面对、协商和筛选人类文化成果；因而也完全可以断言，作为接受主体的我们就是"当代"人，就是"当代文化"。

需要进一步究问，这个"当代文化"的本质又是什么呢？或者，"当代文化"是由何物所构成的呢？"当代文化"这个接受主体在接受过程中究竟会发挥怎样的作用呢？我们暂不回答这些问题，而先来阅读习近平总书记提出的又一相类的概念，"现实文化"。显然，"现实文化"与"传统文化"之分就是在文化上的古今之别："传统文化"是古代文化，而"现实文化"则是前文所指论的"当代文化"。诚然，在语义上，现实与当代不完全相同，当代是时间概念，现实是一种存在或存在样态，是具体的人和事，是人之作用于外界（自然和社会）的过程和结果。但当代亦非空洞的时间，现实就在其间，而且正是由于现实之充塞其间，我们才似乎看到了时间的形象，因为时间不过是事物的变化，没有事物的变化便没有时间。而现实也必须在时间中展开，现实包含着时间这一维度。正是因为有了时间，现实才是活的现实，动态的现实。

不言而喻，所谓"当代"和"现实"或者说"当代现实"就是在时

---

[1] 《列宁全集》第39卷，人民出版社1986年版，第299页。

间中铺开的人类实践生活,是人的欲望和梦想的伸张和实现过程,或者用马克思的话说,是"人们自己创造自己的历史"[①] 的伟大的实践过程。这一实践过程的特点是它必须在前人的基础上有条件地进行:"他们并不是随心所欲地创造,并不是在自己选定的条件下创造,而是在直接碰到的、既定的、从过去承继下来的条件下创造。一切已死的先辈们的传统,像梦魇一样纠缠着活人的头脑。"[②] 人们只能在历史语境中创造历史对象,而这也就是说实践在本质上就是积累性的、文化性的,或者简单地说,实践即文化。因而只要人们说到"当代""现实"也就已经说的是"当代文化"和"现实文化"了。"当代"的特点是共时性,意味着古往今来人类一切文明成果的会聚,会聚于当前的时刻,并在相互的作用中一起呈现出来,构成我们看得见、摸得着的"现实"。反过来说,"现实"则是一切既往的东西、不在眼前的东西在时间中的"实现"和呈现于眼前,是"历史"的延续和复活,是"他者"的移/异地而生。

这也即是说,"当代文化"和"现实文化"具有实践的品格。按照马克思主义哲学的基本观点,"实践"的要义乃是人类自由自觉地改造自然和外部世界的活动,以理论为指导,赋予理论的维度。在实践上,人与动物区别开来。人类是实践的主体,是文化的主体,因而回到我们前面的问题,当作为"当代文化"和"现实文化"的接受主体面对其传统文化和外来文化时,这一主体的任务就是把历史上的文化和异域的文化——我愿意称之为外在的文化,或者,对象性的文化——实践出来,实现出来。如果不嫌尖刻和偏激,那实在也可以说,在作为"当代文化"和"现实文化"的我们这一理性主体面前,无论中国传统文化再或西方文化都不过是供我们随意取用的一堆没有生命、没有自主性的材料,它们是外在性的和对象性的文化,必须接受"当代""现实"带有为理论所导向的检验、拣选和使用。也正是在这一意义上,即在理性的和显性的实践或文化面前,

---

① 《马克思恩格斯文集》第 2 卷,人民出版社 2009 年版,第 470 页。
② 同上书,第 470—471 页。

如前所引，习近平总书记要求我们"学习、研究、应用传统文化"，要求我们"结合新的实践和时代要求进行正确取舍"，要求我们"古为今用、以古鉴今，坚持有鉴别的对待、有扬弃的继承"。对待传统文化，我们有能力这样做，能够古为今用，因为在这里我们是能动的积极主体，而传统文化则是我们能动主体施加作用的被动客体。

在自由自觉地实践着的、秉持"古为今用"宗旨的"当代文化""现实文化"即接受主体面前，作为"服务"（《孔诞》，见前引文）性的、被使用的中西文化将不再呈现对立的状态。"对立"的意思是必须自立，立得住，站得稳，脚下有一坚实的基地。中国传统文化没有这样的基地，其基地已经随历史的演进而漂移；西方文化也没有这样的基地，它们已近脱离了本土，漂洋过海，悬浮在中国的大地之上。因而无论中国传统文化或者西方文化，相对中国当代现实文化来说，都是一种理论性的、话语性的存在。如果有人坚持它们之间的二元对立，那也只能说这种对立是话语之间的对立，而这样的对立，对于材料使用者而言，不过就是营养的差异而已。比如一份早餐，其中有鸡蛋、牛奶、西红柿、生菜、坚果、烤面包，这些食材之间当然是有差异的，但对于用餐者来说，它们都是其营养源，没有什么对立可言。只有在顶天立地的主体之间才有对立，才有主体间性。在被作为外在对象的材料之间不存在什么对立。因而那些株守于中西文化二元对立的人实际上就是教条主义者，本本主义者，唯心主义者，死抱着教规、条文、理念而全然忘记了脚下的真实的大地。

历史传统之于当代的、现实的传承者而言乃是作为一种话语和观念，具有外在性、客体性、因而被选择性；外来文化之于立足于当代的、现实的大地的接受者而言亦复如是。它们之间的距离是理论与实践的距离，观念与现实的距离，材料与使用之间的距离。正是由于这种距离，历史的传承者和外来文化的接受者在面对历史和外来的时候具有了回旋的余地，考量的余地，选取或拒绝的余地。马克思举过一个特别有意思的例子，笔者以为讲的就是这种情况：一方面，毫无疑问，路易十四时期的法国剧作家从理论上构想的那种三一律,是建立在对希腊戏剧(及其解释者亚里士多德)的曲解上的。但是,另一方面,同样毫无疑问,他们正是依照他们自己艺术的需要来理解希腊人的,因而在达西埃和其他人向他们正确解释了亚里士多德以后,他们还是长时期地坚持这种所谓的"古典"戏剧。①法国剧作家之所以能够自由地处置古希腊戏剧以及亚里士多德的阐释,这种自由甚至能够达到肆无忌惮于历史真实的地步,其原因不过就是:第一,接受者是活人,他们的生活,他们的需要,他们的欲望,是第一位的。而第二,古典遗产则是第二位的,是死的,是木乃伊,如庄子所言,是活的作者所留下的死的"糟粕",是无法内化的书本知识。某种文化一旦成为遗产,它也就成了一种知识、一种话语。现实不能移动,而反映其需要的文化观念、学说则是可以被传播、被借鉴、被挪用的。

马克思非常形象生动地描述过那些挪用古典遗产的人:"他们战战兢兢地请出亡灵来为自己效劳,借用他们的名字、战斗口号和衣服,以便穿着这种久受崇敬的服装,用这种借来的语言,演出世界历史的新一幕。"②马克思继续揭露说,资产阶级这些人是"穿着罗马的服装,讲着罗马的语言来实现当代的任务,即解除桎梏和建立现代资产阶级社会"③。在此我们不想陷入历史细节的烦琐考证,我们感兴趣的是马克思再次为我们演示了遗产被从其生产者身上剥离出来而成为一种可资使用材料的转化过程。

这当然不独是资产阶级的做法,而是遗产被激活和使用的通例和通则。我们知道,列宁就曾提醒:"只有确切地了解人类全部发展过程所创造的文化,只有对这种文化加以改造,才能建设无产阶级的文化。"④ 对于发展中国特色的哲学社会科学来说,也同样需要创造性地使用一切人类优秀文化资源,最近习近平总书记强调了其中三个方面的资源,即马克思

---

① 《马克思恩格斯全集》第30卷,人民出版社1974年版,第608页。
② 《马克思恩格斯文集》第2卷,人民出版社2009年版,第471页。
③ 同上书,第471页。
④ 《列宁全集》第39卷,人民出版社1986年版,第299页。

主义、中华优秀传统文化,以及国外社会科学积极成果,并要求我们以解决中国实际问题为目的来"融通古今中外各种资源"。[①] 因此,"融通"就是对各种资源的去语境化和再语境化,消除其独立性和生命体征,使之"资源化",服务于马克思所谓的"当代的任务",从而赋予其新的生命和命运。

二 话语空间形成的行为意动性

为了凸显作为实践的"当代文化"和"现实文化"在"融通"传统文化和外来文化资源上的积极能动作用,以上只是讲述了其作为接受主体的理性化方面,就此而言,一切实践都是理论的实践,话语的实践,无实践不理论,不过这只是人类实践活动的一个面向,其另一面向则是非理论或非理性。否则,历史倒真成了黑格尔的"概念"的演绎了。实践主体并非通体透明,作为理论或理性的化身,而是其中有模糊的乃至黑暗的区域,那是我们意识不到的水面下的"冰山",是弗洛伊德的"冲动"和"无意识",是拉康的"实在",是叔本华的"意志",是歌德的"魔鬼",等等,它们不接受理论或理性的羁縻,反过来还会修改由理论或理性所预先设置的实践过程和目标。理性看起来是管制非理性的主人,而根本上说它是非理性的奴仆。非理性其实并不神秘,它就是人类自己无法完全把握的其生命的本能和冲动,以及其所显现的对于美好生活(包括物质的和精神的)的向往和追求。理性常常不能断定哪些是真实的需求,而哪些又是虚假的需求。

如同实践,文化也是一体两面,既是理性的,又是非理性的,理性为非理性服务。就其非理性方面而言,我们常常称之为"日常生活",它被雷蒙·威廉斯作为"文化"的定义。文化从来就是人类的生存需要以及对这种需要的认可和各种形式的表征。高雅文化是这种需要的高雅表征,通

[①] 习近平:《在哲学社会科学工作座谈会上的讲话》(2016年5月17日),载《人民日报》2016年5月19日第2版。此文以下简称"哲社",采取随文夹注形式。

俗文化是其通俗的表征。尽管其表征不同，然则在这不同表征背后的却是一样的生命奔突，盲目、无序、躁动，不过又总是趋向明晰、纲纪和淡然，即我们日日所见的日常生活的样态。日常生活的变化或文化的变化在形式上显示为表征的变化，而根本上则是生命本身的逼迫和驱使。文化史归根结底乃是人类生命的外化史。可以说，正是由于其非理性或物质性方面的强劲推动、鼓噪，文化才呈现为一条流动的长河。生命不息，文化不止！

习近平总书记正确地描述说："任何一种文明，不管它产生于哪个国家、哪个民族的社会土壤之中，都是流动的、开放的。"（《孔诞》）历史学家许倬云先生通过对中国历史上内外分际即"我者与他者"互动关系的长时段考察，演绎了中国文化的流动性和开放性，这种变化程度之巨大、之彻底竟使他忍不住要发问："原来的'中国'是否好存在？"① 的确，如果按照他的观点"在一个领域的文化，与另一领域的文化相融合时，新的文化综合体，已不是原来任何一方的生活方式，而是另一生活方式"②，这里生活方式即文化，那么自久远的夷夏融合，经漫长的与周边民族的冲突和融合，特别是西方文化逐渐的反客为主，将作为"我者"的中华文化转换为"他者"，原先的"中国"是不复存在的了，甚至如有些极端论点所认为的，就其生成和不断纳入异质和变易的过程而言，单一的"中国"是否存在过也成一个问题了。当然我们未必要接受这一颇具后现代色彩的观点，但文化的变异则是一个无法否认的客观事实。③

---

① 习近平：《在哲学社会科学工作座谈会上的讲话》（2016年5月17日），载《人民日报》2016年5月19日第2版。

② 转引自梁元生、黎明钊《江山风雨晦，长河万古流：迎第一届"余英时历史讲座"讲者许倬云教授》，载许倬云《我者与他者：中国历史上的内外分际》，第11页。

③ 岂止是单一的"中国"或"中华文化"不存在，按照后殖民批评家萨义德的说法，所有文化，包括西方文化或美国文化，究其实则皆为杂交之结果："所有的文化都是彼此包含的；没有哪种是单一的和纯净的；所有的都是杂交的、包含异质的、异乎寻常地可分可辨的和非铁板一块的。"（Edward W. Said, *Culture and Imperialism*, New York: Vantage Books, 1994, p. 115）这一结论自然是没有哪种文化能够恰当其名、名实相副，因为当说到一种文化就已经涉及了其他文化。称"中国文化"或"西方文化"是否还有意义，我们可以继续讨论，但现在能够肯定的是，与异质的杂交是造成文化流变的一个重要因素。

文明之所以具有流动性和开放性，其原因一方面在于文明之间的相互学习和相互促进，即习总书记所说的"文明因交流而多彩，文明因互鉴而丰富"（《孔诞》），而另一方面则在于推动这种交流和互鉴的物质性力量，即社会生产实践或生产力发展的需求。文化没有自身的发展规律，它应和着物质生活的变化而变化。在这一意义，我们倒是可以放言：文化算不得什么！文化的走向不是文化自身说了算，那是物质生活的权力范围。我们今日之文化向何处发展，不是哪一种文化说了算的，而是要由我们今日之现实来裁决。

那么，今日之现实又是什么呢？进而，这种变化了的现实需要哪一种与之相适应的文化形式呢？再者，前谓之"当代文化"和"现实文化"的具体面像是什么？习总书记告诫我们："当代中国的伟大社会变革，不是简单延续我国历史文化的母版，不是简单套用马克思主义经典作家设想的模板，不是其他国家社会主义实践的再版，也不是国外现代化发展的翻版，不可能找到现成的教科书。"（《哲社》）这暗示，今日之现实既不是古代现实的当代延伸，也不是西方现实的地理平移，更不是按照某种理念设计出来的模型，以及实现了的某种理念的再实现。我们为什么不能照抄、迻译各种文化资源，甚至是人类最优秀的文化成果？其根本的原因在于：我们所处身其中的现实是不同的现实，我们所从事的事业是不同的事业。"苟日新，日日新，又日新"！如习近平总书记所图绘："当代中国正经历着我国历史上最为广泛而深刻的社会变革，也正在进行着人类历史上最为宏大而独特的实践创新。"（《哲社》）这是"前无古人的伟大实践"，需要新的理论，新的世界观和价值观，以及与之相匹配的新的文化形式。19世纪人们曾无比自豪地宣称其已进入一个世界文学时代："我们可以把19世纪视为世界性的文化，因为这个文化里包含了所有以往时代、所有以往民族和所有以往文化的传统。我们现在的文学也已经是世界化了的文学。"[①] 那

---

① ［瑞士］雅克布·布克哈特：《世界历史沉思录》，金寿福译，北京大学出版社2007年版，第61页。

么迈入 21 世纪的我们当更有资格说,我们的现实是一种世界化了的现实,我们的文化因而是一种世界化了的文化。世界文学如果不把它理解为一种绝对的同质而是一种文化间性或地方间性的话,那么全球化已经意味着它的实现。似乎愈演愈烈的文化冲突,难民危机,脱欧运动,闭关锁国(如川普的新政),不过是世界文学展开的一个变体,其实即便民族主义以及民族主义文化亦概莫能外。世界文学已经成为一个不可逆的过程,因而我们能够做的不是要或者不要世界文学,而是要怎样的世界文学,在世界文学大格局中占得一个怎样的位置。

文化的形成和发展为生命本能所决定,为物质生产所决定,为当代现实之需要所决定——以上,我们的意思是说,纵然以其非理性维度言之,"当代文化"或"现实文化"也不会屈服于那个僵死的中西二元对立壁垒的,它一"欲"孤行,为所"欲"为,不仅不听从理性的召唤,反倒还要理性顺从它的冲动。

布克哈特看出了这一点,所以其文化定义便是"精神本能地发展的总和"[①]——对此,研究者的解说可能更易理解:"他认为,文化是精神发展的总和,而这里所说的精神是出于本能发生的,因而它不要求普遍的和强迫的认可。"[②] 理顺了精神与本能在文化过程中不可颠倒的次序,那么布克哈特的如下一段话也就可以读解为对我们以上论点的一个经典支持了:文化与物质和精神的需求紧密相关。按照我们的理解,它包含了所有促进物质发展的因素,所有为了表达人们精神和道德生活而自发产生的东西,所有社会交际,所有技术文明,以及艺术、文学和科学。文化是处于不断发展变化的和处在自由状态的世界的整体,但它并非一定具有普遍性,因为它不是强加在人们身上的。[③]

[①] [瑞士]雅克布·布克哈特:《世界历史沉思录》,金寿福译,北京大学出版社 2007 年版,第 51 页。
[②] 同上书,第 269 页。
[③] 同上书,第 25 页。

布克哈特还真是难能可贵，他首先肯定了文化对物质活动的依附性，这是他讨论文化问题的前提；虽然他接着说文化还是精神和道德生活的自然流露，但如果按照他并未放弃的精英主义文化定义，即文化的最高表现形式是艺术、文学和哲学，那么返回其根本，这些高级的表达形式也就仍然可以视作物质生活需求的推动或自然生长。道德心未必与物质生活有关，但道德规范绝对是为了更好的生活而制定并共同遵从的。所以我们看到，布克哈特还会于不经意间透露其对物质生活作为文化之始源的根深蒂固的坚持："当然，我们不应当在每一精神活动或者精神成果后面寻找一个物质的诱因，虽然最终确实存在这样一个物质的诱因。"[①] 这种所谓的"物质"有时被他说成是"生命"，甚至"人的灵魂深处"。例如，文化的"生长和衰落都受到一个高级的、神秘莫测的生命法则的主宰"[②]。生命还有法则？再比如，语言的"源头归根结底都在人的灵魂深处。不然的话，我们怎么能够教会聋哑人说话或者理解语言呢？人的灵魂深处有一种把思想转化为文字并来一次与其他人交流的冲动"[③]。灵魂深处是冲动？也许用不着惊奇，伊格尔顿淡定地告诉我们，信奉本能的弗洛伊德还讲过马克思的一个基本观点："人类社会的动因归根结底是一种经济的动因。"[④] 是的，马克思最亲密的战友恩格斯所认定的马克思的重大发现之一便是"人们首先必须吃、喝、住、穿，然后才能从事政治、科学、艺术、宗教等；所以，直接的物质的生活资料的生产，从而一个民族或一个时代的一定的经济发展阶段，便构成基础，人们的国家设施、法的观点、

---

① ［瑞士］雅克布·布克哈特：《世界历史沉思录》，金寿福译，北京大学出版社 2007 年版，第 52 页。
② 同上书，第 54 页。
③ 同上书，第 52 页。
④ See Terry Eagleton, *Literary Theory: An Introduction*, 2nd ed., Minneapolis: The University of Minnesota Press, 1996, p.131. 伊格尔顿在其后来的《审美意识形态》再次提到弗洛伊德的这一马克思主义观点："所有社会，弗洛伊德以马克思的口吻说，在根本上都有着一个经济的动机。"(Terry Eagleton, *The Ideology of the Aesthetic*, Oxford: Basil Blackwell, 1990, p.276)

艺术以至宗教观念，就是在这个基础上发展起来的"①。随后列宁也是这么说的②。

　　回到我们的本题，在作为话语的文化与本能或经济——再加一个词目，实践——之间，不是前者决定后者，而是后者决定前者。这是马克思主义的基本观点！中国古人喜欢把本能叫作自然，依此文化便是自然的延伸或升华。我们早就习惯了这样的信念："心生而言立，言立而文明，自然之道也。"③ 此"心"乃"天地之心"，与"天地并生"耳！相较于道家的"自然"，"文化"不过是派生性的和外在的东西，须服从根本性的"自然之道"。接受道家影响的海德格尔认为，文化和艺术不过是"自然"（physics）的发生和延伸。

　　综上所述，只要我们坚持自己的现实本位立场，坚持古为今用、洋为中用这一"用"的原则，并且能够理解到，从使用的观点看，一切文化，无论中国自己的文化遗产还是作为舶来品的西方文化，都是资源，都是话语，那么僵硬的中西文化二元对立将涣然冰释。

　　毋庸赘言，此"用"乃感受着、谛听着当代现实脉动的伟大实践，而实践则是检验一切真理或话语命题的唯一标准。我们不偏爱任何一种资源，我们只偏爱我们自己对资源的使用，偏爱我们自己的实践，偏爱我们自己的生命活动，偏爱这生命活动为"我"之所需而展开的对各种资源的实践性借用。非如此，将不能完成习近平总书记所要求于我们的"实现中华文化的创造性转化和创新性发展"④，因为离开了作为生命的实践，任何对文化遗产和外来资源的使用都不过是在头脑中的概念演绎或互文指涉罢了。要创造性转化，要创新性发展，我们必须是将概念付诸实践，将文本种植于大地，也正是在这一意义上习总书记告诫文艺家们："艺术可以

---

① 《马克思恩格斯选集》第3卷，人民出版社1995年版，第776页。
② 《列宁全集》第26卷，人民出版社1988年版，第57—60页。
③ 刘勰：《文心雕龙·原道》，中州古籍出版社2008年版，第5页。
④ 习近平：《在文艺工作座谈会上的讲话》（2014年10月15日），《人民日报》2015年10月15第002版。此文以下简称"艺谈"，采用随文夹注形式。

放飞想象的翅膀,但一定要脚踩坚实的大地。文艺创作方法有一百条、一千条,但最根本、最关键、最牢靠的办法是扎根人民、扎根生活。"(《艺谈》)书本里长不出参天大树,大脑里结不出累累硕果,"文艺的一切创新,归根到底都直接或间接来源于人民"(《艺谈》)、来源于生活:"人民不是抽象的符号,而是一个一个具体的人,有血有肉,有情感,有爱恨,有梦想,也有内心的冲突和挣扎。"(《艺谈》)这些话是习近平总书记说给文艺家们听的,但同时也是说给一切思想文化工作者听的。创新不是能指的游戏,而是意指的政治。接受哪一种话语资源不重要,重要的是如何以其完成我们自己的创新性意指。

第三节 作为思维方式的文化间性

1959年,美国人类学家霍尔首次提出了文化间交流概念,激发了文化间性思想起源。[①] 国内学者普遍认为,文化间性是德国哲学家哈贝马斯提出的文化哲学术语。[②] 20世80年代中期,文化间性发展在人文社科理论中的地位和作用越来越凸显。199年,联合国教科文组织国际教育大会建议把文化间性教育设计为尊重、理解和丰富文化多样性为世界文化发展贡献的教育。2005年,联合国教科文组织建议加强文化间性,本着在各民族间架设桥梁的精神开展文化互动。国内学者开始关注文化间性理论是在2001年哈贝马斯教授在中国社会科学院做题为"关于人权的跨文化讨论"或译为"论人权的文化间性"的演讲之后。

文化间性的思想源泉和哲学基础来源于主体间性理论(海德格尔、哈贝马斯、巴赫金、伽达默尔等)、差异哲学(尼采、福柯、德里达、德勒兹和霍尔等)、他者理论(巴赫金、哈贝马斯)。文化间际、文化间性和

[①] Allolio-Nacke L., *Interculturality*, Springer New York: Encyclopedia of Critical Psychology, 2014: 974-977.

[②] 郑德聘:《间性理论与文化间性》,《广东广播电视大学学报》2008年第4期。

文化间性主义是文化间性理论核心术语和关键部分，具有全球化情景中文化际遇的共同认知对象。文化间际呈现了不同文化之间具有的间性关联特性和意义重组过程文化间现象；文化间性使文化间具有的间性特质或状态理论化；文化间性主义通过文化特征和意识形态呈现为文化实践和制度建设的理想观点和主张。"Intercultural"一词在英义语用中指的是不同文化际遇时发生的意义重组的交互作用过程。在中文语用中较之于"跨""跨文化的""间际""文化间的"更能体现"Intercultural"所指向的文化间交互作用内在蕴意，将"Intercultural"译为"文化间的"或"文化间际"更为准确。对文化间性最宽泛的理解是指文化之间具有的某种性质或状态，文化哲学中的文化间性指国际各民族不同文化间的可交流性，联合国教科文组织把文化间性定义为"不同文化的存在与平等互动，以及通过对话和相互尊重产生共同文化表现形式的可能性"。文化间性秉持文化间的开放性意识，通过对话和相互作用的间性关联和制度性安排通向长期变化。文化间性目标在于创建连接多数和少数、延续性和多样性、身份和权力、追忆过往和憧憬未来共存的新途径，并且在不同层次寻求拥抱和超越差异的共同生活[1]。文化间性理论通过文化认知识别他者，秉持谅解、平等和互惠的精神管理交往过程中发生的文化间交互作用，文化间性以不同传统和文化多样性共存的共享共建强有力集合为目标，鼓励具有积极品质激励人心的交流、承认动态的认同、促进团结、共享文化价值和发展成果以及批评偏执的文化实践[2]。

关于文化间关系的认知存在诸如文化涵化、同化、融合、杂合、多元文化等文化观，文化间性并不否认其他文化观对"文化间关系"产生的作用。文化间性接受涵化导致的文化变迁普遍事实，但反对涵化中双方的支

---

[1] Paul Bagguley, Interculturalism: the new era of cohesion and diversity, *Interculturalism The New Era of Cohesion and Diversity*, 2012.

[2] Cantle T., National identity, Plurality and interculturalism, *The Political Quarterly*, 2014, p. 313.

配和从属不平等地位，但文化间性加强过程中可能伴随涵化发生。文化间性接受不同特质的文化间通过相互接触、交流、沟通进而相互学习 吸收的过程，更强调文化整合功能而不是合二为一的文化融合。文化间性促进文化间整合而不是把 多元文化同化到单一社会文化中①；反对优势文化同化弱势文化的非对等关系和化二为一的结果，这有损文化多样性。文化间性化是同化和分化的中间选择路径，是强调平衡和公平的模型。文化杂合描述文化并置忽视了文化之间存在着等级和力量的差异，从而把差别消泯在一个大混合体内，使本来应该多样化的世界文化混为一体。

文化间性主义汲取多元文化主义权力、平等对待和无歧视的成分和框架；二者都承认文化多样性的现实，共享促进文化参与的策略②。关于文化共在，文化间性更强调动态的文化特征和文化间的相互作用和对话，致力于依照社会凝聚力和国家公民身份增强整体感；作为文化间对话过程的部分，文化间性更有可能通向对偏执的文化实践的批评。文化间性主义反对多元文化主义导致的文化间的破碎化和分化对社会凝聚力的损害，承认差异性同时也承认同一性，强调差异性和同一性的一体化实现。多元文化主义有利于加强文化间平等，文化间性主义更能应对"超级多元化"和多层面差异的他者。③

第四节　作为行为方式的文化间性

文化间性理论并非不切实际的理想主义，而是能应用于指导实践的实用理论。20世纪70年代，文化间性在法国调整移民儿童教育方法的特殊背景下应运而生。20世纪90年代，荷兰、德国、西班牙和希腊关于移民

---

① Maxwell B., Waddington D. I., McDonough K., et al., Interculturalism, multiculturalism, and the state funding and regulation of conservative religious schools, *Educational Theory*, 2012, p. 430.
② Ibid., p. 444.
③ Cantle T., National identity, Plurality and interculturalism, *The Political Quarterly*, 2014, p. 315.

融合教育问题中采用文化间性,文化间性是加拿大国情下现行的文化政策,但被认为仅是多元文化主义改进的变体;澳大利亚在应对日益边缘化的土著文化时有向文化间性主义靠拢的趋向。文化间性理论应用于政治实践一个突出的象征性例子是 2008 年为欧洲文化间对话年,文化间性主义以其建立共同的欧洲认同和文化环境的工具优越性促进欧洲一体化。[①] 文化间性应用于实践研究有三条线索:一是以包含规范性途径为特征,强调在文化间交流中的价值,宗教间对话,移民与土著文化政策,政治、权力和文化相互作用。如 Ameli 和 Molaei 通过宗教隶属和跨文化敏感性研究伊朗穆斯林什叶派和逊尼派之间的文化间性,认为宗教隶属是交流发展的指标,通过分别测量两个文化群组的跨文化敏感性,发现随着交流发展跨文化敏感性减少到了最小阶段,两类文化群组之间趋向于强调相似性和忽视差异性分歧。二是从概念转化为教育实践的途径,包括教育情景中的间性价值形成过程[②],文化间教育方法和教育课堂中的文化间对话,[③] 文化间课程体系构建,[④] 在多方面的学习科目体系中实施文化间性。如 Contini 以意大利移民学生与青春期前的原住学生为案例探讨文化间性与社会关系形成,认为文化间性作为学校经历变革的特定目标,需要行动路线的互补性包括移民学生的整合和学校内外关系的文化间交往的知识和能力。三是,文化间性是一种整合和管理民族文化多样性的模型。文化间性基于更宽泛的世界观,发展一种积极正演模型以适应跨区域和跨国家的变化,承认跨越多样性各个方面的多元文化关系。文化间性主义致力于鼓励和发展能够

---

① Dan H. S., The role of interculturalism in European integration, *Studia Universitatis Bahes-Bolyai*, Europaea, 2014, p. 7.
② Dervin F., Interculturality in Education: A Theoretical and Methodological Toolox, *London*: Palgrave Macmillan UK, 2016, p. 14.
③ Dervin F., Towards post-intercultural teacher education: Analysing "extreme" intercultural dialogue to reconstruct interculturality, *European Journal of Teacher Education*, 2015, p. 79.
④ Dunne C., Developing an intercultural curriculum within the context of the internationalisation of higher education: Terminology, typologies and power, *Higher Education Research & Development*, 2011, p. 615.

增进不同文化和民族之间理解和尊重的实践活动；主张加强文化（文化群体）之间的互动和交流，促进相互对话从而建立互信，在差异中和谐共处；主张所有文化都有权利对他们所在区域的文化作出贡献，在多元文化状态下所有文化（群体）都要做出调整彼此适应。由此可见，文化间性不仅是一种文化理论，更是一种文化的政治态度、伦理实践和社会行动依据。

文化间性不仅是一种文化理论，更是一种文化政治态度、伦理实践和社会行动依据。文化间性视文化多样性为资源，努力促进文化间互惠理解基础之上的交流、沟通和对话，以及促成文化间相互尊重和文化间认同。相互尊重是文化间理解和交往的必要保证，平等交往中加强了对自我文化与对他者文化的认知，文化间认同表现出对弱势文化的尊重与接纳，同时又兼具了弱势文化与强势文化交往对话何以可能等重大问题的冷静处理，更是凝聚不同文化特征共同发展的过程，文化间性实质就是从差异走向共同，从分裂走向同和，从分散走向凝聚。文化间性倡导携手塑造共同的未来生活，视为在调解矛盾的原则、价值观和期望中探寻平衡的路径。文化间性理论拓展文化间关系研究新维度，能够开拓旅游研究更大学术空间，从而扩展旅游研究和实践的更广阔研究视野和实验场地。

比如在旅游全球化和地方化发展过程中应用文化间性理论的智慧、策略和方法治理旅游地文化多样性、差异性和同一性，辩证看待和处理旅游中的文化差异，倡导旅游中文化间互惠理解和平等交往，相互尊重基础之上寻求文化间认同的文化间旅游新范式。文化间旅游强调超越熟悉性世界的文化碰撞和差异体验。文化间旅游是一种基于旅游地文化之间以及文化载体之间动态交互作用的方式，以检视在什么程度或范围的交互影响下有助于文化间对话而促进可持续旅游发展。文化间旅游提供了文化间理解和交往媒介，同时提升文化互动主体的文化智力，当暴露于多元文化社会的文化差异时能够变得更宽容和相互尊重。在旅游促进和平与和谐发展方面，文化间旅游强调主客文化间旅游致力文化间的相互适应。在文明旅游方面，文化间旅游致力于如何产出负责任的文化旅游者和东道主。在全域旅游方面，所有文化形态包括原生文化展能和旅游衍生文化都有权利和义务对其所在区域文化发展作出贡献，都需要做出调整彼此适应。文化间旅游鼓励发展能够增进利益相关者之间相互理解和尊重的旅游项目，对文化遗产既强调现实的保护又强调合理利用，旅游地文化建设中在保持差异性前提下建构同一性。

第三章　因素分析

——民族地区文化间性的影响性解读

当前的民族地区文化——尤其是"一带一路"倡议实施以来——是全球化和地方化双向交互博弈的文化间行为，表明了世界文化多元的客观事实，以及多元文化主义主张的"承认"和"平等"实现的纠葛。一方面随着经济发展、闲暇增多、交通改善与技术进步等，跨国移民、国际贸易、城乡互动、网络传播、大众旅游等跨国、跨区域的流动性现象不断涌现，大量的人流、物流、信息流、商流、资本流等的中介作用，使来自不同国籍、族群、地域的异质文化在多元文化世界中并存呈现，多元文化世界面临文化多元的复杂性超过以往任何阶段。另一方面伴随各种"流"的进程，多元文化主体的他者与我者在不同的时空中际遇，不同文化秉持的思想、观念、习俗、制度等激烈碰撞，诸如乡村振兴中旅游功能之于传统文化保护是"天使"还是"魔鬼"的争论，生态文明建设中"自然中心主义"与"人类中心主义"的纠葛，传统文化演绎的"舞台真实"与原真性的讨论以及社区移民排斥与融入、文物保护与利用、文化强势与地方迷失、公共服务配置的公平与效率、亚文化的平等与承认等文化间的隔阂、误解乃至冲突升级，易诱发社会、政治问题。因此，在"文化间相遇"语境之中需要高度重视"多样性协商"。文化间性理论已成为全球化和"超级多样性"时代的新叙事和思考多样性的新范式，基于更宽泛的世界观，通过文化多样性各个方面发展"动态正演模型"以调解跨越地域与国家的多元文化关系。

第一节 文化间性与文化生态

文化多样性与生物多样性一样，是构建五彩缤纷人文与自然世界的基石。生物多样性有利于生态系统稳定性的提升，而文化多样性的不当认知与实践则是人文系统脆弱性与敏感性的根源。如何维护文化的多样性，消除文化多样性冲突，保障文化多样性共生，文化间性理论为其提供了解决问题的新范式。文化间性是以不同文化主体之间的相互尊重为前提，以平等交流为手段，以和谐共存为旨归的文化多样性理念与策略。

相互尊重为前提。不同文化主体间的相互尊重是美德，是不同地方文化修为的外在表现，更是文化多样性为世界文明贡献其文化基因的表征。地方有文化，人类有文明，文化间性一方面认识并尊重不同地方文化存在差异性，另一方面也希冀在尊重的前提下寻求搁置争议、协同发展，为超越文化范畴与层次的世界文明而努力。

平等交流为手段。地理空间的客观差异与距离阻滞，既是地方文化多样性形成的客观原因，也是多元文化际遇时产生冲突的根源之一。不同文化主体间只有平等互动，才能促进相互认知、了解与熟悉，从而消除隔阂、冷漠与敌对。文化间性反对多元文化主义导致的文化间的破碎化和对社会凝聚力的损害，秉持平等交流是保障文化多样性存在的有效途径。

和谐共存为旨归。文化融合、文化涵化、文化同化、文化杂合等文化观，尽管概念间的各自表述有差异，但都强调多元文化通过接触、撞击、接受、适应、抗拒、筛选、整合等各种形式，使多元文化间的相似性不断增强、差异性减弱乃至融为一体。文化间性并不否认其他文化观对文化间关系的阐释，但更强调多元文化间的权利平等、无歧视对待与和平共存，从而加强文化多样性。

文化间性是不同文化主体在承认文化多样性、接受文化差异性背景下，通过相互理解与互动，实现相互尊重，达成相互认同与共存的动态博弈过程与结果，因而多元文化间理解、互动、尊重与认同则成为文化间性可能的解释框架。

文化间理解是不同文化主体对他者文化或多元文化间的相互认知、理解与承认，是文化间性何以可能的前提。认知程度取决于认知意愿、认知方式与认知能力。认知越深则其理解越强，但是否必然导致相互间文化承认与尊重，则受文化间互动的影响。文化间互动是不同文化主体间或多元文化间的相互交流，是文化间性何以可能的路径。互动程度与绩效受到主体间的身份地位、互动形式和互动能力等方面的影响，"平等"是文化间良性互动的必然要求。文化间尊重是多元文化主体间的地位平等，是文化间性何以可能的基石，包括自我尊重、尊重他者和受他者尊重等方面。文化间认同是多元文化间的相互认可、接纳与共存，是文化间性的目的与归宿，包括共性共识、意义整合和协同共进等方面。

文化间的理解与互动有助于文化间尊重的实现，而文化间尊重则有利于文化间理解加强与互动深入，三者之间相辅相成，共同指向多元文化间的认同与共生。文化间性强调多元文化的平等共存，批评偏执型的文化实践，认可多元文化主义的"承认、平等"主张，反对多元文化主义导致的文化碎片化和社会文明迷失，倡导保护弱势文化，平衡强势文化。未来如何突破文化间理解受特定文化价值取向的围囿？如何实现不同文化主体间交往的积极效应？如何激发与形成文化间理解和交往中的尊重情感与态度？如何避免文化间认同的流变性？是文化间性研究亟待解决的课题。

文化多样性研究关注点主要集中于内涵类型、内容要素、测度与效应、动态演化机制和多元性机理论争等方面。文化多样性含义在内容上如文化本身包罗万象，其外延宽广内涵丰富，功能上表现为人类在文化差异情境下对生物多样性保护和利用方式的多样化以及所采取人类生存策略的多样化；文化多样性测度主要基于经济和社会维度的文化统计、空间线性模型、文化活动分类模型和斯特林模型以及文化多样性指数；从全球和国家宏观、区域与城市中观、个人与企业微观等基本空间尺度上展开；从地理环境、全球化与本土化、文化现代化、文化产业、规划与政策等方面分析文化多样性影响因素及其作用机制；有关全球化与本土化、非领土扩张、地方性、无地方性和非地方等多元性机理论争兼顾对社会与自然的影响力。文化多样性与地理环境多元性密切相关，文化多样性与生物多样性相互依存、共同演化。文化多样性对于生物多样性、人类日常生活、社会更新和适应性等方面具有巨大现实意义。

　　区域文化间具有普遍而多样的关联性，这些关联性表现为文化特质在时间尺度上的纵向关联性和空间上的横向关联性。地理学通过探索全球进程和地方进程之间的关联来解释这些变化[①]，全球化的文化活动是在地球上真正的空间和地方展开的，离散空间和接触地带是区域文化间空间关联性两种特殊形式。不同文化特质在全球范围内广泛而快速的流动接触的文化间互动包括了不同文化体之间相互联系、影响、作用、制约等。区域性和地域差异是地理学研究的悠久传统[②]，首要任务是揭示地方文化的区域性和地域间文化差异。不同的文化特质在不同的地方具有不同的含义，由于全球化发展进程在不同的地方表现的多样性和复杂性体现全球化影响的差异性。从文化生态学来看，地域文化差异源于自然环境条件复杂性和差别，文化特质空间区位差异还有全球政治经济的整体格局。地域文化差异空间表现为文化地域差异导致的文化空间多样性即基于文化特质时空投影形成的文化（亚）区构成的文化地图所反映的文化格局多样性[③]。新文化地理学认为文化差异是人的对象物并与之形成关系的差异性呈现。文化差异实质是地域间的文化差异，目前地理学者的关心仍停留在识别一种文化具有空间显示的特质，指出一种文化如何明显有别于其他的地理学传统情结。

---

　　① ［英］彼得丹尼尔斯：《人文地理学导论：21世纪的议题》，邹劲风译，南京大学出版社2014年版，第221页。

　　② 郑度：《关于地理学的区域性和地域分异研究》，《地理研究》1998年第17期。

　　③ 孟召宜、沈正平、渠爱雪等：《文化多样性研究述评与展望》，《淮海工学院学报》（人文社会科学版）2015年第13期。

民族地区文化是一个区域长期的文化积淀，具有地域本质性、内涵丰富性、情感亲缘性、价值稳定性和历史动态性等特性。地方文化间理解包括地域内不同文化特质间理解和不同地方文化间的理解。地方文化间理解内容包括地域文化多样性、差异性和关联性的认知，承认地方文化多样性、关联性和差异性的文化事实，以及认知并尊重地方间的物质文化（饮食、建筑、服饰、器物、生产工具、交通等）、制度文化（制度、法律、礼仪、村规、民约等）与精神文化（价值取向、审美情趣、群体人格、艺术、宗教、习俗、语言等）。文化间理解有利于消除地方文化间隔阂与漠视，防止地方文化间误解与偏见。多元文化世界中民族地区文化间交往是一种跨时代、跨地域的文化间互动。地方文化间互动包括地方内不同文化特质间交流和不同地方文化间的互动。地理环境是地方文化间交往的地域空间载体，现实世界不断拓展与收敛的时空涨缩变化，有效推进地方文化间互动加剧。地方间文化互动往往通过人流、物流、信息流、资本流等方式进行，平等的地方文化间互动有助于加强各种流的流量，产生积极的影响，而不平等的互动则产生消极的地方文化影响，如旅游者凝视背景下的地方文化舞台展演会导致"文化后台"的裂变，最终损害地方文化传统；乡村振兴过程中不当的权力、资本主导的空间利用博弈，会导致乡村性的消失等。地方文化间互动应充分考虑全球化文化的多尺度空间，多样化行为者参与的特性，强调行动者权力关系在多空间尺度上的多样化演化，建构全球流通网络关系分析框架，朝向认知和培育全球化的文化间交流。

第二节 文化间性与文化产业

以旅游产业为例做出对文化间性与文化产业之间的关联性命题阐释或许对当下民族地区，尤其对正处于"一带一路"发展的西部民族地区而言，意义尤为重大。

随着旅游全球化和地方化发展，大众旅游向替代旅游转变和旅居社会形成，文化旅游面临的挑战是在文化间接触之中如何消除文化刻板印象、文化冲突、文化侵蚀、文化休克、文化困惑、偏见和歧视、不宽容和污名化等文化间问题[①]。Jafari、Nuryanti 和 Wall 于 1992 年在印尼雅加达和日惹市举行的文化旅游国际会议研究简报中首倡从文化间视角研究旅游。[②] 目前，文化间旅游研究视角与人类学的主客关系关注于东道主体验的研究相区别，更多关注于旅游者对新环境的适应，[③] 发展了具有代表性的文化休克 U 形曲线理论和文化困惑动态模型理论等旅游文化间适应理论，但相关研究仍然停滞于探讨旅游者在旅游目的地停留上。从文化间视角应用文化间性的智慧、策略和方法治理旅游地文化多样性，辩证看待和处理旅游中的文化差异，倡导旅游中互惠理解和平等交往，相互尊重基础之上寻求文化间认同的文化间旅游新范式。从文化间性的途径检视旅游在多元文化社会中的意义、角色和影响具有重大理论和实践意义。

　　旅游是一种全球性的文化现象，具有社会文化属性，这是旅游研究中的事实性共识。在对旅游现象本质认知中，有学者认为"旅游不可超越文化间互换之外，旅游中的文化现象是多元文化现象"，旅游活动是一种跨文化交际活动的普遍现象，基于文化差异的旅游者体验研究兴趣增长，如饮食旅游中文化差异的吸引性和障碍性。旅游中的文化差异分析应该提供一套基于旅游者体验的分析工具。

　　文化差异是文化旅游的核心主题，文化差异一方面是促成旅游动机的激励性因素，另一方面是影响旅游行为限制旅游体验的障碍性因素。旅游跨文化现象产生的根本原因是在不同文化背景中的文化差异影响下旅游者动机和行为差异，表现为不同文化背景的游客在旅游时间、旅游计划、旅

[①] Bedekovi V., Bosni I., Jakovi B., An intercultural personnel competence in cultural tourism, *Tourism & Hospitality Industry 2014 Trends in Tourism and Hospitality Management*, 2014, pp. 471－481.

[②] Jafari J., Nuryanti W., Wall G., Intercultural perspectives on tourism, *Annals of Tourism Research*, 1993, pp. 782－785.

[③] Carmen B., Daniela I., Andreia I., Interculturality—a factor of tourism development (part 1-gastronomy in tourism, attraction or impediment), *Annals of Faculty of Economics*, 2009, pp. 23－28.

游信息搜索、旅游景点偏好、旅游决策、目的地选择、主客交往、旅游目的地形象感知、旅游满意度和服务质量感知等方面存在显著差异。差异是不可避免的社会事实，具有社会必要性，然而差异涉入他者意义上可能产生心怀敌意的思想性暴力，差异通过交往而强调，通过角色认同而维持，通过短暂的旅游际遇而加剧。如 Paris 等认为背包客旅游不会导致旅游地民族文化变迁，但背包客通过自身区域族群性而呈现与原住民之间的文化差异影响主客间文化互动。Turner 等研究了文化差异如何影响旅游满意度，认为旅游者根本动机是为体验不同生活方式，不同文化背景个体间接触主要取决于他们文化背景之间的相似性和差异性。

文化差异大小直接决定文化距离的远近，不同文化间的差异可能是微小而可互补的，也可能是极大而不可调和的，当文化差异微小时人们不会因文化距离而分隔，当文化差异极大时人们会因极大文化距离而分隔，这与主客间的文化价值系统、生活方式、个体行为、期望、安全感和道德品行等差异有关。然而，当主客间意识到文化差异存在时文化冲突会显著减少，因此理解目标文化和文化差异性就变得尤为重要。旅游者与东道主间的文化背景差异影响旅游者与东道主间的文化距离程度，进而影响旅游者对目的地的选择和在目的地的表现行为。因此，测量文化距离及其对社会现象影响有助于了解旅游行为尤其是主客间的互动。

如何保持文化间差异性以保证文化吸引力，同时又建构文化间同一性消除因文化差异导致的旅游障碍是文化间旅游能够应对的文化间悖论。旅游地是多样文化汇集呈现之地，从积极发展的文化间性理论领域观察文化旅游，从旅游地文化多样性意义来看，保持旅游地原生态文化独特性和地方性，留给旅游者异国他乡情调的文化惊喜；同时考虑旅游者文化背景和个性需求，提供旅游者共性的旅游文化需求，消除旅游者异地陌生感，避免文化困惑和休克。

旅游闲暇具有促进复杂世界中文化间理解的发展潜力，同时旅游呼唤文化间的互惠理解。1987 年，"文化旅游"第一次在国际上被提出意指

"为了解被访问国家的建筑、绘画、音乐、剧院、民俗传统、人们生活方式等所有文化表现形式"。国际遗迹与遗址委员会把文化旅游定义为"人们能够体验其他人的不同生活方式,从而直接地了解他们的风俗传统、物质环境、知识体系或建筑的、历史的、考古的、保留早期文化意义的活动"。这些都强调通过文化接触与交流基础上的"文化的-认知的"旅游方式。联合国教科文组织以承认他者文化的旅游认知把文化旅游与其他旅游形式相区别,文化旅游具有追求获得理解和欣赏被访问地的性质而区别于娱乐消遣旅游。旅游作为对一种生活方式和社会群体行为文化的动态理解,具备其他文化的知识是文化间理解的一个必要步骤,以达到识别文化差异之处的实质所在。文化旅游为文化间理解铺设了道路,旅游以更好地理解我者和他者双向交流的方式扩展了旅游者的知识和信息。良好的理解不仅是文化间知识信息的传递,也是彼此需求和期望的互惠理解。文化间旅游中的文化间理解是承认和接受主客文化多样性和独特性文化事实以及理解主客间物质、精神、制度文化等多样性文化内容。欣赏主客文化间的差异性以消除文化误解或文化震惊,发现主客文化间关联性以避免文化偏见和歧视。如"中国式不文明旅游"现象的原因,既有中国游客对异质文化的无知造成的无意识的不尊重,又有世界对中国传统文化的误解和中国文化权利的弱势,而国际旅游被认为是一种自我激励的文化间教育形式。

旅游本质是文化行为和文化间互动,旅游集中于文化间交流的基本原则和兼具文化表现和文化体验特征。旅游业被视为一种特殊的人类关系的他者性文化产业[1],处于文化间际遇的情景,发展于文化间的接触[2]、交流[3]、

---

[1] Favero, "What a wonderful world!": On the "touristic ways of seeing", the knowledge and the politics of the "culture industries of otherness", *Tourist Studies*, 2007, pp. 51 – 81.

[2] Fan D X, Zhang H Q, Jenkins C L, et al., Does tourist—host social contact reduce perceived cultural distance, *Journal of Travel Research*, 2017, pp. 1 – 13.

[3] Wang C, Miao L, Matti la A S., Customer responses to intercultural communication accommodation strategies in hospitality service encounters, *International Journal of Hospitality Management*, 2015, pp. 96 – 104.

互动交往①和适应的行动线,应用文化间(内)的"常态辩证法理解文化间互动是提升文化旅游的有效办法"。在日常实践中,旅游概念化为通过语言,构造于种种旅游互动体验的文化间活动②,旅游在某种程度上探索世界中供人共享参与系列互动,有助于探究旅游作为瞬时的、过程的和追求民主参与水平的文化间交流形式。

　　文化间交流是旅游活动不可或缺的环节,文化旅游本质就是一种文化间交流活动。文化间交流目的决定了代表特殊异质文化之间交流的研究主题,主要探讨和检视科学语境中有关语言、个体和文化之间的相互作用。文化旅游情景中的文化间交流被认为是我者和他者之间、主客之间特殊的相互作用,文化旅游充当更好文化间理解的工具,可以应用文化旅游修正和调整文化间交往机制旅游中的文化间交流被看作是一种知觉上相互作用形式,通过感观规训和物质世界刺激、引起情感共鸣和促进文化间理解力。文化间交流的经历帮助旅游者了解和欣赏他者文化,同时更好了解我者文化网。从游客对异质文化的瞬间消费起,主客间发生价值交换关系时,东道主的热情就走向了异化的好客。文化间旅游倡导主客交往回归到理性的主客关系之中,文化间性理论试图将旅游情景中主客关系转变为主体与主体之间的关系,以主体与主体间的思考方式为前提,极力倡导承载或代表着不同文化体系的原住民与原住民、游客与游客之间、东道主与游客之间在物质、精神和制度文化等不同文化表现形式上的互动交往。文化间旅游强调交往过程中主客间的平等地位,平等互动是指在旅游交往中对不同交往对象不做区别对待的职业道德行为准则。文化间对话是直面文化差异的途径,能够发展文化间相互作用和影响有益健康关系,旅游交往目的就是要实现文化间在接触、交流、理解、尊重和共识基础之上从旅游凝

---

① Everingham P., Intercultural exchange and mutuality in volunteer tourism: The case of intercambio in Ecuador, *Tourist Studies*, 2015, pp. 175 – 190.

② Mil stein T., Communicating "normalcy" in Israel: Intral intercultural paradox and interceptions in tourism discourse, *Journal of Tourism and Cultural Change*, 2013, pp. 73 – 91.

视走向文化间旅游对话。

20世纪60年代以来，旅游地旅游社会文化影响一直是旅游研究中的热点问题。旅游尤其是大众旅游对旅游地文化多样性有潜在正负影响，在积极意义上可以增进不同文化环境和习俗的知识和理解，但同时旅游凝固了旅游地文化使得原住民更加边缘化。旅游对文化间性的影响是旅游发展中旅游文化生成对旅游地先前存在的文化间性影响以及旅游衍生文化与旅游地原生文化交互作用中间性生成过程。旅游文化丰富了旅游地文化多样性，但往往也容易导致文化同质化。旅游与文化间性相互关系正如旅游与文化、旅游与生态的相互作用关系。

旅游从以下几个方面对旅游地文化边际域中的多元文化间状态产生影响，促发旅游地文化间性的再创造：一是从文化间理解的认知层面来看，文化旅游产品开发影响旅游地对不同文化旅游开发价值认知，文化旅游产品充斥着旅游者需求"好恶"，并非所有文化表现形式都可以被开发为旅游产品；参与旅游文化生产过程中存在是参与者还是旁观者的主体身份认知差异；文化商品化过程中存在不同文化发展机会的认知，旅游发展是一个循序渐进的发展过程，并非所有文化都有机会在旅游地一定发展阶段内获得发展。二是从文化间互动的行为层面来看，在旅游文化经营博弈中影响主客文化间交往地位；文化表演过程中不同文化群体充当主角还是配角的角色扮演；主客互动中文化间交往能力差异。三是从文化间尊重的情感层面来看，旅游凝视中原住民的文化自省和自信；旅游示范效应中原住民对他者文化好恶判断和扬弃；旅游者文化阅读中对土著文化的品评等方面存在影响。四是从文化间认同的态度层面来看，旅游文化对地方文化生成的贡献认同；不同文化在地方发展中的地位认同以及对文化间协同共进的发展认同等方面存在影响。

第三节 文化间性与媒介话语

全球化时代，大众传媒的影响无所不在，常常给人们造成一种错觉：

大量的信息使得人们相互理解变得更容易，使得不同文化与文明之间的交流也更加顺畅，然而事实是信息技术的发展使得信息生产更为迅捷、传播活动更为广泛，却无法保证传播活动中双方主体能够进行成功的对话与意义分享。正如戴维·莫利对媒介传播现实情形的描述："信息与传播技术的发展与普及，前所未有地促进了交流和对话，但全球不同地方的误会、误解和不同文明之间的冲突也比以往任何时候更多；人类社会从未像今天这样浸泡在各种各样的、来自四面八方的信息海洋之中。信息量骤然增加，导致的并不一定是改善或优化传播，而恰恰是无法传通（无法传播）。"①

随着新媒介技术的发展，媒介传播跨越文化的区域局限，在时空上形成一个世界架构体系，使得相对独立的不同的文化文明在传播活动中开始交互碰撞和相互影响，进而取得相互理解。然而，在媒介话语跨文化传播的现实中，因为传播的不平衡、交流的不充分而导致了传播效果有所偏向，甚至产生理解的隔阂。詹姆斯·D. 哈洛伦在分析跨文化传播中存在的问题时指出："我们对世界某些部分的了解要比对其他部分的理解多得多，我们对传播过程的某些方面的理解要比其他方面多得多；而且我们从某些价值立场上做出的分析和解释要比其他立场多，一个补充的解释就是这些不平衡的含义没有得到恰当的理解，因此，我们时常会遇到一些几乎是无效的一般概括和跨文化应用。"②

一 媒介话语与文化间性

媒介话语的跨文化传播过程不只是一个简单的讯息传播过程或者一个简单的霸权解读式的宣传过程，而是在一定文化语境下的主体之间对话的

---

① ［英］戴维·莫利：《传媒、现代性和科技："新"的地理学》，郭大为等译，中国传媒大学出版社2010年版，第87页。

② ［英］奥利弗·博伊德－巴雷特、克里斯·纽博尔德编：《媒介研究的进路——经典文献读本》，汪凯、刘晓红译，新华出版社2004年版，第122页。

意义共建过程。在此过程中，媒介话语跨文化传播的"间性"得以凸显。在媒介话语的跨文化传播中，引入间性理论分析，能帮助我们考察媒介话语在进入异质文化圈的时候如何被解读和接受，从而促进双方积极有效的意义交流。在媒介信息化时代，媒介话语是文化传播的载体，文化与媒介话语具有意义互动关系，文化的存在依赖于语言，我们可以通过语言去体现文化，也就是说，我们可以用语言表达甚至是创造我们的文化存在，因此，探讨媒介话语的传播活动不能脱离其背后的文化背景与文化体系。文化间性的存在是媒介话语传播过程中不容忽视的事实。也就是说，自我文化与他者文化相遇时，承认差异并且尊重他者，将话语互动作为根本，通过对话在相互作用和影响中发生内在关联。在媒介话语跨文化传播中，"文化间性"所涉及的层面不仅是语言的层面，还有超越语言的文化精神层面，而这种文化精神上的抽象内涵最终也是通过语言传递和实现。媒介话语的意义生产和传播是实现不同文化之间交流与互鉴的主要途径。

过去，因为科学技术手段有限，受制于时空的制约，人们的交往与交流从范围到广度都受到很大的局限，面对面的交流是当时较为普遍的方式，这种方式突出的优势便是有切身的感知和体验，对意义的传达与领会较为直接与明确。在当下世界，发达的媒介技术使得文化与文化之间的相遇与碰撞更加频繁，而且范围更广、程度更深，媒介话语被各种不同的媒介机构生产出来，借助强大的媒介技术手段，以空前的规模和速度在不同国家之间、不同文化之间与不同文明之间循环，但意义是否实现、如何实现、共识如何达成，与文化间性不无密切关系。差异性是"文化间性"存在的前提，也就是说，文化差异性的存在决定了文化之间的可交流性。媒介话语的跨文化传播意味着在一种文化中编码，却在另一种文化中解码，即在承认文化差异前提下进行交流和沟通，一种文化话语只有在与"他者"交往中才能获得意义，只有在与"他者"文化的意义结合中才能彰显自身价值。这种深层的文化关系外在体现为人们的世界观、价值观、认识论等方面的差异性。若要提高跨文化传播的效果，就要深刻了解文化差异，相应地调整媒介话语的叙事策略。具体来说，属于同一文化的人们使用差不多相同的思维方法看待世界，而且可以使用彼此可以理解的话语方式表达自己，以及表达对世界的观点和情感。"文化因而取决于其参与者用大致相似的方法对他们周围所发生的事作出富有意义的解释，并'理解'世界"。在同一种文化中的人们之间能够交往，很大程度上依赖于共享相同的概念，并且使用相似或者共喻的表述方式去解释和理解世界，因此，可以说"归属了一种文化就是大致上归属于同一个概念和语言的世界，就是去了解各种概念和观点是如何转换成不同的语言的，以及语言何以能被理解为涉及或指称世界的。共享这些事物就是从同一概念图里面看世界，并通过同一系统理解世界"。在媒介话语的跨文化传播中，因为文化差异性的存在与主体使用的语言与概念指称系统相异，媒介话语在跨文化传播中并不一定能够准确实现它的本来意义，在意义的传播与理解层面呈现出相当的复杂性。我们所期望的在媒介话语的跨文化传播中，文本的客观意义能够在到达接受方时被直接实现，其实只是一种理想的状态，现实情况是，媒介话语文本承载的意义只有部分直接到达受众，另一部分意义则在接受与理解过程中发生了意义变迁或意义结合。学者王才勇分析指出："每一种文化都有其自身的系统特质，当它与另一种文化系统相遇时，不可避免地都是从自身系统的特定视界出发去理会对方的，而由于这个特定视界永远不可能与对方完全吻合"，所以，由此际遇生发出的"理会"就不可能与对方完全一致，它只能是两者交互作用的结果，即伽达默尔所说的两种视界的融合，一种文化在与他者交互作用中实际生发出的意义就不可避免地会发生某种变异。当两种文化相遇时，彼此能够引起对方关注和共鸣的是其中特定的方面，是各自文化中的一部分，而不是整个文化系统都能进入对方的意义体系而引起反响。进入对方文化视野的必然是在对方文化中可以发生关联的意义接合，原文化意义在这种意义接合中可能发生意义偏离。在我们的文化里没有被引起重视的东西或者没有引发延伸的意义联想的东西，在他者文化里可能会引起广泛的关注和重视，而我们习以为常的文化传统,在他者文化里可能不被理解或者引发质疑。由此,我们应该认识到,在媒介话语的跨文化传播中,正是这些在交互作用中发生了意义变异和意义结合的文化部分才是媒介话语的意义生产中应该得到重视的事实。学者单波的一句话讲明了这层道理:"把传播看作是创造、修改和转变一个共享文化的过程,已经构成把文化推向开放、互动、沟通、理解过程中的基础,如果向神圣和共同信仰收缩,无意破坏了这个基础。"①

从现实的角度来看,媒介话语的跨文化传播是双向的,中华文明与西方文明在文化意义的理解和呼应在不同历史时段也有不同的侧重和指向。异质文化之间彼此看向对方时所持有的特定视域都带有一定的时间性,不会一成不变,因此,在媒介话语的跨文化传播中,不同文化相遇时的意义结合便具有不确定性,例如,西方眼中的中国文化形象便曾经经历了从正面形象传播为主,到以为负面形象传播为主的过程。不仅如此,媒介话语的意义是在一定的文化形态下的解释方式中生成,每一种文化形态都是一定时间和空间条件下的社会群体生活实践的经验积淀,它或者存于意识形态话语中,或者存在于无意识中,潜在地影响人们的解释活动、解释行为以及意义的生成方式。在媒介话语的接收和读解过程中,解释者总是从自己的理解出发,总会将自己的文化心理结构作用到对媒介话语文本的意义理解中,而媒介话语文本本身也是在文本语法、文本结构以及文本产生的语境等方面包含了多种释义可能性的意义系统。伽达默尔说:"意义总是同时由解释者的历史处境所规定的,因而也是由整个客观的历史进程所规定的。"② 解释方式超越时空的释义,会产生出意想不到的解释效果,这种情况在媒介话语跨文化传播中尤其显著,解释方式充分地显示了理解是一种创造活动,也是文化间性作用下的结果。

通过以上分析,我们应该看到,在媒介话语的跨文化传播过程中,我们不能只是关注参与话语输出的文化意义要素本身,而更应该重视这些承

---

① 单波:《跨文化传播的问题与可能性》,武汉大学出版社2010年版,第89页。
② [德]加达默尔:《真理与方法》,洪汉鼎译,上海译文出版社1999年版,第330页。

载文化意义要素的媒介话语系统在整个传播过程中会发生意义偏离和意义结合的可能性。如前文所述，因为每一种文化都不是静态的存在，在彼此交流中具有间性特质，意义能够如传者所期望在他者文化语境中直接实现，只是一个理想的愿景。在现实跨文化传播中，单纯的文化要素或者文化符号的输出，未必能在他者视域中引起意义理解的共鸣并从而使得意义真正纳入其观念体系，因此，在媒介话语跨文化传播过程中，要重视双方文化意义的结合与融合才是跨文化传播的关键所在。

二 媒介话语中的主体间性

在媒介话语的跨文化传播过程中，每一种文化主体都拥有媒介话语传播与交流的权力，主体之间是互为传者与被传者的关系，主体间性的建构是媒介话语跨文化传播在全球范围内积极而健康发展的理论保证。主体间性即指主体与主体之间的关系，其实质是在各种交流、交往中可被称为主体之间的沟通、对话、理解等的关系属性。哈贝马斯指出"单个的主体必须在一种主体间性关系中使自己与他者照面"[1]，并"通过实践（包括劳动实践和语言实践），在主体与客体之间以及主体与主体之间建立其有机的联系"[2]。媒介话语跨文化传播的主体间性是不同文化中的主体与主体之间的互动，是主体间信息与意义的传播与分享，是当今世界主体之间建立有机联系的重要部分。

媒介话语跨文化传播作为一种主体之间的交往行为，其行为的合理化应该是一种具有主体间性的、符合一定交往规范并通过语言实现交往者之间相互理解的理性交往行动。按照哈贝马斯论的观点，"交往行为概念所涉及到的是至少两个以上具有言语和行为能力的主体之间的互动"[3]。主

---

[1] ［德］尤尔根·哈贝马斯：《后形而上学思想》，曹卫东等译，译林出版社2001年版，第159页。

[2] 同上书，第57页。

[3] 曹卫东：《交往理性与诗学话语》，天津社会科学出版社2001年版，第84页。

体间通过口头或书面语言手段建立彼此关系，在一定的语境中沟通，求得在彼此谅解的基础上协调行动和行为。按照巴赫金的观点，保证相对独立、彼此平等的致力于沟通的对话关系的本质是主体间可理解性的前提。意义是通过主体间的对话建立起来的，"意义是在对话中通过参与者之间的'差异'而显示出来的。简言之，'他者'是意义的根本"。[①] 我们所言说和所意味的任何事情，都会在与他人的相互交往和作用影响中有所改变。对媒介话语传播的主体间性的强调，便是确保双方加深彼此认知和了解的前提条件，增强彼此理解的可能性。在跨文化传播的语境下，媒介话语的生产传播者主体与受传者主体即使面对同一个源文本，所阐释的意义也各有不同。在认知过程中，主体凭借自己既已形成的思维方式和认知结构去认读与组合客体的各种信息并进而建构一种观念。按照解释学的观点，"符号构造物就是一个主体的构造物，分析这些构造物也就是研究由一个主体生产并被其他主体接收（阅读、观看、收听、理解）的对象。生产和接收符号构造物的主体对它们的理解是分析的一个重要方面。但是'主体的理解'是一个复杂的现象，必须在一定背景下对其本身进行解释性分析。在生产一个符号构造物的过程中，一个主体表达他或她自己；这个主体如何理解该构造物要由他或她表达了什么（无论是在这个构造物中，还是在其他构造物中，也就是其他的言语、行为、文本）来证实。在接收一个符号构造物的过程中，主体解释它、理解它并将它并入他或她生活的其他方面；这个主体如何解释该构造物要由他或她对该构造物说了什么［或没有说或他／她利用该构造物做了什么（或没有做）来证实］。主体对符号构造物的理解不是我们可以借助的简单的数据，而是必须进行解释性分析的复杂现象"。[②] 主体所处于的社会环境和文化背景会影响主体

[①] ［英］戴维·莫利：《传媒、现代性和科技："新"的地理学》，郭大为等译，中国传媒大学出版社 2010 年版，第 238 页。

[②] ［英］奥利弗·博伊德－巴雷特、克里斯·纽博尔德编：《媒介研究的进路——经典文献读本》，汪凯、刘晓红译，新华出版社 2004 年版，第 73 页。

对事物的理解，因此，不同社会文化环境下的主体对于世界或者事物产生不同的解释倾向。前理解构成了主体间性存在的场域，前理解中的共识是一切得以解释和理解的有效性基础，也使得主体间的交往得以可能。人们的前理解存在着视野盲区，也就是说，如果主体前理解视阈中缺少某些信息和知识的累积，那么相关意义解释的有效性便不能被成功地调动。媒介话语的接收者只能站在自己的历史位置去理解意义，而不能站在媒介话语的生产者角度去解读。从现实情况看，传播者主体与受传者主体因为习惯于不同范式的规则，成为自己以往经验、认知期待、话语架构下的俘虏，因此，会与不同于自己范式的其他范式规则下的主体发生交流障碍、对话错位，导致传播失败或者传播效果减弱。按照库恩的范式理论分析，不同媒介话语范式下的术语和概念在不同的架构下形成了新的关系，话语在新的关系结构的解读中便会生成新的意义或者是不同的意涵。而主体对意义的解读依赖于范式下由空间与时间等因素构成的概念网，因此，对相同的事物，某一范式下的主体在认知与理解时是将其放在一种概念框架中看待，而在另一种范式下的主体则可能是将其放在另一个概念框架中看待，从而他们的解读就出现了不可避免的差异与不同，甚至得出相反的观点。媒介话语的跨文化传播过程，就是将一种文化背景下意义概念网中对事物的表述输出到另一种文化背景下的意义概念网中，以求得解读与理解，试图达成主体间的沟通。媒介话语跨文化传播过程中的主体间性决定了中西文化之间的交流必然是不断变化的，时空的变迁与文化主体本身的变化都会不断产生新的解释视角与阐释框架，从而产生新的认知与了解。从另一个角度看，不同的解释视域也使得人们可以在更广阔的视野中了解某个异质文化，挖掘其被自身遮蔽的创造性价值。媒介话语作为一个民族文明和文化意义的综合载体，它包含有活跃的意义元素，随时会被主体新的认知激活，从而作为一个有生命力的、不断变化的有机体为世界不同文化群体所理解。

因此，有效的媒介话语跨文化传播是主体之间对意义解释达成共识或者形成新的有创造性的意义理解的结果,是进行交流时主体与主体之间跨越自己有限的文化视域,通过视域融合形成更广阔的、能包容历史与当下的整体视域,从而在新的层面上实现彼此的认知与理解,与此同时,意义的内涵得到了拓展,主体的知识结构也得到了丰富与提升。

三 媒介话语与文本间性

文本间性是一种在语言运用和话语实践中反映出来的主体间性,媒介话语传播的文本间性,就是在传播过程中,传者与受传者通过媒介话语文本体现出来的间性关系。审视媒介话语文本间性关系,对在实际跨文化传播行为中如何构建和准确传达媒介话语的意义有着积极的指导作用。

在媒介话语的跨文化传播过程中,媒介话语文本实际上是一个承载了社会、文化、历史、环境等各种因素的语言系统。媒介话语的跨文化传播意味着一个文化群体根据自身文化特征,按照媒介话语的生产规则组织语言符号,并通过一定的媒介传播形式将本土文化传播到异质文化社会中,通过话语诠释确立自身在他者文化中的意义并且得到他者文化认同。媒介话语文本进入社会化的话语流通,其语言系统的内部机制与社会文化环境中的其他话语便发生千丝万缕的联系,与异质文化群体或特定语境中的话语发生互构、协商、对抗,从而形成多重的意义链接。按照保罗·利科的观点,文本间性分为两种,一种是某一个文本中各部分之间存在着相互指涉的关系;另一种是不同的文本之间相互的指涉关系。[①]

就媒介话语文本的生产和接受过程而言,其本身就是一个主体之间"编码"和"译码"的过程,传播者将自己的意义意图通过一系列语言、符号的组织和构建传达给受众,受众继而将接收到的信息翻译成自己乐于接受的意义文本。在此过程中,受众的选择性理解和选择性认同功能始终在发生着作用,在各种话语文本的交互确证中,主体间性体现于文本间

---

① Basil Hatim & Ian Mason, *Discourse and the Translator*, London: Longman, 2001, p. 125.

性，最终实现话语文本的意义。每个话语文本都各自承载着本民族的人文历史、民族心理、价值观、生活方式以及思维方式等，这些都浓缩在语言的表述中，因此，话语文本主体的差异在话语文本中以语言文化的差异性体现出来，并制约着文本意义的生成与理解。也就是说，每一个民族都有其自身的文化体系和自己独特的文化个性，体现在话语实践与文本表述的方式上也不尽相同，媒介话语文本的表征体系也必然折射出文化内涵的差异。如果对媒介话语文本的文化内涵没有深入了解，那么在媒介话语跨文化传播过程中就会产生交流障碍。强调媒介话语的文本间性问题，有助于在媒介话语跨文化传播实践中生产出为他者文化所喜闻乐见的媒介话语文本形式，对媒介话语的各层级语言符号包括主题设计、话语表述、语言风格等的组织和生产做到适应不同文化语境下的受众理解习惯，从而实现意义的有效传播。

第四章　特定文化结构中的青海民族旅游文化产业实证分析

青海省，简称青，省会西宁，位于中国西部，雄踞青藏高原的东北部，是中国青藏高原上的重要省份之一，有着"世界屋脊"的美称。据全国第二次土地调查公报显示，青海省东西长约1200公里，南北宽800公里，面积为72.10万平方公里。青海省地形大势以盆地、高山和河谷相间分布的高原为主，境内山脉高耸，地形多样，河流纵横，湖泊棋布。昆仑山横贯中部，唐古拉山峙立于南，祁连山矗立于北，茫茫草原起伏绵延，柴达木盆地浩瀚无限，素有"天河锁钥""海藏咽喉""金城屏障""西域之冲"和"玉塞咽喉"等称谓。青海省是长江、黄河、澜沧江的发源地，被誉为"三江源""江河源头""中华水塔"。

截至2018年年末，青海省常住人口达603.23万人，较上年年末增加4.85万人。[①] 青海的世居少数民族主要有藏族、回族、土族、撒拉族和蒙古族。5个世居少数民族聚居区均实行区域自治，先后成立了6个自治州、7个自治县，其中有5个藏族自治州（玉树、果洛、海南、海北、黄南藏族自治州）、1个蒙古族藏族自治州（海西蒙古族藏族自治州），1个土族自治县（互助土族自治县）、1个撒拉族自治县（循化撒拉族自治县）、2个回族自治县（化隆、门源回族自治县）、2个回族土族自治县（民和、

---

① 数据来源：青海省2018年国民经济和社会发展统计公报。

大通回族土族自治县)、1个蒙古族自治县(河南蒙古族自治县),此外全省还有28个民族乡。自治地方面积占全省总面积的98%,区域自治地方的少数民族人口占全省少数民族人口的81.55%。[①] 多民族聚居为当地丰富的民族传统文化提供了土壤,而民族传统文化的沉淀正是青海省民族旅游文化产业发展的重要基石。

第一节 文化产业的结构性

民族文化旅游是"一种通过开发生活在一个多民族国家、地区特定少数民族及其独特文化风俗和社会生活方式,使游客得以观察、体验、认知和了解其古代文化遗产和当代活化社会文化形态,从而实现游客和少数民族各自需求的经济社会的活动与现象"[②]。青海省的民族文化旅游以独特的民族文化为内容,有别于传统的大众观光旅游,其强调个性化体验本身也是旅游内容的独特表达。民族文化旅游从1994年开始一直受到人们的重视,为民族旅游文化产业的发展奠定了深厚基础。

近年来,中央及青海省委省政府高度重视文化产业改革与发展,通过丝绸之路经济带建设的核心动能,青海省不断加深与内地、西亚地区的交通、经济等方面往来,刺激了青海文化产业快速发展。省内兴起推动文化产业发展的浪潮,积极促进文化产业的招商引资和文化品牌构建,使文化产业纵深化发展。青海文化产业增加值从2011年的29.45亿元增长到2016年的63.77亿元,占同期GDP的比重从1.81%上升到2.48%。[③] 且自2017年起,青海省计划通过每年1亿元的财政投入,五年内优化文化产业区域布局、发展重点文化产业领域、实施重大项目带动战略、培育特色文化产品品牌、培育各类文化市场主体等方面,为此设立了总规模为20

[①] 数据来源:青海省民族宗教事务委员会。
[②] 窦开龙:《民族旅游的定义及内涵》,《现代商业》2008年第12期。
[③] 甘晓盈:《青海省文化产业报告》,《新西部》2018年第7期。

亿元的青海省文化产业发展投资基金,主要投向青海省内文化旅游、工艺美术、演艺娱乐、新闻出版、广电体育等相关产业。计划到2020年,青海文化产业增加值达到140亿元以上,占青海省生产总值比重的4%以上,以文化旅游推动文化产业的发展成为青海国民经济的重要增长点。

青海省文化旅游产业经过近三十多年的发展,基本形成了较为完善的产业结构,食、住、行、游、购、娱六大要素结构完整,旅游+体育、旅游+农业、旅游+互联网等产业大融合催生出较多的文化旅游新业态。2015年青海省旅游发展大会确定了"持续打造大美青海,努力建成旅游名省"的总体目标和"把旅游业培育成为国民经济的战略性支柱产业和人民群众更加满意的现代服务业"的发展定位。根据青海旅游季节性强的特点,发展四季旅游,培育冬春季旅游市场,延长旅游时间,扩大旅游消费。据青海省统计局统计数据显示,2017年1—9月,青海省接待国内外游客3130.40万人次,比上年同期增长20.3%;实现旅游总收入347.01亿元,增长22.6%。[①] 总体而言,青海省旅游文化产业近年来发展势头较好,旅游人数和旅游收入增幅较快,旅游对文化产业的带动作用也日趋明显。

一 文化基础设施网络基本建成

青海省加大资金投入,努力改善民族地区落后的硬件设施,将基础设施建设作为发展民族地区文化事业的重点来抓。

(一)三级文化网络建设基本完成

基本实现"县县有图书馆、县县有文化馆"的建设目标。青海省有州级群众艺术馆6个,公共图书馆6个,博物馆4个,乡镇文化站173个;县级文化馆37个,公共图书馆30个,县级博物馆5个。通过组织实施乡镇宣传文化工程,在民族地区兴建了一批乡镇宣传文化中心,有力地改善

---

① 数据来源:青海省统计局,2017年《青海省旅游文化发展报告》,第7页。

了民族地区基层文化工作的基础条件。[①]

（二）实施重点文化工程

近年来，为丰富和活跃青海省群众的文化生活，青海省民族宗教事务委员会不断拓宽新领域，培育新载体，重点实施了四项工程：一是农牧区电影放映工程，向全省发放电影放映设备150余套，配发多功能流动文化服务车40辆、流动电影放映车40余辆和流动舞台演出车13辆，恢复和成立农牧区电影放映队230支，年均放映电影3000场次以上，年译制藏语电视剧300个小时，藏语影片30部，发行拷贝200多部，较好地缓解了民族地区群众看电影难的矛盾。二是实施"送书下乡"工程。向全省15个国家扶贫开发重点地区的5个州级图书馆、15个县级图书馆、80个乡镇图书室赠送图书18万多册，总价值250余万元。三是实施"文化信息资源共享工程"。投入145万元资金以建立38个基层分中心。文化信息资源共享工程基层服务点已覆盖全省所有县级图书馆。四是文化进村入户，向湟中、乐都、贵南三个试点县的16个乡镇文化站、333个村文化室、75个文化中心户及文化大院、128个业余剧团配发音响（含DVD、电视机）、服装、乐器、图书、光碟及其他文体活动用品，总投入达850多万元。为328个民间戏曲歌舞剧团、皮影社、曲艺队配备演出服装、乐器、音响等。[②]

（三）艺术精品不断推出，文艺舞台丰富多彩

现有专业艺术表演团体11个，其中民族专业艺术表演团体7个，共创作生产了一大批民族地域特色浓郁、主题鲜明、题材多样的优秀剧目，有力地宣传了改革开放以来青海省各项事业取得的辉煌成就，热情讴歌了高原各族儿女团结进取、勇于拼搏的精神风貌。民族和文化部门也对民族题材剧节目和民族地区的艺术创作给予了重点扶持。

[①] 资料来源：青海省民族宗教事务委员会，2017年《青海省民族宗教事务发展报告》，第3页。
[②] 同上书，第4页。

（四）结合民族传统风俗，举办民族节庆活动，吸纳群众的文化兴趣

自 2004 年至 2018 年共举办举办十五届青海民族文化旅游节，以河湟文化、江河源文化、热贡文化为主题线索，突出青海民族民间文化资源的民族性、地域性和多元性，努力打造青海民族民间文化品牌。举办了迄今为止国内规模最大的青海湖国际诗歌节，打造了"青海湖国际诗歌节"青海特色文化品牌，进一步提升了青海的文化地位，打开了青海通向世界的门扉，对青海经济社会事业的发展产生了积极而深远的影响。

在省级节庆文化活动的带动下，全省各地挖掘、开发和利用特色文化资源，打造区域文化品牌，以此扩大当地宣传的意识不断增强。现全省不同规模、不同类别的节庆活动多达 15 个，6 州均有节庆活动，以青海民族文化旅游节为龙头，黄南州"热贡文化艺术节"、玉树州"康巴艺术节"、果洛州"玛域《格萨尔》文化艺术节"、海北州"王洛宾音乐艺术节"等州级文化节庆活动为骨干，互助"中国土族旅游文化艺术节"、循化"中国撒拉族旅游文化艺术节"等文化节庆活动为基础的全省文化节庆活动日趋丰富。众多文化节庆活动的成功推出，促进了民族地区民间文化资源的保护和开发、利用。

（五）民族语文、新闻出版、广播电视工作进一步加强

青海省内藏族、蒙古族、土族、撒拉族都有自己的语言，且藏族、蒙古族有自己的文字。其中藏族使用本民族语言文字的占总人口的 90%，蒙古族占总人口的 40% 以上；使用本民族语言的土族占总人口的 80%，撒拉族几乎全部使用本民族语言。截至目前，全省公开发行的民族文字类报刊 17 种，其中报纸类 7 种，杂志类 10 种；藏文类 15 种，蒙文类 2 种。青海藏语广播于 1952 年开播，是我国创办最早的藏语广播。藏语广播全天播音时间 17 小时 10 分钟，30% 的节目实现了直播。于 2005 年年初开通了全国第一个藏语广播网站，除了网上广播外，还开设专门网页反映藏区各行各业新成就、新面貌的图片、文字、民族文学作品、特色

的专题音乐节目。①青海藏语电视节目于1984年开办,平均每天自制节目达30分钟,藏语综合频道每天播出约3小时的藏语节目。藏语电视节目已成为传播和弘扬民族民间文化的窗口和宣传阵地。青海省的六个少数民族自治州,都设有州级电视台。

（六）少数民族古籍整理工作成果丰硕

青海省先后搜集、整理和出版了《嘛尼全集》《清真指南》《西藏六十年大事记》《四部医典》和《土族史料集》等40部民族古籍以及国家重点项目中国少数民族古籍总目提要《土族卷》《撒拉族卷》。《回族卷》《蒙古族卷》和《藏族卷》正在抓紧整理。

（七）以工艺美术产业为龙头的民族文化产业发展迅速

青海省民族文化产业已基本形成了工艺美术产业重点突破,其他门类文化产业协调发展的局面。2003年至2018年,共举办六届青海省民族民间工艺美术品展。经过持续的扶持和引导,工艺美术品业的产业化、市场化、社会化程度不断提高,经济效益逐年攀升。黄南"热贡"艺术、互助盘绣等民族地区文化产业有较大发展,以"热贡"艺术为主的文化产业初步形成。此外,贵南县民间歌舞演出队、平安县阿伊赛迈演出队为代表的民族民间歌舞队,依托自身特色品牌积极拓展省外演出市场。

（八）少数民族非物质文化遗产保护工作取得初步成果

首先,成功申报同仁"热贡艺术"为中国民族民间文化保护工程国家级试点,土族纳顿节为省级试点,在第一批国家级非物质文化遗产名录中,有民间文学、民间音乐、民间舞蹈、传统戏剧、民间美术、传统手工技艺、民俗7个大类的19个项目被列入。其次,根据《国务院关于加强文化遗产保护的意见》,2006年省政府制定出台了《关于进一步加强青海省文化遗产保护的实施意见》,成立了青海省文化遗产保护领导小组,同时建立了青海省非物质文化遗产保护工作联席会议制度,成立青海省非物

---

① 资料来源:青海省民族宗教事务委员会,2017年《青海省民族宗教事务发展报告》,第11页。

质文化遗产保护专家委员会和保护中心。再次，2006年10月起，在全省部署开展非物质文化遗产普查工作，以及第二批省级非物质文化遗产申报工作。省政府已公布了两批102项省级非物质文化遗产保护名录。在国务院正式公布的两批国家级非物质文化遗产名录中，有10个大类的57个项目被列入。其中，藏族项目32个，土族项目7个，撒拉族项目3个，蒙古族、回族项目各2个。最后，青海省把对民族民间文化"传承人"的保护和培养作为非物质文化遗产保护工作的重要内容之一。如2003年至2006年开展了全省农牧民文化技能技艺培训工作，培训内容包括剪纸、刺绣、堆绣、农民画、热贡艺术、民间曲艺、民族歌舞等，共举办培训班28期，并组织开展了"民间艺术之乡""特色艺术之乡"命名活动，授予秉承传统、技艺精湛的民间艺人"民间艺术大师""民间工艺美术大师"等称号。青海省现有国家级非物质文化遗产项目代表性传承人18位，省级传承人153位，"中国民间文化艺术之乡"29个，中国工艺美术大师5名，青海省工艺美术大师和民间工艺美术大师55人。

二 旅游基础设施和服务设施日趋完善

随着自驾游、自助游等旅游方式的兴起，对旅游基础设施和服务设施的要求也越来越高。基础设施和服务设施是旅游业发展的基本保障，逐步完善旅游基础设施和服务设施是旅游业提档升级的重要手段。近年来青海省陆续建成一批宾馆饭店、游客中心、自驾车营地、停车场、旅游厕所、旅游标识牌等设施，为游客提供便利和舒适的旅游环境。

截至2016年年底，青海省共有A级景区106家、星级饭店332家、旅行社273家、自驾车营地43家，综合接待能力显著增强。积极推进"厕所革命"，截至2017年年底，共新建改造旅游厕所1017座。旅游厕所建设作为星级旅游饭店、星级乡村旅游接待点、A级景区等初评的重要指标。在旅游交通方面，兰新铁路、兰青铁路、青藏铁路、格敦铁路串联成的铁路网正在形成，实现西宁至塔尔寺、西宁至青海湖、当金山（敦煌）

至格尔木、德令哈至大柴旦等高速公路贯通。以西宁为中心,连接7个市州的高速公路主骨架基本形成。西宁、格尔木、玉树、德令哈、花土沟、果洛等机场年旅客量逐年增长。

三 民族文化旅游内容丰富

基于文化基础设施的基本完成和旅游基础设施和服务设施的日趋完善,民族文化旅游进而有了极大的发展空间。青海省是一个多民族省份,包括汉族、藏族、回族、土族、撒拉族、蒙古族等。各民族人民在长期的生产、生活中,本民族内部所具有的生活习俗日积月累,耳濡目染,沿之成俗,虽不成文法,但无形中约束着本民族每个成员的行为举止和生活方式,逐渐形成了各个民族的风俗习俗和风土人情。其丰富的民族沿袭成为了民族文化旅游资源的核心依托(见表4-1)。

表4-1　　　　　民族文化的结构性旅游内容呈现

民族文化类别		部分民族文化的结构性旅游内容呈现
物质文化	建筑文化	湟中县塔尔寺(藏传佛教格鲁派六大寺院之一); 西宁东关清真大寺(陇上四大清真寺之冠); 北山土楼观(誉为"西平莫高窟"); 乐都县瞿昙寺(明代仿故宫修建,誉为"塞上小故宫"); 中国藏医药博物馆等。
	服饰文化	藏袍; 土族七彩袖; 撒拉族白汗褡; 回族白顶帽、纱巾; 蒙古族长袍。
	餐饮文化	藏族的糌粑、酥油奶茶、血肠; 土族的背口袋、青稞酒; 撒拉族的油炒面、面片; 回族的面食、糕点与"八宝盖碗茶"; 蒙古族的炒面、马奶酒等。
	居住文化	藏族的毡房、账房、碉楼; 回族、汉族、土族的"庄廓"; 撒拉族的传统木楼民居; 蒙古族的"蒙古包"等。

续表

民族文化类别		部分民族文化的结构性旅游内容呈现
非物质文化	民间曲艺文化	土族的"安昭舞"、"轮子秋"、民歌"花儿"、"於菟舞"; 藏族的"拉伊"锅庄"卓舞"、"八大藏戏"、《格萨尔王传》; 撒拉族的"口细"、"口弦"、"骆驼戏"; 回族的"花儿"、"宴席曲"; 汉族的贤孝、平弦等民间曲艺文化。
	信仰文化	青海藏族及部分土族、蒙古族和少数汉族信奉藏传佛教,藏传佛教六大教派在青海均有分布,其中格鲁派分布广泛且影响最大; 回族、撒拉族等信奉伊斯兰教; 部分汉族、土族信奉道教; 汉族部分信奉基督教; 民间信仰文化丰富。
	工艺技术	藏族藏医药、藏毯工艺、唐卡、酥油花制作工艺; 土族盘绣; 撒拉族刺绣、皮筏制作工艺、"三绒"制造业等。
	节庆文化	藏族:藏历新年、雪顿节、热贡"六月会"、赛马节; 土族:"纳顿节"、"花儿会"; 回族、撒拉族:尔德节、古尔邦节、圣纪节; 蒙古族:马奶节、那达慕、俄博盛会等。

具体来看,藏族是青海省少数民族中人数最多、分布较广的民族。主要聚居在玉树藏族自治州、海南藏族自治州、黄南藏族自治州、果洛藏族自治州、海北藏族自治州和海西蒙古族藏族自治州,在西宁地区和海东地区各县也有一些散居。藏族有本民族的语言和文字,文化遗产十分丰富,主要从事畜牧业和农业,信奉藏传佛教。

回族也是青海省少数民族中人数较多、分布较广的民族。主要聚居在化隆回族自治县、门源回族自治县、大通回族土族自治县、民和回族土族自治县和西宁市城东区,其余散居在全省各地。在农村多从事农业生产,在城镇则从事商业或其他服务行业,信奉伊斯兰教。

蒙古族是一个有着悠久历史和灿烂文化的民族。主要聚居于黄南藏族自治州河南蒙古族自治县和海西蒙古族藏族自治州的乌兰、都兰、德令哈、格尔木。海北藏族自治州海晏县的托勒乡、哈勒景乡,刚察县的哈尔盖乡,祁连县的默勒乡、多隆乡、野牛沟,门源回族自治县的苏吉乡,海南藏族自治州共和县的倒淌河乡,也有小片分布。西宁市和东部农业区也有少量散居。蒙古族有自己的语言和文字，信奉佛教。主要从事牧业生产。

土族是我国人口较少的一个少数民族。主要聚居在互助土族自治县、大通回族土族自治县、民和回族土族自治县、黄南藏族自治州同仁县、乐都县，其余散居于全省各地。他们有自己的语言和文字，一般信奉佛教，以农业生产为主。

撒拉族是也是我国人口较少的一个少数民族。主要聚居在循化撒拉族自治县和化隆回族自治县黄河谷地，以及甘肃省积石山保安族东乡族撒拉族自治县大河家乡一带。青海省的西宁市及黄南、海北、海西等州和甘肃省夏河县、新疆维吾尔自治区乌鲁木齐市、伊宁县等地亦有一定数量的撒拉族聚居。循化县是撒拉族的发祥地，是撒拉族的主要聚居地。散居在各地的撒拉族都是由于历史上的种种原因，从循化县陆续迁去的，他们的生活习俗和语言服饰虽有不同程度的变化，但还没有失去自己的民族特性。撒拉族有自己的语言，但没有文字，信奉伊斯兰教。以从事农业生产为主。

其他少数民族有2.25万人，分布在全省各地。各民族都有自己的风俗习惯、丰富多彩的文化艺术、传统的体育活动和宗教信仰，下面以重点民族宗教旅游资源为例。

（一）藏传佛教寺院

1. 夏琼寺

青海省最古老的藏语系佛教寺院之一。坐落在化隆回族自治县查甫乡黄河北岸夏琼崖，寺以地命名。夏琼，藏语中意为凤凰。元至正九年（1349）由宗喀巴的启蒙老师曲杰·端珠仁青创建，清乾隆五十三年（1788），乾隆皇帝亲赐汉、藏、满、蒙四体文字的"法净寺"匾额。原寺院占地300余亩，大小建筑群28处，佛殿、僧舍2630余间，最早的建筑有大神殿、大护法殿和曲杰·端珠仁青的灵塔殿。曲杰·端珠仁青是宗喀巴的启蒙师，宗喀巴7岁即在夏琼寺从曲杰·端珠仁青学经，16岁离寺进藏，后在西藏创格鲁派。藏语系佛教史称夏琼寺为格鲁派的发祥地和多麦地区各大寺院祖寺。同时，该寺以戒律严格、多出名僧而著称，七、

八、九、十世达赖的经师均出自夏琼寺，因而受到藏语系佛教界和中央王朝的重视。1958年宗教制度民主改革时被关闭，1980年5月重新开放，1986年5月27日被化隆回族自治县人民政府批准为县级文物保护单位。

2. 广惠寺

原称郭莽寺，又称法海寺。寺址在今大通回族土族自治县东峡乡衙门庄村。清顺治七年（1650）赞布·端珠嘉措创建并任寺主。赞布·端珠嘉措于康熙五年（1666）去世，诺门汗敏珠尔主持寺务，自此历辈敏珠尔成为寺主。清雍正二年（1724）罗卜藏丹津事件中寺院被焚毁。雍正七年（1729）在清王朝的资助下，敏珠尔二世罗桑丹增嘉措主持修复，雍正帝胤禛赐名广惠寺。系格鲁派寺院，建有显宗、密宗、医宗、时轮四大学院和大经堂、佛殿及僧舍、静房和护法殿等，珍藏有明永乐八年二月初一永乐皇帝所赐"灌顶圆修诤慧大国师字隆迪瓦桑尔加领真"的圣旨1轴，清乾隆皇帝赐的"法海寺"匾额1方，九世班禅书写的藏文挂轴3幅以及清朝赐给敏珠尔活佛的"净明禅师之印"等文物。大通解放初约有僧侣200余人，活佛十余名，著名活佛有敏珠尔诺门罕和夏里瓦呼图克图（即仙灵活佛）。1958年宗教制度民主改革时寺院建筑全部拆毁。1981年寺院开放，建二层楼小经堂1座，僧舍20余间，殿宇2座。

3. 瞿昙寺

瞿昙寺，藏语称"卓仓多杰羌"，意为"卓仓持金刚佛寺"。位于乐都县瞿昙乡，距县城碾伯镇26公里。始建于明洪武二十五年（1392），由噶玛噶举派僧人三罗喇嘛主持修建。三罗喇嘛名桑杰扎西，明初协助明王朝招降罕东蒙古族、藏族各部有功，被朱元璋请到京城，尊为上师，拨款为其建寺。二十六年（1393）寺建成后，朱元璋敕赐"瞿昙寺"匾额，加封三罗喇嘛为西宁僧纲司"都纲"，下管十三族，并管理西宁卫宗教事务，从永乐年间开始，形成为世代承袭的政教合一制度，直至明末。在明王朝的支持下，瞿昙寺经过数百年的扩建，成为典型汉式宫殿风格的建筑群，建筑面积1万平方米。总体布局为前、中、后三进院落，由前山门、左右碑亭、金刚殿、瞿昙寺殿、宝光殿、隆国殿以及 145 间长廊、钟楼、鼓楼、4 座宝塔等组成。寺内存有明碑、明钟、明清匾额、明清王朝所赐金印、象牙印、景泰蓝瓶器和 740 多平方米彩色壁画等多种文物。1958 年宗教制度民主改革时被关闭。1980 年 11 月重新开放，1982 年 2 月 22 日被国务院列为全国重点文物保护单位。

4. 佑宁寺

佑宁寺是以土族为主要僧源的格鲁派大寺，位于互助土族自治县龙王山南麓，藏语称"郭隆贤巴朗"，意为"寺沟弥勒洲"。明万历三十二年（1604），西藏第七世嘉色活佛端悦却吉嘉措按照三世达赖喇嘛的生前授记，受四世达赖喇嘛的委派来青海，在一世松布活佛和当地信众支持下兴建，早期有嘉色寝宫、经堂、显宗学院、护法神殿、大厨房等建筑。康熙年间鼎盛时期，有大小经堂、僧舍、昂欠等 2000 多个院落，僧侣 7000 多人，设有显宗、密宗、时轮、医宗四大学院。建筑宏伟，可与塔尔寺相媲美，被誉为"湟北诸寺之母"，成为青海地区大寺之一。著名活佛有章嘉、土观、松布、却藏、王佛等。

清雍正元年（1723）青海和硕特蒙古首领罗卜藏丹津反清，寺院被清兵焚毁。清雍正十年（1732）清王朝拨款重建，赐名"佑宁寺"。清同治年间因西北回族反清起义，再次毁于战火。后经第六世土观活佛主持重建，至光绪年间修复，僧众 1000 余人。民国年间逐渐衰落，至 1949 年青海解放之前，僧众只有 270 余名。1957 年有 396 名。1958 年宗教制度民主改革，佑宁寺是全省继续开放的 11 座寺院之一。1966 年"文化大革命"中被关闭，寺院的经堂、佛堂和活佛府邸被拆除。1980 年 7 月经地方政府批准重新开放，政府拨款与信教群众布施资助，重新修建了大经堂、小经堂、弥勒佛殿和日月神殿、度母殿、噶当殿、护法神殿、空行神殿、嘉色寝室、土观囊以及 470 余间僧舍。现寺藏有许多珍贵文物。

5. 塔尔寺

藏语名"衮本贤巴朗"，意为"十万佛像弥勒洲"，位于青海省湟中县鲁沙尔镇南莲花山，北距西宁25公里，国务院于1961年3月4日公布为全国重点文物保护单位。塔尔寺与西藏自治区的甘丹寺、哲蚌寺、色拉寺、扎什伦布寺及甘肃省的拉卜楞寺并称为藏语系佛教格鲁派的六大寺院。又因塔尔寺是格鲁派创始人宗喀巴的诞生地，因此被信教群众称为"第二蓝毗尼（释迦牟尼出生地）"，在全国藏族、蒙古族、土族、裕固族、满族、纳西族、汉族等民族群众中有广泛的影响。明洪武十二年（1379），宗喀巴的母亲香萨阿切，根据正在西藏学经的儿子来信的意愿，在当地僧众的资助下，在宗喀巴诞生处修了一座"莲聚塔"，此即今塔尔寺大金瓦殿内的大灵塔。洪武十九年（1386），宗喀巴家乡五部藏族，将塔形改为四谛塔形，并为此搭建了一座大殿。此后的170多年中，多次改建维修。明嘉靖三十九年（1560）当地禅师仁钦宗哲坚赞于塔侧修建一座静房。明万历五年（1577）仁钦宗哲又在塔南侧修建弥勒殿，始具寺院规模，人们称为"塔儿寺"，后来改写为塔尔寺。明万历十年（1582）第三世达赖喇嘛索南嘉措第二次到青海，次年驻锡塔尔寺，指示扩建。此后，依次建成达赖行宫、三世达赖灵塔殿、九间殿、依怙殿、释迦殿等。又经蒙古族亲王、郡王、贝勒、贝子、台吉和藏族的千户、百户等的资助，历400余年，建成现在以纪念宗喀巴的菩提塔和大金瓦殿为中心，拥有经堂、佛殿、僧舍等9300余间，占地600亩规模的建筑群，其建筑雄伟辉煌，庄严肃穆，具有浓郁的地方特色和独特的民族艺术风格，是藏、汉劳动人民智慧的结晶。其中，大经堂为平顶藏式建筑，可容数千人，是全寺僧众集结诵经、礼佛和召开会议的地方。

　　青海塔尔寺不仅是藏语系佛教格鲁派的著名寺院和信教群众的朝拜圣地，而且也是藏语系佛教的经济文化中心。寺内有四大学院，即显宗学院、医宗学院、密宗学院、时轮学院。另有跳神舞院、印经院等，建立有一整套经院教育制度，培养了许多大德高僧，创作并保存了许多珍贵的民族宗教文化遗产。其大经堂、大金瓦殿、文殊菩萨殿（又称九间殿）、弥勒佛殿、释迦佛殿、护法神殿（藏语称赞康，俗称小金瓦寺）、祈寿殿

(藏语称贤丹拉康，俗称花寺)、依怙殿、三世达赖灵塔殿以及宝塔、上下酥油花院、活佛府邸、僧舍、大厨房等建筑和被誉为塔尔寺艺术三绝的绘画、堆绣、酥油花以及雕塑、印刷等工艺，已成为藏语系佛教乃至中华民族文化艺术宝库中的重要组成部分。中华人民共和国成立后，塔尔寺受到中国共产党和人民政府的关怀，多次拨款维修，保存完好。尤其是1991年至1995年国务院和青海省人民政府先后投资4000万元，香港邵逸夫先生赞助300万元港币，对塔尔寺班禅行宫、小金瓦殿、大金瓦殿、大经堂、弥勒佛殿、宗喀巴殿等重要建筑进行的大规模维修，是仅次于布达拉宫的文物建筑修缮工程。这次维修费时之久，耗资之巨，投入劳力之多，为塔尔寺有史以来修缮工程之最。新增建山门、藏汉式牌坊。维修期间，江泽民、乔石、吴邦国、王丙乾、李铁映等党和国家领导人莅寺视察。经维修使塔尔寺旧貌换新颜，既展现了瑰丽壮观的丰姿，又保持了古朴典雅的艺术风格，成为青海省乃至国内的著名旅游名胜之一，国内外游客和信教群众前来参观、朝拜者络绎不绝。

6. 丹斗寺

丹斗寺，藏语全称"丹斗谢吉央贡"，是藏语系佛教"后弘期"的发祥地之一。位于化隆回族自治县金源乡。公元9世纪中叶，西藏"三贤哲"曾来此定居。喇钦·贡巴饶赛从"三贤哲"出家，受比丘戒成名后，创建丹斗寺，招徒弘法，使西藏佛教再度复兴。因而该寺成为各派信徒向往的圣地，来此修持者络绎不绝。该寺虽地处偏僻，但建筑规模宏大，保存完好，有阿弥鲁迦殿、热杂帕殿、"三贤哲"及喇钦修行殿、弥勒殿、阿柔格西修行殿、大经堂、如意佛塔、僧舍等共约200余间，保存有大量珍贵文物。1988年9月15日被青海省人民政府列为省级重点文物保护单位。

7. 隆务寺

藏语名"德庆曲科朗"，意为"大乐法轮洲"，位于黄南藏族自治州同仁县隆务镇。明宣德元年（1426），由萨迦派高僧三木旦仁钦创建，由于其弟罗哲僧格佛学知识渊博，被宣德帝封为"弘修妙悟"国师。明万历年间改宗格鲁派。天启二年（1622）明帝赐隆务寺"西域胜境"匾额一方，悬于大经堂门首。崇祯三年（1630）夏日仓·噶丹嘉措活佛主持兴建显宗经院。乾隆三十二年（1767）清廷封夏日仓·噶丹嘉措为"隆务呼图克图宏修妙悟国师"，此后历辈夏日仓活佛袭隆务寺寺主和隆务十二族政教首领，隆务寺进一步发展，成为同仁地区最大的格鲁派寺院。1958年前，有佛殿、经堂35座1730间，活佛府邸43院4201间，僧舍303院2734间，全寺占地380亩，住寺活佛43人，僧众1669人。建筑宏伟，装饰华丽，大小经堂房顶皆为琉璃瓦，装有镀金宝瓶等。"文化大革命"期间被关闭，大部分殿堂被拆除。佛像、法器、经籍等被焚毁。1980年12月重新开放，修复主要殿堂，重塑佛像，绘制壁画，恢复了原来规模。1988年9月15日该寺被列为省级重点文物保护单位。

8. 阿琼南宗寺

位于黄南藏族自治州尖扎县西北坎布拉乡。藏语名"南宗桑俄合丹吉朗"，意为"南宗密咒教法兴旺洲"，是宁玛派古刹，由5处天然石窟略加开凿修饰而成。当地风景秀丽，历史上是藏语系佛教僧人的著名静修地，公元9世纪中叶，来自西藏的"三贤哲"和贝吉多杰以及安多地区许多名僧都曾在这里静修过。清康熙年间，康区佐钦寺创建者班玛仁增来此修持，主持扩建了南宗寺，后由古浪仓活佛主持寺务，住寺僧人最多时达500余人。1958年有经堂、佛殿、活佛院各1座，僧舍47间，寺僧18人。宗教制度民主改革后关闭，1980年12月重新开放，重建经堂1座，僧舍14间。

9. 白玉寺

青海著名宁玛派寺院。位于果洛藏族自治州久治县白玉乡俄柯河北岸的达尔塘滩。清咸丰七年（1857），由今四川省白玉县白玉寺活佛拉智创建，为其子寺。从光绪末年起由乔智活佛加华吉贝多杰接管寺务，迅速发展成川、甘、青交界地带规模最大的宁玛派寺院，寺僧多达1200人，下辖 70 多座属寺，有活佛 40 余人，其规模和影响远远超过四川白玉寺母寺。1958 年前有大经堂、讲经院、禅修院各 1 座，活佛府邸 8 处，僧舍 400 间，活佛 18 人，僧官 2 人，僧众 700 余人，马、牛、羊近万头（只）。1958 年宗教制度民主改革中被拆毁。1980 年重新开放，新修大经堂、灵塔殿、讲经院、禅房各 1 座，嘛呢房 6 间，嘛呢长廊两排，活佛院 6 处，僧舍 480 间，全寺占地面积 1000 余亩，住寺僧众 300 余人。与本县和附近班玛、甘德等县的宁玛派寺院宗教关系密切。

10. 其他藏传佛教寺院

乜也寺、桑买、达那寺、觉让寺、禅古寺、苏莽囊杰则寺、尕藏寺、结古寺、阿什姜寺、都兰寺、赛宗寺。

（二）汉传佛教寺院

1. 西宁北禅寺

位于西宁市北郊土楼山上，距市区约 2 公里。土楼山是西宁北山的一部分，形似土楼，故名。这里早在东汉时期汉、羌人民即在山腰修建了土楼神祠，成为民间信仰拜天地神灵的场所。东晋太元年间（376—396），经十六国中前凉、后凉、南凉和吐谷浑的倡导，佛教在湟水流域盛行，南凉王秃发乌孤主持在土楼山修建了青海地区最早的佛寺，请当时河湟一带最著名的僧人住持土楼山佛寺。后不久，又有道士到此静修，在半山腰开凿了洞窟。从此，这里就成为民间信仰与释、道共修的神圣之地。三种信仰历朝都在此山腰开凿石洞，现存洞窟 57 个，其中一部分为三种信仰各自静修人的静修地，另一部分绘制各自信奉供养的神灵；从洞窟的名称看，既有民间信仰的城隍洞、关帝洞，又有佛教的无量洞、菩萨洞、观音洞、禅洞，还有道教的玉皇洞、三清洞、吕祖洞等，山的正面坐北朝南，依山势自然形成似并立的两个威武的金刚，信众称"闪佛"。

从唐朝至明朝，佛教曾在此山多次扩建，建山门、修殿堂、塑佛像、设坛场，明洪武时还在山峰建造六角形五层佛塔，明永乐年间在山脚修建了永兴寺，又称北禅寺，请了 4 位印度僧人住持该寺，香火大盛，从此土楼山佛寺以北禅寺而闻名，成为青海地区少有的传戒寺院。但住该山的道士始终没有离开这里，所以清朝诗人朱向芳在游览土楼山时写的《登北禅寺福宁楼》一诗中，留下了"梵宇洞天"的佳句。

清朝末年和民国年间，有较多的道士到此静修，道教的香火逐渐旺盛。但由于西宁历来干旱缺雨，此山草木不长。新中国成立以后，西宁市为了绿化荒山，将水引上了山。经各族群众历年上山植树种草，童秃山的山峰已是绿树成荫，花草铺地，成为各族群众登高消遣的好去处。1983年西宁市人民政府鉴于青海的实际情况，正式将北禅寺划归道教界，更名为土楼观。

2. 西宁南禅寺

位于西宁市凤凰山（南山）北麓，与北禅寺遥遥相对，故被称为南禅寺。早期这里是民间信仰的关帝庙，作为佛教寺院建于明永乐年间。寺院的山门在山根，是一座二层楼阁，下为进寺之门，上为戏台，保持了民间信仰庙门的特点。佛教殿堂建筑群在半山腰，殿堂模式保持着汉佛寺的风格。明万历年间，有道士到这里静修，在建筑群中又增加了道教宫阁，后经不断扩建，到清乾隆时，三教共处而风格不同的建筑群以关帝庙为中心依山势而就，既有佛教的护法殿、老祖殿，又有道教的真武殿、飞升阁（佛教称为小西天），还有民间信仰的关帝庙、财神殿。历史上三种信仰的香火都很旺盛。

该寺古建筑群保存比较完好，西宁解放初即列为重点历史文物保护单位。后来由于信众锐减，僧人、道士难以维持生活，遂返乡参加生产劳动，佛、道香火泯灭。南禅寺成为群众消遣娱乐的场所。20世纪80年代以来，经西宁市宗教部门批准，一些在家佛教徒，陆续在这里进行一些佛事活动。

3. 西宁普济寺

位于西宁南门外，清光绪二十三年（1897），由信徒捐资修建，供奉观音菩萨和地藏菩萨。20世纪20年代初，西宁印心寺住持将印心寺十八罗汉塑像迁于此寺。1958年关闭，1983年重新开放，有正殿一座，僧舍数间，住持源森。

4. 西宁法幢寺

位于西宁市沈家寨乡园树村，1943年心道第二次来西宁传教时，动员居士筹资建寺，不久即由比丘尼尘空主持修建法幢寺。该寺与其他汉语系佛寺不同之处是坐东朝西。佛殿内塑有各种不同形态的释迦牟尼像，并将已残破的崇宁寺的佛像移入寺内，经重修塑于佛殿。住持尘空。"文化大革命"中被关闭，1982年重新开放，修复正殿一座，仍由尘空任住持，尘空去世后，由其徒比丘尼润林任住持。

5. 乐都县西来寺

位于乐都县碾伯镇东关，始建于明万历三十四年（1606），占地面积2184平方米。寺院规模宏大，古朴典雅，是青海境内保存完好的古寺中典型的汉语系佛寺。寺内主要建筑建在坐北朝南的中轴线上，由山门、中殿、大殿和东西两厢堂馆组成两进院落，庭院内绿树成荫，陪衬着佛殿走廊朱红色檐柱和石绿色斗拱。山门宽3间，进深1架，中为门廊，东西为泥塑四大金刚。进入山门为前院，面对山门为中殿，东西两厢为堂馆，殿、堂均为硬山式建筑，中殿主供阿弥陀佛。大殿面宽5间，进深3架，单檐歇山顶，矗立在台基上，大殿内供三世佛，中间释迦牟尼，两边为文殊、弥勒，还有阿难、迦叶、弟子、比丘等。东西两面山墙供菩萨四尊。整个墙面以半立体式浮雕着山水、人物、建筑、树木、珍禽、异兽等。该寺保存完好，1956年青海省人民政府批准为第一批重点文物保护单位。该寺现为乐都县历史文物博物馆，陈列乐都地区收藏和出土的珍贵文物以及原寺院遗存的24幅明代卷轴佛像画。

6. 湟源观音庵

位于湟源县西关。1934年心道由西宁到湟源传播佛教，皈依佛门人数较多，有的剃度为僧，有的在家礼佛，先后成立居士林和女居士林各一个。因人数多，借用的佛事活动点海峰书院难以容纳，即选北极山无量殿小山坡为佛事活动点，化缘集资于1935年开始建寺，先建了法幢寺，为男僧和居士的佛事活动点，由广修任住持。随后又在西关南小路修建了观音庵，为尼姑和女居士的佛事活动点，由广量任住持。

1958年宗教制度民主改革时，寺院关闭。1985年，由政府拨款维修了观音庵的殿堂尼舍，恢复了正常的佛事活动，由释文智任住持。

（三）伊斯兰教清真寺

中国伊斯兰教的主要宗教活动场所现在统称为清真寺，并按地名和礼拜场所的大小而冠名。如西宁东关清真大寺、循化街子清真大寺等名称，以示区别。

清真寺的称谓是从明代后期开始的，唐代被人们称为"礼堂"，宋代被称为"祀堂"或"礼拜堂"，元、明时期寺院的称谓开始多样化，有正教寺、真教寺、清教寺、净觉寺、怀圣寺、回回寺、回教堂、礼拜寺等不同称谓。从明代中期开始，逐步趋于统一，以阿拉伯文"麦斯吉德"的意译"礼拜的场所"而称之为"礼拜寺"。到了明代后期，一批精通阿拉伯文和汉文的穆斯林学者，在他们的汉文译著中借用了中国传统文化中"清真"一词所包含的"纯洁质朴"的含义，对"清真"作了新的解释，赋予"清则净，真则不杂，净而不杂，就是清真"的内涵，使之成为中国伊斯兰教文化的专用名词，诸如清真教、清真言、清真寺、清真食品等。清真寺的主要职能是：礼拜诵经、传播教义、执行教法、兴办实事等。

中华人民共和国成立后，伊斯兰教发生了历史性变化，宗教封建特权被逐步废除，广大穆斯林的宗教信仰受到党的宗教信仰自由政策的保护。各寺院互不隶属，团结开寺，分别受当地村、乡、镇、区政府的领导。寺院内部由正副教长（或称伊玛目，或称开学阿訇）主持教务，招收若干满拉（学生），教授伊斯兰教经典；设立包括开学阿訇在内的寺院民主管理委员会，由正副主任各1人、委员若干人组成，集体负责寺院财产管理、寺院后勤以及选聘开学阿訇、自养等社会事务。民主管理委员会成员由群众民主推荐，政府批准。开学阿訇由群众推选，民主管理委员会同意，报经当地乡、区政府或县民族宗教事务局批准后，凭伊斯兰教协会颁发的阿旬合格证开学，使寺院管理走上了民主化、法制化的轨道。

1. 西宁市东关清真大寺

西宁市东关清真大寺因地处西宁市东关大街的中心而得名，它是青海省最大的清真寺，也是中国伊斯兰教著名清真寺之一。据《重建西宁大寺碑记》（1914）载称，大寺建于明代，距今有六百余年。1986年5月27日，青海省人民政府正式批准将西宁市东关清真大寺列为省级文物保护单位。

礼拜大殿是清真寺最主要的宗教活动场所之一。西宁市东关清真大寺的礼拜大殿在寺内建筑群中居于主体位置。建在九级花岗石台阶平台上的礼拜大殿，其外形呈"凤凰单展翅"，系砖木结构。四壁用大青砖砌成，外形和内部结构，完全仿照中国传统的宫殿式的建筑特点和形态。殿顶结构为"两脊一卷"，殿门前是横向柱廊，两侧为砖砌九扇屏，上面是精美的花草图案砖雕。大殿结构为五转七式（看似五间，实为七间），殿堂内外皆铺以木板。殿堂面积为1102平方米，可容纳1000多名穆斯林同时礼拜。在大殿顶上，装饰着彩色的琉璃瓦和小青瓦，尤其是大殿殿脊中央安装的3个镏金经筒，通体有精巧雕镂工艺，中间寓有吉祥之意的经筒与两边经筒分置殿脊中部，从造型到配置堪称珠联璧合。大殿屋脊安置有拉卜楞寺所赠3个镏金经筒，宣礼塔上安置有请塔尔寺仿制的2个镏金经筒，与大寺整体建筑布局浑然一体，作为国内清真寺中罕见的佛教色彩的建筑装饰品，以其特有的风姿为西宁市东关清真大寺增添了异彩，体现了回族、藏族的友爱和团结。

南北厢房为全木制二层楼房结构，占地面积366平方米。楼上是储藏经典和讲经的地方，以及贵宾接待室；楼下是寺管会办公室和满拉宿舍。

巍巍高耸的宣礼塔分别矗立在中五门两侧，与中五门连为一体，形成一座砖石结构的牌坊式门楼。塔楼为三层六角圆柱体，塔顶为六角飞檐楼亭，在6根木柱撑起的镶有碧绿琉璃瓦的塔顶上，各安放有一个镏金经筒。宣礼塔与中五门建在十一级花岗石阶平台上，把整个大寺隔成台上台下前后两院，台下为前院，台上为后院，是寺的主体部分，主要建筑都在台上，西侧正面为大殿，天井两侧为南北厢房，大殿东北侧为沐浴室。中五门一大四小，高低错落，雄伟挺拔，除中门外侧门额上书"西宁市东关清真大寺"9个镏金楷字外，其余门额内外侧各书有镏金阿拉伯文经典语录。前三门，即正面临街的西式大门，一大二小的砖砌大门涂饰为象征和平的绿色，门额上方书有"西宁市东关清真大寺"9个浮雕楷字。

现在寺内保存的文物有历代名人题字和两通碑文。西宁市东关清真大寺自民国初重建以来，作为青海省伊斯兰教的最高学术活动中心，在国内外伊斯兰教界享有较高声誉。

1984年9月中国伊斯兰教协会为西宁市东关清真大寺赠送了《哲俩来尼》《伟尕耶》《圣训》等伊斯兰教经典著作600本，随后又赠送了一批沙特赠送的中文与阿拉伯文对照的《古兰经》及其他经典，大寺又陆续购置了一批阿拉伯文《古兰经》和其他经典。1979年西宁市东关清真大寺重新开放后，大寺正副教长均由人民政府按月发放生活费，大寺所需维修费用也由人民政府负责核拨。

西宁市东关清真大寺重新开放以来，积极响应中国共产党和人民政府的号召，十分重视发展穆斯林民族教育事业，在扶持文化教育方面做了大量工作。西宁昆仑中学、回族中学、东关回族女子小学开办时，捐钱5000多元。东关清真大寺还十分热心社会残疾人和一些贫苦人家的社会救济事业。每年义务承办一些无家无嗣人员的丧葬活动，所需费用全由大寺开支，诸如此类的社会义务捐助、中外重要游客的接待以及出于宗教慈善方面的救济和庆贺其他寺院落成等，每年开支近万元左右，以上两项全年共开支3万多元，收支相抵，略有结余。

2. 省内其他清真寺

街子清真大寺、清水清真寺、洪水泉清真寺、马营清真寺、孟达清真寺、科哇清真寺、赞卜乎清真寺、康家清真寺、邦巴清真寺、上治泉清真寺、塔尔清真寺、上阴田清真寺、南关清真寺、阿河滩清真寺、木厂清真寺、杨家巷清真寺、同仁县隆务清真寺、门源东沙河清真寺、湟源城关清真寺、循化城关清真寺、凤凰山拱北、北关清真寺、路林巷清真寺、树林巷伊斯兰教活动民主管理委员会、西关清真寺、小寨清真寺、硖门清真寺。

（四）其他宗教场所概况

表 4-2 其他宗教场所概况

	批准时间	批准机关	建堂时间	信徒	负责人
西宁朝阳天主教堂	1984年	西宁市政府	创建于19世纪，1984年重建	800人	星光普
湟中县黑咀天主教堂	1985年	海东行署	始建于1913年	600人	贾生俊
大通城关天主教堂	1989年	大通县政府	始建于1929年	150人	马长生
互助大泉圣母教堂	1988年	海东行署	始建于1914年，1983年重建	380人	王作邦

第二节　文化产业的系统性

青海省委、省政府高度重视旅游文化产业的发展，积极推进高原旅游名省建设，先后编制了《青海省三江源地区生态旅游规划》《青藏铁路沿线旅游规划》《丝绸之路旅游区总体规划》《青海湖风景旅游区总体规划》《贵德——坎布拉水上旅游项目规划》等60余个旅游规划。通过对旅游区块、核心项目、活动内容三方面的构建完成了民族旅游文化产业的系统构建。目前推出西宁旅游区、环青海湖旅游区、三江源旅游区、海西及昆仑文化旅游区和祁连山旅游区五大民族文化旅游区域。

一　青海省旅游区块

（一）西宁旅游区（门户旅游区或河湟谷地旅游区）

该区包括西宁市区和大通、湟中、湟源三个市属县，人口比较集中，是全省政治、经济、文化的中心，是进入青藏高原旅游的门户，也是青海最重要的旅游地。旅游者到青海旅游首先到达的地方就是西宁，这一区域的建设有助于游客对青海的认识和了解,有助于树立青海的良好形象。

(二) 环青海湖旅游区（龙头旅游区）

该区包括海南州、海西州、海北州部分地区,以青海湖为中心,含鸟岛、151基地、二郎剑、沙岛、三块石海星山、月牙湖、世达赖泉、西王母传说、小北湖、布哈河、沙柳河、日月山、夏格尔山、三角城遗址、王洛宾传奇、金银滩草原、鱼雷发射基地、舍布齐岩画、原子城、藏族民俗风情等景区景点,是以高档次观光、度假、生态旅游为特色的青海王牌旅游区。旨在建成国际性观光消暑天堂,世界级生态旅游样板。

(三) 三江源旅游区

地处世界屋脊——青藏高原腹地的青海省玉树、果洛藏族自治州的三江源,是长江、黄河及澜沧江的发源地,被誉为"三江源头",有"中华水塔"之美称。从高耸的青藏高原,奔流而下的长江、黄河、澜沧江,哺育了江河,两岸近8亿人口,孕育了辉煌的中华文化,见证了中华民族几千年的悠久历史。由于三江源区地理位置特殊,气候严寒,冰川、雪山林立,水源丰富,生物资源多样性广泛分布,能够调节亚洲乃至全世界的气候,是重要的水源涵养地,也是世界罕有的生物基因库,因而三江源区具有十分独特的生态和战略地位,其生态环境的优劣,不仅直接影响着青海省国民经济的发展,而且严重制约着江河中下游广大地区乃至全中国及东南亚五国的社会经济发展。该区位于青藏高原腹地,海拔多在4000米以上,具"三神"（神秘、神奇、神圣）之境,也是世界知名的特色旅游区。该区是青海旅游发展的后劲和潜力所在,主要发展生态旅游、科学考察、登山探险、宗教朝拜、民族风情旅游为主题。鉴于该旅游区面积甚大,故划分为下列六个小区:黄河源头生态旅游区;阿尼玛卿山旅游区;结谷旅游区;南果洛、年保玉则旅游区;长江源头、各拉丹冬旅游区;澜沧江源头旅游区。

(四) 海西及昆仑山文化旅游区

神话是历史的折射,特别是在远古时期,神话成为文化传承的载体。

昆仑神话可以跟希腊神话相媲美，因而这一旅游区是青海拓展文化旅游又一重要突破口。本区地处柴达木盆地及昆仑山区，区内旅游中心城市是格尔木。文明国内外的南丝绸之路、马可波罗探险路线、昆仑六月雪、西王母瑶池、南八仙雅丹地貌、热水吐蕃古墓、巴隆国际狩猎场、昆仑山、玉珠峰、玉虚峰、中国第一大盐湖察尔汗盐湖、万丈盐桥、盐海玉波、胡杨林保护区、蒙古族草原帐房度假村、温泉水库等旅游景区均分布在该区内，是发展昆仑文化旅游的重点区。

充分借用神话的力量，挖掘昆仑神话的真髓精义，把自然山水人格化，天人合一是海西及昆仑山文化旅游区开发的宗旨，"做到地理意义上的昆仑、神话意义的昆仑和文化人格意义上的昆仑三为一体，互为渗透"。通过宗教寻根朝拜、体验文化旅游、欢乐观光购物、感知蒙古风情、参与登山探险等多种旅游形式，此区域旨在"建成昆仑第一文化山、朝拜修炼圣地、华夏儿女寻祖地、登山旅游绝佳处等高原旅游胜地"。

（五）祁连山旅游区

祁连山是具有世界影响力的中国名山，也是一条著名的地理界限，青藏高原众多独特地理单元的形成中就受到该山的影响。该区地图，青海省北部，以山高谷宽地貌为特征，内有大通河、倒淌河、丝路古道（兰州—民和—北山—门源峨堡至祁连）、原始森林—仙米林场、雪龙滩水库、门源城、三角城（汉）、浩门古城（明）、金巴台古城（唐）、永安古城（清）、峨堡古城（元）、祁连山森林公园、高原草甸生态研究定位站、黑水峡谷、祁连城、广阔草场等旅游景点（区），是尚待开发的旅游区。通过对这一区域的旅游开发，建成一条以中国祁连山文化和高山生态考察为主要内容的跨省区高原旅游专线，以适应青海国际旅游发展的需要。

二 核心民族文化旅游项目

（一）互助土族风情

土族是青海省的独有民族，分布在互助县、民和县、大通县、同仁县。互助土族风情独特，以勤劳纯朴、热情好客、能歌善舞而著称。

土族非常注重礼节，客人前来拜访，用吉祥如意三杯酒表达对尊贵客人的欢迎，有的还敬献哈达。土族妇女的衣袖是用红、黄、绿、紫、蓝五色彩布或绸缎拼制而成，据说是按照彩虹的色调而来，配色协调，鲜艳夺目，美观大方，故称土乡是"彩虹飞落的地方"。上衫套以黑色、蓝色、紫红色的镶边坎肩，腰系两头绣有花纹图案的彩带，下穿镶有白边的绯红色百褶裙，裤子膝盖下套黑色或蓝色裤筒，足穿精心制作的绣花鞋，头戴镶有花纹边的毡帽，土族妇女从头到脚是用花装扮起来的，是土族人民对未来美好生活无限向往的具体展示。

土族人的婚礼自始至终是在歌舞中进行，生活情趣非常浓厚。土族人的婚礼仪式繁缛，一般有娶亲、送亲、结婚仪式、谢宴等程序。土族婚礼表演是土乡旅游中最具民族文化特色的一幕，颇受游客青睐。

土族的文化艺术丰富多彩，有民间文学、"花儿会"、"安昭舞"、"轮子秋"、"叙事诗"等。叙事诗《拉仁布与吉门索》是用纯土族语言创作并演唱，以口头相传的形式流传至今。土族人喜欢跳"安昭舞"、喜欢唱"花儿"，丹麻花儿会、五峰寺花儿会，在青海省内享有名气，被列入第一批国家非物质文化遗产名录。

土族妇女的刺绣工艺精湛，分堆绣和盘绣两种。盘绣艳丽、华贵，被列入我国第一批国家非物质文化遗产名录。

民和县南部的三川，是全省海拔最低、热量条件最为优越地带，中华民族的母亲河——黄河，似一条银白色飘带从西向东缓缓流过，这里生活着4万多土族儿女，是土族人的美丽家园。三川自然风光秀美，称为青海的"小江南"，独特的民族风情，被人们称为"金三川"。古籍《秦边纪略》记载：三川在明嘉靖时就"水溉田畴，枣梨成林，膏腴相望，其地水草大善"。清代诗人吴栻用《三川杏雨》的诗篇赞赏三川美景。

三川土族在长期的社会实践斗争中，形成了善良纯朴、勤劳勇敢、热情好客的独特民族性格，在饮食、居住、婚俗、节庆、民间文化艺术等方面，有十分丰富的文化内涵。历时63天的纳顿会，成为世界上时间最长的狂欢节，被列入第一批国家非物质文化遗产名录。还有土族人的婚礼、"道拉"深受游客青睐。

（二）撒拉族风情

循化县积石镇西4000米的街子村，有一眼从白骆驼嘴里吐出来的泉水，旁边有一峰石雕白骆驼卧在花丛之中，撒拉人把这眼泉叫骆驼泉，视为"圣泉""幸福泉"。骆驼泉的来历，相传数百年前，撒拉族祖先从中亚撒马尔罕地方，迁徙到此地，有一眼泉水，建起了宏伟壮观的街子清真大寺，从中亚撒马尔罕带来的手抄本《古兰经》供奉在寺内，成为撒拉人的精神支柱。

街子清真大寺为撒拉族祖寺。始建于明代初，寺对面是撒拉族祖先尕勒莽和阿合莽的坟墓（拱北）。骆驼泉、街子清真大寺、尕勒莽和阿合莽的坟墓，这些古老建筑浑然一体，构成了一组完整地象征撒拉族东迁定居街子繁衍生息的纯阿拉伯风格建筑群。

撒拉族生活习俗大都和回族相似，热情好客，宾客来至，用油香、手抓羊肉、三泡台盖碗茶照待。服饰根据年岁、性别有较大差异。居住多为一家一个小庭院，庭院内种满各种鲜花、果树、蔬菜，使庭院花香四溢、清秀别致。

撒拉族婚俗，既古朴又喜庆。婚俗中迄今还保留着一些古老的突厥民族的婚礼习俗，如敬献"羊背子"等习俗，成为研究突厥古文化的活化石。

撒拉族民间文学艺术神话故事、传说居多。歌曲有撒拉曲、宴席曲、撒拉花儿。骆驼舞，一般在举行婚礼时表演，追述撒拉族祖先从中亚东迁的经过，表演大都在月光下进行。"口弦"是撒拉族的古乐器。撒拉族妇女擅长刺绣，枕头、袜底、鞋帮绣有各种花卉图案，青年男子围肚绣有五彩花鸟。

（三）蒙古族风情

海西州是青海省内蒙古族群众集中分布区，数百年前他们来自于内蒙古呼伦贝尔大草原，在同各兄弟民族的生产、生活和文化交流中，除了保留原有的一部分生活习俗外，吸收了其他兄弟民族的文化成分，逐步形成了具有青海高原特色的蒙古族民俗风情。

蒙古族被称为马背上的民族，具有热情豪放、真诚坦荡的民族性格。长期以来从事游牧生活，所以在居住、饮食、服饰等生活习俗有自己的民族特点。蒙古人非常注重礼节，宾客来到，热情款待。非常尊重老人，每逢节日和喜庆日子，要向老人献"哈达"、磕头、祝福蒙古族的节日，有春节、灯节、祭"鄂博"等。最隆重的是祭"鄂博"，即"那达慕"盛会，在农历七月中旬举行。"那达慕"蒙古语为"玩"的意思，主要是赛马。蒙古族眼中，马是最宝贵的财富，一切生活中一刻不能离开马，文学创作、音乐、舞蹈、平日闲谈都离不开马。

"那达慕"盛会主要活动项目是赛马、歌舞、摔跤等活动，场面最热烈的是赛马。比赛场上，骑手们精神饱满，在疾驰的马背上表演一个个惊险动作，场外观众不断用热烈的掌声鼓劲喝彩，是一片人欢马嘶的欢腾场面。

摔跤是蒙古族群众最喜爱的一种民间传统体育项目，身着摔跤时特制的服装，活像古代勇士。摔跤有特定的规则和方法，称之为蒙古式摔跤。射箭也是"那达慕"会上主要活动内容之一。"那达慕"会也是当地群众物资交流的草原闹市。

（四）藏族风情

青南高原是我国藏族集中分布区，是我国藏区文明的发祥地之一。千百年以来，藏族在这高寒广袤的高原上繁衍生息，在同严酷自然环境的斗争中，形成了豪放、粗犷、爽朗的民族性格，创造了博大精深的藏族文化。

藏族文化的内容极其广博，民俗文化、民间文学艺术和科学技术成为中华民族五千年文化的重要组成部分。

民俗文化内容极其丰富，适应特殊的自然地理环境和逐水草而居的游牧生活。如服饰用优质绵羊皮缝制的藏袍宽大肥长，耐磨结实；饮食牛羊肉、酥油、炒面、酸奶、奶酪，营养价值高，热量多，能适应和抵御高寒缺氧的恶劣环境；居室大都是用黑牛毛编织成的账房，具有冬暖夏凉易搬迁的优点；马、牦牛是草原牧民的主要交通工具；藏族同胞讲究礼仪，具有热情好客、尊老爱幼、扶危济贫的美德；婚俗奇特，婚后三天新娘回娘家，直到生育子女后才回，还有少数"抢婚习俗"；节日主要有年节、宗教性节日和娱乐性节日，其中一年一度的草原赛马节最为隆重；丧葬有塔葬、火葬、土葬、天葬、水葬5种葬法，因人而异。

藏族民间文学艺术，包括民间文学、音乐、舞蹈、戏剧、绘画、雕塑等。藏族民间文学是由民歌、神话传说容事、"丹慧"和绘画雕塑艺术等组成，内容极其广博。民歌由"鲁"和"拉伊"两种组成，"鲁"是在宴会、集会或在平日家中演唱，"拉伊"是藏族青年男女倾吐爱慕之情的情歌；神话传说故事内容广泛，从一草一木、一山一水、一湖一石、一位英雄人物，流传着一段色彩斑斓、情趣盎然、寓意深长的神话传说故事，《格萨尔》史诗，是藏族人民集体创作的世界上最长的一部史诗，用浪漫主义和现实主义相结合的艺术手法，塑造了格萨尔这样一个为民除害的民族英雄人物形象；还有绘画雕塑，大都是在寺院用宗教方式表现出来，佛教寺院几乎都是佛教艺术的博物馆；藏族喜歌善舞，藏族音乐，旋律优美，热情奔，欢快舒畅，青南草原素有歌舞海洋的美称，藏族舞蹈有卓舞（又称锅庄）、叶舞、则柔舞、热巴舞、宗教舞。藏戏是将歌剧、舞剧、哑剧等表演手法揉在一起的综合艺术，演出形式古朴单纯，内容来自民间故事、历史传说、佛教故事和世事人情等方面。著名的藏戏有《文成公主》《曲结诺桑》《朗萨姑娘》《卓哇桑姆》《智美更登》《白马文巴》《苏格尼玛》《顿珠顿月》八大剧目。

藏族在同青藏高原严酷自然环境斗争中，对高原藏医药、天文历算、建筑、历史学、宗教学、畜牧等方面的贡献是举世瞩目的。其中藏医药学有1000多年的历史，不断吸收中原汉地、印度、泥婆罗和阿拉伯等地医学经验和理论，逐步形成在生理、病理、治疗等诸多方面具有独立完整的理论和丰富临床经验的藏医药学。古代藏族人民用"水测法""测日影法"和"百串记数"等方法来测定年、月和每日昼夜时间的变化。佛教传入藏区，藏族建筑艺术风格，集中体现在佛教寺院建筑上，从寺院选址、建筑形制、装饰等，体现同周围自然环境融为一体，形成佛教园林建筑群；佛教典籍博大，驰名中外的《大藏经》，对研究藏族宗教、文化以及祖国内地和印度的文化交流，都具有重要价值，藏传佛教各教派的活佛高僧大德著述，涉及藏传佛教教义、藏医药学、哲学、逻辑学、历史学、天文历算、语言、音乐、绘画、舞蹈、戏剧等众多领域，对藏族文化和藏传佛教有卓著贡献。

此外还建成了贵德南海殿、丹霞地质公园、航运码头、生态农业观光园、互助土族园、彩虹故乡农业生态园、精品度假村、青稞酒工业旅游、互助北山自驾车营地、塔尔寺藏文化馆、生物园区昆仑玉博物馆、自然博物馆、湟源丹葛尔古城等一批旅游项目。

三 核心民族文化旅游内容

（一）热贡六月会

每年农历六月十六日至二十五日，同仁隆务河畔的年都乎、苏乎日、吾屯、郭麻日、保安下庄等村庄的藏族、土族群众举行"六月会"，成为热贡地区各族群众的狂欢节。清晨，众乡亲在跳神者的带领下，抬着神轿挨门挨户转访，祝愿各家平安吉祥。次日清晨在跳神者的带领下上山举行插幡仪式，然后回神庙跳"勒瑞"（献给神、龙的舞）。勒瑞分拉则、勒则、么则三种。

拉则，是一种神舞，舞者手拿锣鼓和龙鼓跳舞；勒则，舞者手持彩旗、锣鼓等到河边去洗涤全身和道具，并举行隆重的煨桑活动，手持各种动物的画像跳高跷舞、狮子舞，以祈求风调雨顺、五谷丰登；么则，舞者手持长矛、弓、刀等器械，边舞边形成各种队形，出现两军交战的场面。

最后，从老年人到少年男子排成整齐队伍，捧着哈达、果类、糖果、粮食、鲜花等进行祈祷，举行大型煨桑活动，跳神者讲述本村一年来发生的重大事件，告诫大家团结和睦、尊老爱幼、遵纪守法。最后把所有的祭品煨桑。

热贡六月会是原始文化的"活化石"，具有很强的原生态性，其中大量的神秘文化现象，如风傩祭、生殖崇拜等是研究原始文化的珍贵资料。

（二）那达慕

"那达慕"是蒙古语，亦称"那雅尔（Nair）"，"慕"是蒙语的译音，意为"娱乐、游戏"，以表示丰收的喜悦之情。每年农历六月初四开始的为期5天的那达慕，是蒙古族人民的盛会。那达慕大会的内容主要有摔跤、赛马、射箭、套马、下蒙古棋等民族传统项目，有的地方还有田径、拔河、篮球等体育项目。那达慕是中国蒙古族人民具有鲜明民族特色的传统活动，也是蒙古族人民喜爱的一种传统体育活动形式。

（三）於菟舞

位于同仁县隆务河畔的年都乎村，是一个拥有千余人口的土族村庄。每年农历十一月初五至二十日举行於菟系列民俗活动，有数百年的历史，这一奇异的民俗事项，引起学术界的极大兴趣与关注。

於菟是"虎"的别称，跳"於菟舞"就是跳"老虎舞"。"拉哇"（主持法师）将跳於菟舞的7名年轻人化妆，严寒的冬天脱掉上衣，裤子挽到大腿根，用草木灰涂抹全身和脸面，使他们变成了怪异可怕的白色灰土人，画师给他们画虎脸，前胸、后背、腿部画惟妙惟肖的虎豹纹，头发上扎印有经咒的赎替马白色纸条。化妆中的於菟们不停地龇牙咧嘴，吐出血红的长舌向观者做狞厉相，真有几分恐惧之感。

化妆后的於菟舞者，在身着法衣"拉哇"带领下，上山给二郎神跪拜诵经，祈取神力，然后端起大碗饮酒，於菟们很快进入迷狂状态，在"拉哇"的一阵皮鼓声中奔出庙门，在空地上狂舞。当听到山下村子里一声枪响,他们飞快地奔下山去,陡峭、崎岖山道在他们脚下有如平地,翻越陡高的城墙入村,在全村人的欢呼和鞭炮声中一户户翻墙入院(不能从门进),每到一家都要大吃大喝,如果家中有病人躺在床上,於菟舞者从他身上跳来跨去为其驱赶疫邪。各家各户的仪式结束后,各路於菟集中到村东门狂舞,全村人蜂拥赶来,大声呼叫助威声、法师皮鼓神响、震耳欲聋的鞭炮声,人神合欢,舞祭活动达到了高潮,表示村中各种厉鬼疫魔全都赶出了村。

於菟们直奔村外河滩,把象征斩了鬼魔的污剑和不洁之物投入河中,用冰冷刺骨的水洗去身上的虎纹和白灰土,意味着从村里带出的所有邪魔鬼怪之气,全部洗除干净,从此来年全村人人平安得福,仪式宣告结束。

於菟舞的历史渊源,有专家认为:青藏高原是古羌人的生息地,有崇拜虎图腾的遗俗,为古羌人的活化石。

(四)玉树歌舞

玉树地区歌舞兴起年代久远,结古寺一世嘉那活佛独创的百余种"多顶求卓"舞蹈,奠定了玉树歌舞之乡的基础。玉树毗邻藏、川、滇省区的区位优势,不断吸收这些地区藏族歌舞的优秀成果来丰富自己的文化艺术创作,日积月累,歌舞成为玉树人生活中的一大精神需要。

一年一度的"玉树康巴文化艺术节",不仅吸引着来自青、藏、川、滇、甘等省(区)的各族群众,还有美国、英国、法国、加拿大、瑞士、日本等国家和港、澳、台地区的游客不远万里慕名而来。每年七八月,玉树草原风光如画,以大型歌舞表演、赛马和物资交流为主要内容的康巴文化艺术节拉开帷幕。会场周围犹如一座独具风情的帐篷城。

以序舞、正舞、大圆满组成的"依"舞,歌舞结合,旋律欢快流畅,舞姿抒情优美,内涵丰富;表演性极强的"卓"舞,曲调欢快急促,动作粗犷飘逸,犹如万马奔腾、鹰击长空;观赏性浓烈的"热巴"舞,从流浪艺人式的舞蹈发展为艺术舞蹈,动作强烈有力,表演情绪奔放,融技巧于艺术之中。而"锅庄"和"锅哇"舞,配以数十人的大型表演,更使人赏心悦目。

赛马更是激动人心，剽悍的草原汉子骑着骏马于飞驰中耍枪、射击、拾哈达、悬体、倒立，动作惊险，表演成功时全场掌声雷动。赛牦牛的场面别有一番情趣，那场面并不比西班牙的斗牛逊色。还有摔跤、射箭、拔河、自行车比赛等丰富多彩的活动项目。比赛活动往往通宵达旦，热闹异常。

玉树康巴文化艺术节，也是一次大规模的物资交流大会，会场上数以千计的账房商店，容纳了来自青、藏、川、甘、滇等省（区）以及来自印度、尼泊尔的客商，上万种商品极大地丰富了草原牧民的物质文化生活，促进了牧区经济的繁荣。

玉树康巴文化艺术节，极其精湛的表演，吸引国内乃至几十个国家游客前来游览观光。

（五）祭海会盟

千百年来，青海湖视为"神湖""仙海"而崇拜，唐玄宗曾赐封西海之神为"广润公"，宋仁宗庆历元年又加封为"通圣广润公"，并在都城郊区实行遥祭活动。

清世宗雍正二年（1724），四川提督岳钟琪在青海湖区追击罗卜藏丹津属下，人困马乏，找不到水渴，便祷求西海神赐水，果然从地底下挖出水来，岳氏认为"青海神显灵"上奏朝廷，要求封神例祭。

清雍正四年（1726）三月诏封青海水神为"灵显宣威青海神"，并在湖边立碑，筑碑亭，派官员祭海。从乾隆三十八年（1773）正式规定每年农历七月十五日祭海并会盟祭海大典十分隆重，由朝廷派来的钦差大臣主祭，陪祭者有青海蒙古诸王公、札萨克等，后来环湖藏族千百户头人也来参加。祭典供奉三牲、香烛、帛等，读祭文，行三跪九叩礼。祭海大典结束后，诸王公争相抢割献祭的牛羊肉，称之为"抢宴"。"抢宴"结束后，诸王公贵族追随于钦差大臣的马后，到会盟亭和湟源东科儿寺会盟厅会盟，由钦差大臣宣读皇帝的旨谕，宣布诸项政令，处理一年来发生的案件纠纷，安排来年的诸项事宜，王公贵族领受钦差大臣代表皇帝招待的"赐宴"。

民国时期的祭海活动，主祭官先后有宋子文、朱绍良、马步芳等高级官员，陪祭的有当地蒙、藏王公贵族。民间百姓的祭海活动一直延续至今，现在每年农历七月举行民间祭海活动，祭海者在湖边煨桑叩头、祝颂赞词，祈求青海神保佑四方平安、风调雨顺。

东科尔寺位于湟源县日月乡寺滩村，据《东洋史》记载，1646年，东科尔四世活佛加木洋嘉措（1621—1683）将该寺从西康迁来，迄今有360多年历史。建寺初，受到青海和硕特蒙古首领顾实汗的鼎力相助，势力很快扩展起来。清康熙四年（1665），四世东科尔多居嘉措奉召入京，被清廷封为"文殊禅师"，任职京师。自此，历辈东科尔成为驻京呼图克图。青海湖祭海时蒙藏王公贵族和钦差大臣的馆驿。钦差大臣会见蒙藏王公贵族，举行会盟仪式，宣布朝廷有关政令、处理相关事务，都是在东科尔寺进行，备受朝廷重视，因而东科尔寺在青海众多佛教寺院中有十分显赫的政治地位。

（六）贵德梨花艺术节

贵德梨树品种繁多，其中长把梨和软梨，有百余年的树龄，果汁甘甜爽心，具有清肺止咳之功效。贵德梨糖分高、口感好，在省内外享有盛名。

4月下旬至5月上旬，是贵德梨花开放的时节，届时，银白色的梨花似白浪滚涌，成为梨花的海洋，香气四溢，令人陶醉，每年在这个时节举办盛大的"贵德梨花艺术节"。梨花节期间，丰富多彩具有浓郁地方特色的文艺节目演出，书法、绘画展览以及当地群众的"农家乐"，吸引省城周边地区游客，使这无限秀美的大自然风光让游人陶醉、流连忘返。

第三节　文化产业的融合性

在产业融合大背景下，跨界融合已经成为文化产业融合发展的新常态,产业结构、发展模式、构成业态等都在不断发展变化,日渐充实、丰富和完善。目前,青海省民族旅游文化产业经过扩展覆盖、渗透植入,跨界融合在多领域、多层次展开。

一 拓宽工作思路,夯实服务对象

从工作思路上看,青海省将民族旅游文化产业和事业的关系相协调。过去的文化产业是事业强、产业弱;旅游则是产业强、事业弱。为此,青海省取长补短,将二者各自的优势发挥出来,实现协同发展。

从服务对象看,过去公共文化设施的服务对象主要是所在地城乡居民,而旅游的关注点是外地的游客。但是从公共文化的供给来看,即不可能也无必要将二者割裂开。青海省从口径更宽、涵盖更广的休闲旅游入手,立足于满足包括当地居民和外来游客的文化需求从而提供更优质的公共文化服务。如开展文化活动季、旅游文化季、体育文化季等融合活动。

(一)推动文化活动季

青海省融合多样活动元素,为当地居民和游客带来多样文化活动,如:(1)举办"书香青海·全民阅读"系列活动;(2)举行"大融之美·文化青海"系列展览活动;(3)组织"欢乐青海·幸福家园"群众文化系列活动;(4)开展"传承经典·高原放歌"花儿演唱会系列活动;(5)在青海省博物馆开展"坚定文化自信·传承历史文脉"系列展览活动;(6)举办"守望·传承·发展"主题文化论坛;(7)邀请群众共创,举办青海文化创意设计大赛;(8)举行"百花齐放·欢跃民间"民族歌舞展演系列活动;(9)举办青海"丝路花儿艺术节";(10)举办"王洛宾音乐艺术节";(11)进行"文化和自然遗产日"宣传活动;(12)举办德都蒙古"孟赫阿尔察"和"岗尖梅朵"诗歌节;(13)举办格萨尔剧展演;(14)开展三江流域生态人文系列交流活动等。

(二)开展旅游文化活动

青海省举办各类旅游文化活动,以期融合推动民族旅游文化产业的发展。如：(1) 开展"世界名车大美青海自驾体验"系列活动；(2) 举办"哈雷英雄汇重机嘉年华"活动；(3) 开展"天空之镜"千人快闪活动；(4) 举办青藏铁路沿线旅游推广联盟活动；(5) 举办昆仑山国际汽车艺术创意旅游活动；(6) 开展青海旅游季系列活动；(7) 举办青藏铁路沿线旅游推广联盟合作论坛；(8) 开展青海湖旅游系列活动；(9) 开展门源油菜花文化旅游系列活动；(10) 举办坎布拉摄影活动；(11) 开展"三江之源·圣洁玉树"摄影活动；年均开展共十大国际品牌赛事，20项区域性赛事，100项全省性赛事活动等。

(三) 举行体育文化活动

体育消费与公众日常生活息息相关，青海省积极举办各类体育成果展、体育发展论坛等活动，优化体育文化旅游格局。如在全国闻名的"篮球之乡"——循化县，开展季节性篮球赛事。"村村都有篮球队、家家都有篮球队员、人人都能当裁判"是对循化篮球的高度概括。据不完全统计，循化当地举办的各类篮球赛事每年超过1000场，真正树起了"中国篮球第一县"的品牌。依托独特的自然资源，坚持创新、协调、绿色的办赛理念，引进、申办各类国内知名品牌赛事，如承办CBA季前赛、中超联赛热身赛和各类单项体育赛事等，力促国内顶级体育项目的本土化落地。此外，循化利用县域丰富的黄河水上资源，引进国际体育品牌赛事"国际抢渡黄河极限挑战赛"，借此激活县域第三产业链。

同时，青海省依托"一带一路"建设，大力扶持"WKF"自由搏击赛、"昆仑英雄"拳击赛等国际知名品牌赛事运营；不断提升国际男篮争霸赛、岗什卡滑雪登山大师赛、中国青海国际民族传统射箭精英赛等赛事的国际化、市场化、专业化水平，打造一批本土国际品牌赛事IP。激活赛马、射箭、黄河泅渡等撒拉族传统体育健身项目，使体育工作振奋与团结当地公众并促进游客的往来与消费。

目前青海省以北京冬奥会、冬季残奥会为契机，主要发展冰雪运动项目，加快多巴国家高原体育训练基地滑雪场建设，打造"青海冰雪名片"，让名牌赛事激发城市活力，进而促进文化产业的蓬勃发展。

二 融合多产业共同发展

从发展路径上看，青海省从博物馆、图书馆、文化馆等公共文化设施与文旅产业融合入手，再将其拓展到与文化相关的公共服务和文旅产业的融合，进而拓展到整个文化与旅游的融合发展，形成"食、住、行、游、购、娱"六要素产业支撑发展业态。

（一）与饮食融合

青海省是中国五大牧区之一，气候相对温暖，雨量充沛，食品原材料污染较少。青海菜品具有一种粗犷的美，主料以牛羊肉为主，配合了粗粮制作的各种小吃主食代表了青海美食健康、营养、美味的主旋律。青海省是多民族聚集之地，因此菜肴、小吃面点品种多样，风味各不相同。青海省将文化旅游与餐饮产品结合，打造出醇香、软酥、脆嫩、酸辣，兼有北方菜的清醇，川菜的麻、辣和江浙菜的味鲜、香甜的餐饮旅游特点。

（二）与住宿融合

民族旅游文化与住宿业结合，打造酒店、宾馆和民宿共存的融合发展现状，针对价格、住房类型、服务类型等方面进行优化。如酒店、宾馆可以为普通游客提供细致的服务内容，以西宁市区为例，本土五星级酒店有6家，四星级酒店54家，国际性酒店2家，酒店类型企业数量约2000家。[①]而民宿类旅馆在提供个性化服务、人文关怀方面为消费者提供了更多选择空间，如青海湖周边格桑花驿站、心灵树生活艺术家客栈等民宿，为游客提供多种藏服出租业务，以及正宗的藏餐及各种炒菜、烤全羊，为游客体验民族文化提供便捷的操作路径。

（三）与出行融合

根据青海省统计局、"十三五"规划、青海省自驾游网、青海省交通

---

① 李明真：《从战略角度浅析青海省酒店企业生存现状及战略选择》，《经营管理者》2016年第33期。

运输厅数据显示，青海省公路排名前三的为牙同高速、德香高速和茶格公路。高速公路作为一种现代化的公路运输通道在当今社会经济中正在发挥着越来越重要的作用。高速公路作为基础设施对沿线的物流、资源开发、招商引资、产业结构的调整、横向经济联合起到积极的促进用。对拉动投资、加快青海经济增长具有促进作用。高速公路的建设可以更多的吸引游客，方便自驾游。高速公路建设改善了我国高速公路网结构，促进了区际和区域各地区的经济联系有效拉动内需，刺激高速公路附近地区的经济繁荣和发展，对区域经济发展和文化产业空间格局演化具有重要作用。

青海省目前建成投入使用的机场有6个，分别是西宁曹家堡机场（XNN）、玉树巴塘机场（YUS）、格尔木机场（GOQ）、德令哈机场（HXD）、花土沟机场（HTT）和果洛玛沁机场（GMQ）。除西宁曹家堡机场外，其他5个机场海拔高度均超过2438米，属于高高原机场[①]，执飞机型需具备高高原运行能力。截至2017年7月，省内航线仅由东方航空、西藏航空、首都航空3个航空公司运营，其中东方航空执飞航班占比93%，西藏航空5%，首都航空2%。2016年8月至2017年7月，青海省机场实际出港航班2.58万班次，同比增长21.5%；实际出港运力368.5万座，同比增长23.7%。其中，西宁曹家堡机场实际出港航班2.29万班次，占青海省机场出港航班总量的88.6%，同比增长20.9%，实际出港运力333.1万座次。[②]

青海省航空市场淡旺季明显，西宁曹家堡机场和5个支线机场的出港航班量都具有明显的季节性特征。2018年7月青海省机场的出港航班量再创新高，尤其是西宁曹家堡机场发展迅速，实际出港航班量达3208班次，同比增幅达31%。[③] 每年的7月、8月为航空市场旺季，航班量达到峰值。

---

① 海拔高度在2438米或8000英尺及以上的机场称为高高原机场。
② 数据来源：飞常准，data.VariFlight.com。
③ 刘美凤：《青海省机场发展综合分析》，民航资源网，2017年9月7日，http://news.carnoc.com/list/417/417814.html。

航空公司应根据不同航线市场的季节波动，因时制宜、因地制宜，合理安排航班计划，调整运力投放，以实现旅游业效益最大化。

（四）与游览融合

青海有着旧、中、新石器时代的古文化遗址，众多的宗教建筑群，历代的文物古迹，动物岩画和宗教岩画，悠扬的民歌"花儿"，奔放的藏族歌舞，抒情优美的土族民间舞蹈《安昭》《纳顿》；民间佛教绘塑"热贡艺术"，藏族卷轴画"唐卡艺术"，酥油花艺术；独具特色的民间刺绣等。青海省为深入民族文化传播，运用与游览结合的方式，深入打造各大景点。

1. 青海省博物馆

坐落于西宁市新宁广场东侧的青海省博物馆，是日本友人小岛镣次郎先生为青海援建的一座具有现代化功能的大型博物馆。馆藏文物4700余件，国家一级文物150余件。其中，舞蹈纹彩陶盆、双人抬物盆、陶鼓、铜矛、金牌饰、波斯银币、唐代丝绸、敦煌经卷、元代纸币、明代鎏金佛像等已作为镇馆之宝收藏。

博物馆展出的彩陶制品数量之多、造型之奇、纹饰之繁、图案之美，在我国远古文化中占有十分重要的地位，成为该馆的一大亮点。展出的大量不同文化类型、图案、造型、纹饰等代表性彩陶中有相当批具有独特风格，成为我国远古彩陶艺术中不可多得的珍品，如大通上孙家寨遗址和同德宗日遗址出土的两件舞蹈纹彩陶盆，被列为国宝级文物。柳湾遗址出土的"阴阳合体壶"和"陶靴"、民和加仁庄出土的"鸭形壶"、民和阳山墓地出土的"陶鼓"以及在彩陶上大量出现的符号花纹，给远古彩陶文化增添了浓厚的神秘色彩。

2. 中国藏医药文化博物馆

中国藏医药文化博物馆外观宏伟、内涵深邃，以"天圆地方"的古老主题，融藏族传统建筑风格与现代建筑艺术为一体，是目前世界上唯一一座展示和保护藏医药文化遗产、发展进程物证、珍贵文物的藏医药专业博物馆。馆内共开设药物标本、藏医医史、医学唐卡、医疗器械、古籍文献、天文历算、彩绘大观七个展厅，分别展出反映藏医学历史、发展进程、理论基础等方面的动植物、矿物标本2000多种，藏医学挂图80幅，1300年前的传统藏医外科器械180多件、古典籍文献1000多部。

被收入"世界吉尼斯纪录大全"的巨幅唐卡《中国藏族文化艺术彩绘大观》长618米，宽2.5米，重约1吨，是目前世界上最长的卷轴画。画卷浩瀚精深，生动地反映了藏族历史、宗教、文化、民俗、艺术等诸多内容以及量理学、工巧明、医学、天文学、语言学、戏剧学等诸多学科知识，可以称得上是藏族社会历史的一部百科全书。

3. 黄教圣地塔尔寺

塔尔寺藏语叫"贡本贤巴林"，意为"十万佛像弥勒寺"，位于湟中县鲁沙尔的莲花山中，距西宁25公里。塔尔寺是藏传佛教（黄教）创始人宗喀巴的诞生地，是我国藏传佛教六大寺院之一，也是驰名海内外的名胜古迹和全国首批重点文物保护单位。由于寺院规模宏大完整，交通方便，已成为人们游览参观藏传佛教寺院最集中的地方和青海省最主要的旅游胜地。壁画、堆绣和酥油花为塔尔寺的艺术三绝。塔尔寺初建于1560年，迄今已有460多年的历史。整个寺院规模宏大，占地600余亩。其中以八宝如意塔、大金瓦殿、大经堂、花寺、九间殿最为著名。

塔尔寺建在苍翠的山坡上，依山就势，高低错落，谷幽丘缓，山环水绕，环境优美，是一个驰名中外的宗教古刹圣地，也是藏族人民珍贵的文化遗产，是青海民族文化的重要象征。一方面，塔尔寺是藏传佛教宗教、艺术、文化最重要的建筑之一；另一方面，它所处的地理位置，也深刻折射出青海地区不同文化、不同民族相互影响、相互融合的特点。

4. 明代建筑瞿昙寺

瞿昙寺是我国西北地区保存最完整的一组明代建筑群，青海省第二大胜迹，也是国务院颁布的全国第二批重点文物保护单位。瞿昙寺当初是仿照北京故宫修建的，所以又有"小故宫"之称。瞿昙寺位于乐都县城南

21公里的山区，是全国重点文物保护单位。始建于明朝洪武年间，已有600余年的历史。寺院是汉式宫廷建筑风格的建筑群，占地41亩，建筑面积约1万平方米。它依山而建，背山面水，以辉煌的建筑、精美的壁画、珍贵的文物闻名于世。瞿昙寺由前、中、后三进院落组成。从山门起的中轴线上，有金刚殿、瞿昙殿、宝光殿、隆国殿等大型建筑，左右两侧建有御碑亭、壁画廊、大小钟鼓楼、佛塔、小佛殿、经堂等。形制各界的殿堂，石绿色的旋子花纹装饰彩画，古朴的斗拱，构成了明代早期建筑的特色。

瞿昙寺风景幽雅，山水宜人，寺后有靠山，寺前有照山，清泉流水，林木葱郁。寺院建筑古色古香，吸引过万千游客。更使瞿昙寺增色的是，距寺院十余里的地方就是一带连绵数百里的莽莽雪山，山峰层次错落，终年积雪。晴天远眺，宛如银屏玉阁，耸立千仞。

瞿昙寺融合了汉藏文化，记载着600年汉藏交流的历史沧桑，是历史文物与建筑艺术的一座辉煌殿堂。

5. 东关清真大寺

东关清真大寺始建于明洪武年间，有600多年的历史，几经扩建，形成了今日之宏大规模。该寺建筑融塔、墙、殿为一体，体现了回族建筑艺术风格。正中的礼拜大殿面积1136平方米，可容纳3000名信徒做礼拜，是全寺最大的建筑物，我国古代宫殿式建筑风格，殿顶部装有藏式镏金宝瓶。面积约28万平方米的广场，每逢礼拜、三大宗教节日时，是数以万计的穆斯林信徒举行隆重宗教活动的地方。

寺内保存有明朱元璋为该寺亲笔御题的《百字赞》，是当地穆斯林群众的宗教活动场所，也是一所伊斯兰经学研究的最高学府，民国以来，该寺先后培养了一大批伊斯兰教学者，因而在甘、青地区乃至海内外享有一定声誉。寺院坐西面东，具有我国古典建筑和民族风格的建筑特点，画梁雕栋，玲珑精致。寺院平时可容3000名教徒礼拜，最多达万人。

东关清真寺是青海省内规模最大，历史悠久的清真寺，是我国西北地区伊斯兰教的最高学府。与西北地区著名的西安化觉寺、兰州桥门寺、新疆喀什艾提卡尔清真寺并称为西北四大清真寺。

6. 岩画、石刻文化

岩画是描绘雕刻在岩石崖上的一种绘画，青海是我国岩画分布最多的省份之一，青海湖盆地西北部有哈龙、舍布其、卢山、鲁茫沟等多处岩画点。这些岩画多以牛、马、鹿、羊等动物个体形象为主，还有宗教、文字、战争、狩猎等内容。这些作品出自长期生活在青海高原的人民之手，真实反映了他们生产生活和对艺术的追求，均有较高的历史研究和艺术观赏价值。青海省天峻县夏日哈石经院，始建于1951年秋，历时3年，将佛教108部《甘珠尔》《丹珠尔》大藏经的经文，雕刻在见方1尺，厚1寸的石板上，所刻经文非常清晰秀丽，每一件都是优秀的藏文书画作品，建筑面积2000多平方米。

（五）与购物融合

青海复杂的自然条件，为高原特有农作物的生长、牲畜品种繁殖以及野生动物的栖息、繁衍提供了良好条件，青海矿产资源丰富，悠久的历史、丰富的文物古迹、古老的宗教艺术，各民族的奇风异俗，为生产具有青海地方和民族特色的土特产品提供了丰富的原料和素材。高原风味的土特产品成为青海文化旅游的重要组成部分。

为满足消费者购物和赠礼需求，青海省推出"昆仑伴手礼"。该产品有效结合了青海省当地的农植作物，并在得到授权后运用了TEAPRESSO生物技术实验室在国内首例研发的变压式破壁技术，将枸杞、蕨麻、藜麦、荆芥、青稞、油菜花蜜、樱桃、蚕豆、雪莲等农植产品加工成为各类延伸性即食产品，以聚合手信的集成商业模式打造出运用现代科技、结合本地农业、满足市场需求、以伴手礼盒为展现形式的高质量特色旅游产品，满足游客购物需求。产品依托青海省青年创业（者）联合会内近3000家会员企业的商业资源与渠道，联合会内科研机构、生产型、策划型、销售型等企业，根据青海省农植作物的自身特性量身打造、统一策划，并以不同品类产品为界，分企业授权生产后进行统一集成并联合销售。

第四节　文化产业的创新性

随着以网络为代表的新媒体的强势发展，新媒体在传媒产业中所占的比重将会越来越重，传统媒体的比重则越来越少。随着互联网新媒体的兴起和高速发展，中国旅游业迎来"旅游+"新时代。青海省结合新形势，把握时代脉搏，积极学习运用新媒体来传播其民族旅游文化，迎来了"民族旅游+创新传播"的新时代。新媒体环境下青海省的旅游文化传播主要运用了以下几种新媒介。

一　青海省旅游文化的互联网传播

作为新媒体的代表，互联网表现为很多形式，新时期青海省旅游文化传播过程中主要运用了门户网站、网络论坛、三微一端等媒介。传媒经济是以注意力为基础的经济，媒体是注意力的拥有者，也是注意力价值的交换者。现代社会是信息极为丰富甚至有些泛滥的社会，互联网更是加快了这一进程。相对过剩的信息，人们的注意力成了稀缺资源。争夺视觉是吸引注意力最重要的手段，所以注意力经济也叫眼球经济。[①] 毫无疑问，门户网站是注意力经济的代表。

为了吸引国内外游客的眼球，有效传播其旅游文化，青海旅游局在互联网发展的浪潮下构建了青海省旅游发展委员会，从旅游资讯、景区景点、民俗风情、特色美食、民歌、旅游动态、公共服务（酒店、旅行社、农家乐）等多个方面，图文并茂，文字、图片、音频、视频结集，对青海旅游文化资源进行了详细的介绍。但这也存在一些缺点，例如可进一步增加驴友游记方面的记录，用游客的亲身经历真实展现大美青海。而且青海

---

① 严三九：《新媒体概论》，化学工业出版社2011年版，第8页。

还花巨资请当地传媒工作室对青海湖等当地特色进行了全景航拍,运用视频和音频更加形象直观地展示青海美景,以此吸引大量游客光顾。

除了门户网站,网络论坛也是一个很好的宣传平台,它最初是互联网用户之间进行信息交流和网络通信。随着 Web 服务兴起,人们越来越注重主题性和交流性,进而发展成为网络论坛。20 世纪 90 年代末,中国网络论坛诸侯并起,各式各样的网络论坛不断涌现,越来越多的民众参与其中。从发展形势上看,网络论坛早期以发布各类信息为主,成为观点集散地。近年来,论坛的议题越来越贴近网民身边事,网友对某些问题的集中关注进而引发实际行动的比比皆是。例如知网、百度贴吧,网友遇到问题都会习惯去这里,各路网友都会给出自己的见解,提问的人也会根据这些答案做出最优选择。

(一)拍客

拍客是指利用移动数码设备拍摄图片或视频,然后上传到网上与他人分享的人群。与手机微博使用者一样,每位游客均可以成为拍客。心理学研究表明,图片或动画比文字更具吸引力,旅游景点的图像比单纯文字描述更能吸引人的眼球。现在大多数的手机上有高清晰摄像头,游客在旅游过程中,不仅可以拍摄图片,还可以录制简短视频,并通过移动互联网实现即拍即发。拍客或用稍纵即逝的机会捕捉旅游中的奇闻逸事,或用镜头记录下自己的旅游心情,拍客提供的图片、音频、视频均为原创资料,更具真实性,对其他游客的影响也更加直接。

比如,游客拍摄的青海湖视频就大大增加了天山景区的魅力和神秘感,让更多的网友产生去青海旅游的冲动。播客是拍客分享原创视频的平台,各旅游专业网站均应开设播客频道,丰富的视频内容可以为网站聚集大量人气,从而形成网络外部效应,页面点击率上升后,还可为网站带来额外的广告收益。

(二)微博

微博即微型博客,是一种用少量的文字或小规格图片实现信息交流、传播和分享的平台。微博面向大众，具有更多的草根性，只要能连接到互联网，任何人均可开通和使用微博。微博内容通常在第一时间发布，信息量小，更新速度快，这正好与手机上网的特性相符，移动互联网将促使手机微博井喷式发展。

在旅行的过程中，游客可以用手机微博记录旅游中的点点滴滴，并将这些感受及时与大家分享，手机微博将成为游客与外界交流的一种重要手段。相对博客、旅游论坛、游记、散记等，微博提供的旅游信息更具动态性和时效性，特别是在遇到突发事件或重大事件时，近似于现场直播的手机微博对网友更有吸引力。新浪、网易、搜狐等门户网站均开设了微博频道，并提供手机客户端下载，腾讯更是利用庞大的QQ用户群对微博进行了创新应用。随着微博用户数的激增，手机微博也会像博客一样进行分类，旅游内容将是重要的细分市场，那些旅游中的意见领袖将对众多粉丝产生影响。旅游专业网站也纷纷开设微博栏目，尤其是旅游景点和旅行社，均应将手机微博视为一种服务、营销和监督的新工具。目前，青海省内多家景区都开通了自己的官方微博，时时更新旅游信息与网民和粉丝共享，手机微博的营销功能已经显现，但深入应用还有待挖掘。

微博"140字符"的限定也造就了一场革命。微博的表达接近人类口语习惯，写作不再有负担，每个人都有了展示自己的舞台，因此大量用户原创内容出现。以作为生活和信息碎片化的推手和标志之一，微博以人为中心，简单、高效，具有信息化的传播价值和个性。以人为中心、带来了群体创造力，简单、高效带来大众化和及时化。当今社会，有着强调自我认识和社会认可的双重需求，微博的崛起显示了网络自媒体的力量，是网络新媒体转向社会化媒体的探索之路。以青海湖和茶卡盐湖为例，微博账号"大青海网"经常分享当地的美景与美食，为了形象直观的展示气势磅礴的青海湖和茶卡盐湖的景色，各类微博账号和公众号不仅通过形象生动的散文般的优美文字进行描述，而且配有大量奇美的青海湖和茶卡盐湖风景图片，图文并茂，传播真实生动，充分展现青海湖和茶卡盐湖的神奇魅力。

（三）手机电子商务

是指利用手机上网办理的一切商务活动，包括手机购物、手机交易、手机支付、手机订票、在线股票管理、手机邮箱等。

中国电子商务研究中心的监测报告显示，2018年实现电子商务交易额31.63万亿元，同比增长8.5%。其中，移动电子商务交易规模约达54%。可见，以手机为主的移动电子商务增速最为迅猛。目前，手机电子商务在旅游业中的应用主要以酒店和机票的查询、预订、退订为主，景区门票、导游、租车旅游线路、特色商品的网上销售等尚待开发，尤其是特色商品的销售市场潜力巨大。以旅游中的购物为例，在旅行时，游客最希望轻装上阵，对于体积小、价格贵、可随身携带的商品，游客可以通过手机银行进行转账支付，或将手机作为电子钱包直接支付，游客不用再携带大量的现金或银行卡。对于体积大、购买量多、携带不便的商品，游客会倾向于用网购的形式购买，比如，游客利用手机淘宝提前看好店家的商品，等到现场看到实物后，再通过手机银行将钱汇到支付宝，商家看到游客付款后，即可安排物流配送，等游客本人或指定的人收到货物并验货后，游客再进行支付确认，从而完成整个交易。由于游客可以看到实物，并与店家进行面对面交流，对商品的信任感会大增，淘宝网则起一个担保和监督的中介作用，这样也可对商家形成一种制度约束，防止店家以次充好，避免旅游纠纷，并且如果游客对商品相当满意，还有可能在异地重复网购。景区内的商家应充分借用这种商业模式，以各大购物网站作为营销平台，通过开设网店扩大市场覆盖面。各旅游专业网站或景区网站也应用此模式强化网站的销售功能。

（四）同步虚拟社区

虚拟社区是一种由兴趣、爱好、目的相近的人群通过互联网组成的松散型社会群体，包括同步社区和异步社区。同步社区是实时互动，交流的信息基本不在网页保留，如聊天室、QQ群；异步社区的信息互动有一定的时间差，发帖、回帖可以不在同一个时间段，如BBS、论坛、博客。青海省现行运用的旅游虚拟社区以异步社区为主,如天涯旅游、途牛旅游论坛、遨游网的开心社区、驴友论坛等,而同步社区尚未很好地利用。在旅行前,异步社区会有较多的参考建议,而在旅行中,同步社区将对游客有更多帮助,移动互联网有助于同步社区的实现。同步社区更适用于旅游服务公司和旅行社。旅行社可以根据某一条线路或某个旅行团成立临时QQ群,旅行社的客服人员、随团导游、景区导游、游客均为社区成员,客服人员可以通过聊天室及时掌握旅游动态,或与游客直接用手机视频对话,对游客提供即时指导和帮助,随时处理游客的投诉。同时,还可以利用这种形式对导游进行有效监督,防止导游骗购。等旅游结束,原团游客可以随时退出,同时批准新团游客加入,而那些不退出聊天室的老游客对新成员会提出更多可信建议。这种方式可以极大提高游客对旅行社的服务质量感知,为旅行社赢得更多的口碑和声誉外,带动民族旅游文化产业的循环发展。

(五) 移动医疗

移动医疗是指利用无线通信技术提供远程医疗服务和信息,是移动互联网应用的蓝海。NTT Do Co Mo、AT&T、沃达丰等全球主流移动运营商纷纷进军这一领域,国内的电信运营商和医疗服务提供商也在积极谋划这类产品。游客可以使用移动终端,将身体状况远程传送给医生或医疗数据库,这样既可以及时听取医生的处理建议,又可以获到其他与健康相关的资讯。青海省由于特殊的地理环境和气候因素,境内旅行时,最担心的就是身体不适或发生其他伤及身体安全的事故,尤其是老人和儿童,这种担忧最为明显。青海省移动医疗将为人们的旅行保驾护航,通过专业信息平台,借助移动互联网,游客与专业医疗机构、保健服务提供商建立联系,当游客遇到麻烦时,随时可以获得专业医疗机构的帮助。比如,好大夫在线医疗网站推出的客户端,可以检索到所有常见疾病以及青海省内各市区医院、大夫的相关信息,并有当地医院介绍、科室介绍等内容,也能查询到大夫的简历、出诊时间,当安装这种软件的游客遇到麻烦时,可以通过搜索选择就近就医。当地景区管委会、旅行社、导游等也能熟练使用移动医疗软件，在需要时第一时间为游客提供帮助。在旅游高峰期和热门景点，政府也设立了移动医疗服务站，对于突发某些疾病的游客，可以通过网络请求大医院的专家支持。

（六）信息推送

青海省内旅游景点应与电信运营商紧密合作，通过信号技术甄别，当外地的手机号码移动到景区附近时，可将景区相关资料以短信或彩信形式发送给用户，这种宣传推广方式具有较强的针对性，效果更佳，即使用户不会去游览，也会对景区留有印象。铁路沿线的景区更多适用这种方式，因为当人们乘坐火车长途旅行时，普遍会感到无聊，铁路沿线的地理风光、途经城市的概况等相关知识会减轻或消除乘客的寂寞感。当游客在景区游玩时，将景点布局、商店分布、特色商品、餐厅位置、服务和管理部门的位置等详细信息发送给游客，游客可以通过手机随时查阅。

这种景区电子地图有助于游客节约时间，提高旅游效率，运营商也会使用这种创新宣传方式的景区有所甄选，避免垃圾信息造成的传播干扰。

二 青海旅游文化的手机新媒体传播

手机的普及性、信息传达的有效性和丰富的表现手法使得手机成了大众的理想传媒。手机在一定程度上与报纸、广播、电视、网络互相结合、渗透、融合，成了一种全媒体。手机体积小、分量轻、易于携带，便于使用，而且像电脑一样具有应用的可延展性，这些特点使得人们越来越喜欢用手机进行信息的传递。手机短信一经出现就受到了中国人的热捧，它符合中国人在气质上趋向内向隐蔽含蓄的特征。短信作为人际传播媒体有两大优势：一是反馈性强，是交互性的互动传播；二是私密性强，不会影响他人。短信作为大众传播媒体，常常被企业、组织、机构利用来群发短信达到广告、通知、服务等目的，同时，短信弥补了传统媒体无法交互反馈的缺陷。

青海旅游在传播当地旅游文化的过程中很好的运用了手机新媒体，例如，青海旅游局携手移动、联通、电信部门在人们进入青海地界后就会向不同的手机用户群发送短信，介绍青海各旅游景点景区的旅游资讯以及节日特惠活动，传播当地旅游文化，吸引游客们走进大美青海。当地发送手机短信吸引游客的举措，通过青海旅游局及景区工作人员对游客们的关爱，满足了他们的心理上需要关心关注的需求，以感情为纽带，有效的带动了节庆时景区的旅游经济效益，有效传播了当地的旅游文化，彰显了手机新媒体的价值。

WAP 和宽带网络使手机有了互联网功能。手机报、手机电视、手机广告、手机广播以及手机 QQ 等得以在手机上应用，手机媒体得到了进一步发展。近年来手机微信的兴起再一次带来了手机媒体的革命。微信使用方便，用户只需付使用产生的流量费用，受到了很多人的欢迎。微信可以实时传播文字、图片、音频、视频等对传播内容进行全方立体的展示，也可以录制短视频分享到朋友圈，改变信息形式和结构，满足不同阅读和收视习惯的受众需求。

青海省旅游局创建了"大美青海游""阳光青海""青海湖旅游""青海湖""青海湖乳品""舌尖上的青海""骑行青海湖"等关于青海的相关公众号（如图 4-1），通过发布旅游咨询、介绍旅游景点及地方特色美食和名俗等传播青海旅游文化。微信通过文字、图片、音频、视频等的综合运用，全方位立体地展示传播内容，对旅游文化有非常好的传播效果。微信号"大美青海游"通过应时应景的资讯发布，很好地吸引了受众。

"大美青海游"和"阳光青海"这两个微信公众号通过及时更新图文并茂的文章，介绍不同时间和节日青海各景区特色的旅游活动，所谓有图有真相，那些美轮美奂的照片不仅能非常形象生动的展现景区特色美景，传播青海旅游文化，而且能有效激发起受众走进青海的热情和冲动。同时，公众号还提供了住宿和旅游攻略方面的信息，这极大地方便了游客，也让游客倍感亲切。

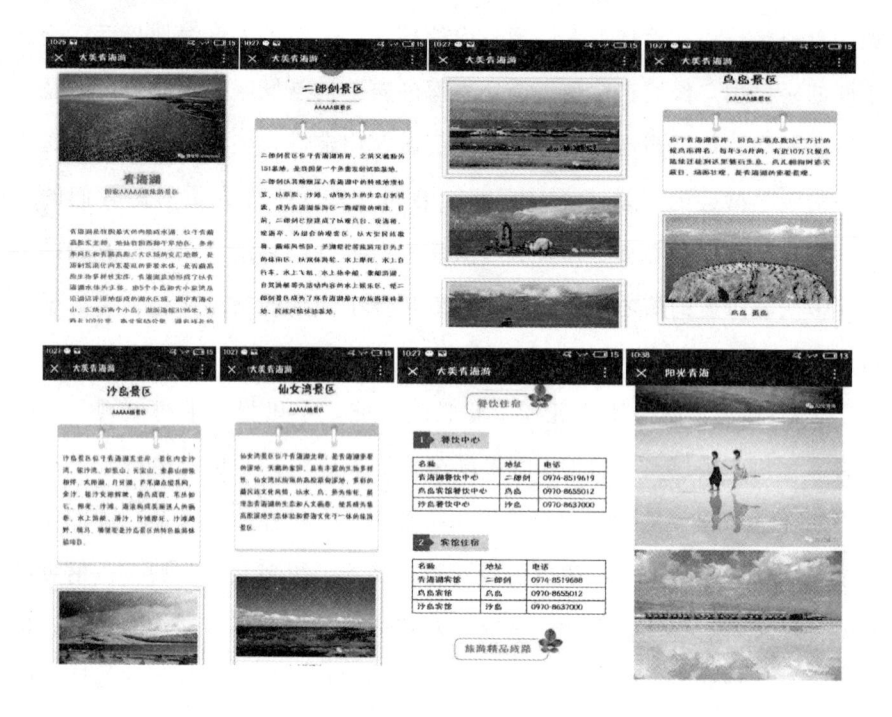

图 4-1　青海旅游相关公众号截图

三　青海旅游文化的广电新媒体传播

移动电视是对数字电视信号在移动状态下的接收,它主要依托城市公共交通为运营平台(公交车、地铁、出租车等)使受众收看画面清晰的电视,及时获取新闻信息。移动电视最大的特点就是强迫收视,在这种强制性下传播往往能取得更好的传播效果,这是它打注意力之牌取得的效果。户外新媒体是指在人们一般能直观看到的地方安装的数字电视等新媒体,如:LED 彩色显示屏、视频等。户外新媒体利用数字多媒体技术播放,表现力强。凭借短效传播、高曝光率和接触人群分散的特点,使得传播效果和传播成本性价比较高。数字电视和网络电视实现了双向交互业务,它抗干扰能力强,频率资源利用率高,可以提供更优质的电视图像和更多的视频服务。

青海在传播当地旅游文化的过程中，也较好地利用了户外新媒体。走在青海的每个地方，当地都会尽可能使用户外媒体宣传当地旅游特色，由于是循环滚动，游客们经过时无意中都能接收到宣传信息，传播效果较好。景区休息点等地大部分都安装了数字电视，播放相关景区的旅游宣传片，游客们在休息的间隙，还可以对景区的自然风光、人文历史以及发展历程等有更多的了解。很多游客在来景区之前，可能对所来景区了解并不多，但是来到了景区后，景区这种旅游宣传能让他们在不经意间加深对景区的了解，而且因为身在其中，所以对景区的宣传也更容易理解并产生共情和共鸣，这对景区的文化宣传会起到事半功倍的效果。现在，随着扫码的推动，部分景区还在景区入口等地设置二维码，扫码内容就是关于景点的介绍，这会极大方便游客在手机端熟悉景点。

为让国内外观众更加全面地认识"大美青海"，青海省斥巨资录制了《大美青海》的旅游宣传片，此次旅游宣传片在影片清晰度及制作过程上下足了功夫，精中选精，将美丽青海四季的变化、人文风貌、民族风情、美丽景色更加震撼、更具冲击力地真实展现给了观众。而且该片先期在微博微信等公众平台传播，浏览点赞率直线上升，不少人先睹为快后感慨"青海美得让人心醉，就是片子短了没看够，一定要去实地好好游览"。《大美青海》旅游宣传片分 A 版、B 版，每版 15 秒，花样翻新地介绍了青海省经典景区（点）景色，展示了青海省交通便利、经济发达，传递了青海旅游配套服务设施能够满足游客需求等信息。微博微信上的宣传成功之后，这个宣传片将轮番在中央电视台综合频道、中央电视台中文国际频道、中央电视台纪录频道、中央电视台新闻频道等播出。而且在优酷视频、腾讯视频、爱奇艺视频、搜狐视频等网络平台上也会投放，为广大热爱青海省的网友提供了更好的观看条件。打开"青海新闻网——旅游频道的网站"里面详细介绍了关于青海旅游的攻略、酒店住宿、特色美食，吃、住、行、娱、游、购样样俱全，极大满足了游客的需求，但最吸引人

150 / 情境与范式

的还是右边对青海省的宣传视频，给人了很大的向往（如图4-2）。

图4-2 青海省旅游网站推介截图

第五章　特定文化语境下的青海民族旅游文化产业大数据分析

大数据是随着"云时代"的到来而产生的，它运用大规模的采集、存储、管理和分析方法，远远超出了传统的数据库软件工具的范围，并具备四大特性：数据规模海量（Volumn），数据类型繁多（Variety），数据流转速度极快（Velocity）以及价值密度较低（Value）。大数据事业也得到了社会各界的极大重视，国家已先后出台《促进大数据发展行动纲要》《大数据产业发展规划2016—2020》等政策文件。近年来，大数据发展总势头猛进，核心技术不断突破，应用逐渐深化。通过大数据采集数据，从青海省网络舆情、人文、地理、民俗、传说、历史、非物质文化遗产、饮食、住宿、交通等多个类别量化评估目前民族旅游文化产业发展现状，能更清晰地认知目前发展优势与存在问题。

第一节　青海文化旅游产业网络舆情信息实证分析

通过互联网信息抓取到用户关注、评论、热搜结果等数据，对数据进行语义关联分析和数据清洗，最后给予对应类别下的量化结果数据。以求将分布在网络渠道和平台上的舆情信息数据整合起来。

一　2018年互联网用户对青海旅游的关注热度变化

根据2018年全年互联网热度搜索（如图5-1，表5-1），青海旅游

152 / 情境与范式

在 2018 年的 5—9 月达全年搜索最高阶段，尤其在 7 月下旬和 8 月上旬达到顶峰。

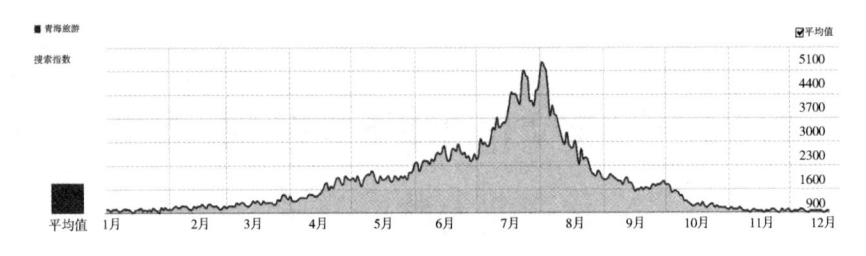

图 5－1　2018 年互联网用户对青海旅游的关注热度

数据来源：百度指数。

表 5－1　　　　　　2018 年互联网用户对青海旅游的关注热度

月份	平均关注度
1	308
2	398
3	520
4	894
5	1271
6	1879
7	3147
8	2493
9	1095
10	570
11	289
12	265

一方面热搜主要受季节旅游影响，青海在 6—9 月是最适合自驾游的季节，可以躲避夏季的高温酷暑成为人们首选的目标，同时在 7 月下旬和 8 月初相应的旅游节事件也引爆了搜索热度。

二 2018年互联网用户对青海自驾游的关注渠道分布

每年外省进入青海的自驾车呈现年均10%以上的增幅,西部自驾车旅游联盟成立一年以来,已有全国26个城市240家自驾车旅游组织参与①。因此,西宁市通过现金奖励、燃油补贴、便捷服务等措施,着力打造自驾车旅游乐园。

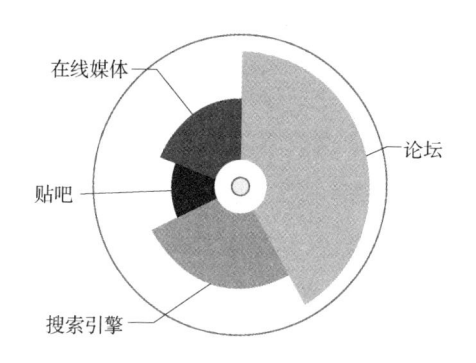

图5-2 2018年互联网用户对青海自驾游的关注渠道热度分布图

数据来源:百度指数、鱼说位置画像系统。

根据数据结果显示(如图5-2,表5-2),2018年全年用户通过网络各种渠道搜索青海旅游,其中论坛及贴吧占据一半以上比例,其他如在线媒体(携程、马蜂窝、自驾游网站等)、搜索引擎有效地补充了搜索渠道的长尾部分,对于青海民族文化旅游的市场推广可以考虑从以上重点渠道中多做投入。

表5-2 2018年互联网用户对青海自驾游的关注渠道热度值分布表

关注渠道	热度值
论坛	41.67%
搜索引擎	26.25%
贴吧	12.08%
在线媒体	20%

---

① 文玲、张艳艳:《自驾车旅游联盟全国反响强烈》,《西宁晚报》手机版2016年5月12日。

三 2018年互联网用户对青海自驾游的关注人群特征

目前全国各地自驾游热潮普遍兴起，以自驾车为主的自由行已经占到景区接待的75%[①]。但这种热潮仍普遍处于随机、无目的、缺乏系统引导、配套的状态。说明市场仍处在探索、尝试的阶段。国家旅游局把握旅游发展的内在规律，推出了"中国国际特色旅游目的地"创建活动，青海省应把握住当前机会关注自驾游人群的特征，进而推动自驾游的发展。

数据显示，2018年互联网上对青海自驾游的关注人群中，男性占比居多，达到了总体的74%，而女性仅为26%（如图5-3）。用户年龄层次中，25—34岁的用户占比超六成，达61%，其次为19—24岁的用户占比达24%。35岁以上的用户综合占比为15%（如图5-4）。可见，在后续的自驾游推广和建设中，侧重点可以向19—34岁的男性人群倾斜。

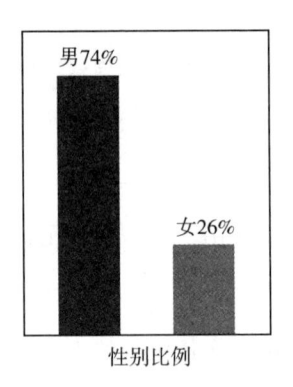

图5-3 对青海自驾游的关注人群性别分布

数据来源：360趋势。

四 2018年互联网用户搜索#青海旅游#整体印象

青海省具有非常丰富的线下旅游资源，但是在互联网信息推广方面较

---

① 张海虎：《围绕绿色发展打造自驾车旅游省》，人民网青海频道，http://qh.people.com.cn/n2/2016/0512/c182775-28319508.html。

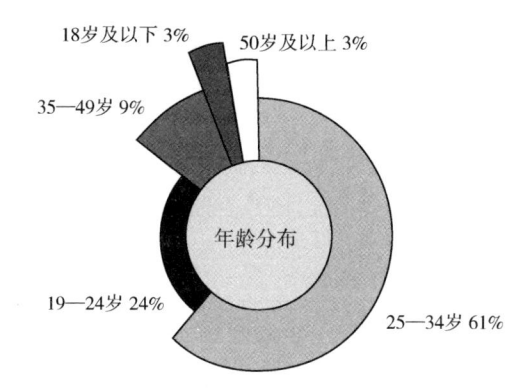

第五章 特定文化语境下的青海民族旅游文化产业大数据分析 / 155

图 5－4 对青海自驾游的关注人群年龄分布

数据来源：360 趋势。

为初级。通过微博指数和鱼说位置画像系统进行综合分析，得出用户对青海民族文化旅游的整体印象数据。

根据 2018 年网民对青海旅游的印象分析（如表 5－3，图 5－5），互联网用户对青海的主要印象集中在青海湖、茶卡盐湖、旅游攻略、塔尔寺、包车、拼车等方面，其中包含旅游景点，也包含交通方式等。从一定程度上反映出对于青海旅游，网民更关注旅行的交通方式、热门景观类别以及相关的线路攻略。

表 5－3　　　2018 年互联网用户搜索#青海旅游#热度指数表

序号	用户印象	热度指数
1	青海湖	98
2	旅游攻略	90
3	茶卡盐湖	85
4	包车	86
5	敦煌	82
6	旅行	80
7	西宁	78
8	拼车	81
9	塔尔寺	85

续表

序号	用户印象	热度指数
10	有生之年	50
11	拭目以待	42
12	甘南	36
13	花季少女	21
14	日月山	38
15	张掖	46
16	单枪匹马	43
17	白头到老	40
18	力所能及	37
19	拖延症	32
20	大西北	30
21	环线	31
22	三江源自然保护区	28

数据来源：百度指数。

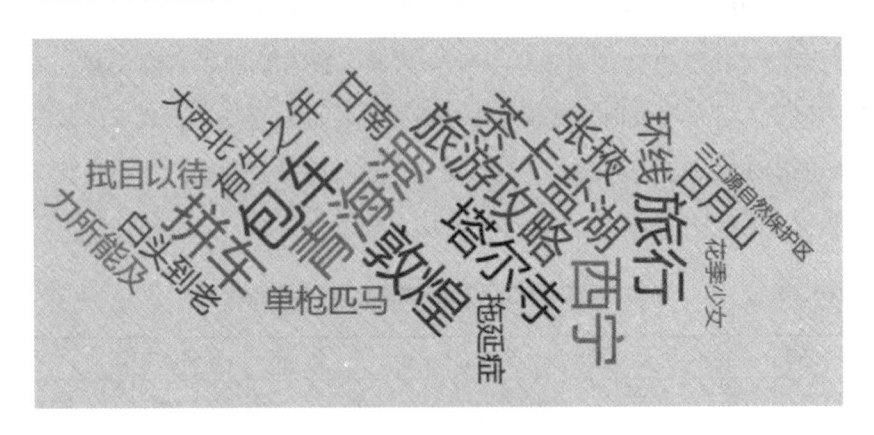

图5-5 2018年互联网用户搜索#青海旅游#的整体印象数据画像

五 2018年互联网用户搜索#青海旅游#的来源词关系网络

对"青海旅游"的关键词进行来源词热度追溯，进而延展出"青海旅游"话题来源词相关信息（如表5-4），通过分析来源词关系网络，把握青海省民族旅游文化产业的发展概况。

表 5-4 2018 年互联网用户搜索#青海旅游#来源词关系网络热度指数表

序号	用户印象	热度指数
1	青海旅游攻略	100
2	青海旅游景点	84
3	景点	81
4	青海湖	51
5	青海湖旅游景点介绍	43
6	攻略	43
7	甘肃旅游	34
8	青海景点	30
9	青海旅行社	30
10	青海美食	24
11	甘肃	20
12	介绍	18
13	旅行	14
14	美食	12

数据来源：百度指数。

通过来源词的关系网络图（如图5-6）能够看出，与青海旅游相关性较高的关键词分别为青海旅游攻略、旅游景点和景点介绍等。说明青海省在旅游攻略和景点介绍这些关键词大数据投入方面还远远不够，青海省应该加强在这些方面的建设和景区的引导工作，提供更多的信息给互联网用户，帮助游客能更好地了解青海具有民族特色的文化旅游。

六 话题网民态度

网络话题的流行不仅反映出网民对事件的观点与态度，更能反映出青海民族旅游文化产业所处的网络语境及未来面向消费者的改良方向。

（一）2018 年互联网搜索#青海自驾游#用户关注话题

近年来由于都市生活带来的压力越来越大，人们寻求心理放松的需求陡然上升。而青海省具有得天独厚的条件，许多旅游资源为"中国之最"乃至"世界之最"。到青海旅游已然成为一种放松的方式，可以使

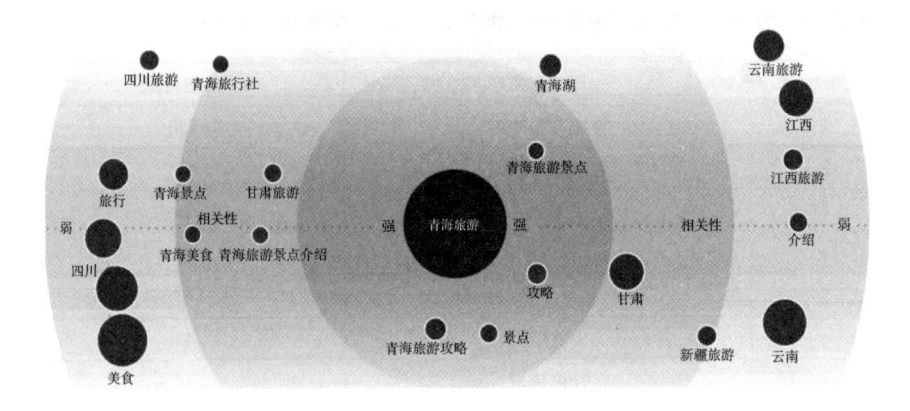

图 5-6　2018 年互联网用户搜索#青海旅游#来源词的关系网络图

人真正地回归自然，拥有大草原、大湖泊、大峡谷、大盐湖、大雪山等高原景观，还有神秘的宗教文化、独特的民俗文化，这些资源共同营造出了多姿多彩、令人心驰神往的民族旅游文化资源组合，这恰好是自驾游爱好者所追求的，于是青海自驾游的热度也逐年上升。分析游客关注的相关话题，能更好地服务游客，传播当地文化，将青海打造为自驾游的圣地。

数据分析（如表 5-5），游客关注度最高的话题为"青海湖自驾游大概多少钱""青海自驾游路线""青海自驾旅游攻略"，热度指数分别为 95、90 和 82。针对这些游客关注度最高的问题，如若可以给出相对多样和科学的解答结果，为游客提供更满意的咨询服务，将很大程度上增加线上游客的访问量和线下游客的入境率。

（二）2018 年互联网搜索#青海生态保护#用户关注话题

毋庸置疑，青海最大的价值在生态、最大的责任在生态、最大的潜力也在生态。"中华水塔"、"高寒生物自然种质资源库"、全球气候变化的启动区，青海在维护国家生态安全中具有无可替代的战略地位。同时，青海又处于青藏高原复合侵蚀生态脆弱区，生态系统抗干扰能力弱，草场退化、土地沙化、雪线上升等生态问题极难修复。因此，坚持生态保护优先是必然选择。

表 5-5　　2018 年互联网用户搜索#青海自驾游#搜索热度指数表

序号	关注话题	热度指数
1	青海湖自驾游大概多少钱	95
2	青海自驾游路线图	90
3	青海自驾旅游攻略	82
4	青海湖租车自驾	80
5	北京到青海自驾游攻略	76
6	青海湖自驾游危险吗	74
7	自驾游青海湖路线	71
8	青海自驾游攻略	62
9	山东青海自驾游	58

数据来源：百度指数。

通过数据分析（如表 5-6），发现互联网用户关注"青海生态保护工作""青海生态保护的建议""青海生态保护画报"等相关话题。用户在青海生态保护方面，更关注实际的保护工作以及建议层面，可见互联网用户对青海的生态保护问题关注度较高且应对更现实。

表 5-6　　2018 年互联网用户搜索#青海生态保护#热度指数表

序号	关注话题	热度指数
1	青海生态保护工作	96
2	青海生态保护的建议	92
3	青海生态保护画报	85
4	青海生态保护的手抄报	81
5	青海人生态保护小报	79
6	青海关于化工生态保护	73
7	新疆生态保护	64
8	青海生态战略	61
9	青海生态建设	58

数据来源：微博指数。

（三）2018 年互联网针对#青海湖污染#话题的用户印象

青海湖周边地区草原存在诸多生态问题，如草原退化、垃圾污染、沙暴等，随意倾倒的人类垃圾，也对生态造成了污染破坏。周边草原的日益减少，造成牧民进入沙漠周围放牧，草原沙漠化进程不断加速。

根据2018年网民对"青海湖污染"的话题追踪（如表5-7），其态度主要集中在"青海湖垃圾污染""湿地生态环境恶化""面临严重污染""垃圾袋污染"等方面，而"白色污染""乱丢垃圾""监管不力"等关键词的热度，一定程度上反映出对于青海湖污染，网民已经具备较高的原因认知，相关部门同样也应在环境保护方面采取重点措施，改变现状。

表5-7　　　2018年互联网用户搜索#青海湖污染#热度指数表

序号	用户印象	热度指数
1	青海湖垃圾污染	99
2	湿地生态环境恶化	96
3	面临严重污染	87
4	垃圾袋污染	85
5	白色污染	76
6	乱丢垃圾	71
7	监管不力	68
8	光污染	62

数据来源：微博指数。

（四）2018年互联网针对#青海藏羚羊保护#话题的用户印象

作为我国特有的一种动物，藏羚羊是我国青藏高原上动物区系的典型代表。可以说，它是十分宝贵而又特别稀缺的一种资源。它们活跃于高原之巅，种群相对稳定，但是自20世纪80年代末开始，该物种存量便急剧下降。

通过网民对"青海藏羚羊保护"的印象（如表5-8），网民对索南达杰及索南达杰自然保护区的认知度较高，说明在网民的心中，藏羚羊保护已然达成共识。但是"盗猎者"仍然以较高热度指数存在于相关话题中，说明盗猎行为还是有一定的存在，应当继续加强保护措施，遏制违法犯罪分子的行为。

表 5-8 2018年互联网用户搜索#青海藏羚羊保护#热度指数表

序号	用户话题	热度指数
1	索南达杰	97
2	牺牲	96
3	可可西里	87
4	野生动物	84
5	盗猎者	79
6	无人区	74
7	索南达杰自然保护区	65

数据来源：微博指数。

第二节 青海省人文、地理、民俗

青海高原大部分地域至今还较完整地保留着自然界原始粗犷的面貌，很少有人类"干预"的痕迹，保留着自然界固有的纯真和空旷，体现了色彩美、动态美等多种自然美感。因此，在高原旅游同其他地方有完全不同的感受，形成强烈的对比感，来自低海拔的人为之耳目一新，别有洞天之感油然而生。青海高原还有许多在别处少见或没有的景象，如"三江源头"，"万丈盐桥"，塔尔寺艺术"三绝"，土族和撒拉族奇异的民风习俗，巨石佛教文化景观，舞蹈彩陶文盆等，为世界仅有，是青海省唯我独有的拳头产品，形成独有的资源优势。

青海是一个历史久远、地域广阔、人文资源环境独特的地区。历史上各民族不断迁徙、融合，多种文化的碰撞、交融孕育了青海高原文化的多样性和独特性，展现出浓郁的民族特色和原生态之美。大量的有形文化遗产和无形文化遗产记录了历史，承载着过去，是凝聚人类智慧的"活化石"，直观而生动地体现民族的智慧，体现民族传统文化的精粹。

2009年，"热贡艺术""格萨尔""花儿""藏戏""青海皮影戏"五个项目入选联合国教科文组织人类非物质文化遗产代表作名录。截至2018年1月，入选中国国家级非物质文化遗产名录73项，省级136项，州（市）级572项，县级1237项，其中包括民间文学、民间音乐、民间舞蹈、民间传统技艺、民俗等。包含有格萨尔、拉仁布与吉门索、老爷山花儿会、玉树卓舞、土族於菟、黄南藏戏、塔尔寺酥油花、土族盘绣、灯彩、加牙藏族织毯技艺、土族婚礼、土族纳顿节、热贡六月会、撒拉族婚礼、回族服饰、青海马背藏戏、青海皮影戏、那达慕、藏族酒曲等。

一 民族文化

青海不同的民族有不同的文化传统。青海有旧、中、新石器时代的古文化遗址，众多的宗教建筑群，历代的文物古迹，动物岩画和宗教岩画，悠扬的民歌"花儿"，奔放的藏族歌舞，抒情优美的土族民间舞蹈《安昭》《纳顿》；民间佛教绘塑"热贡艺术"，藏族卷轴画"唐卡艺术"，酥油花艺术；独具特色的民间刺绣等。以"热贡艺术"和"青海少数民族"为关键词，以观青海民族文化的传播现状。

（一）2018年互联网提到与#热贡艺术#相关的热门话题

热贡艺术是中国藏传佛教艺术的重要组成部分和颇具广泛影响的流派，从15世纪开始，发祥于青海省黄南藏族自治州同仁县境内隆务河流域。数百年来，大批艺人从事民间佛教绘塑艺术，从艺人员之众多，群体技艺之精妙，都为其他藏区所少见，故被誉为"藏族画家之乡"，而同仁地区在藏语中称为"热贡"，因此这一艺术便统称为"热贡艺术"。

数据显示（如表5-9），网民关注度较高的话题为"青海热贡艺术""热贡汉语什么意思""热贡艺术博物馆""热贡地区艺术表演"等。网民大部分在了解热贡艺术的发展历史和由来方面存在好奇，对参观关于热贡艺术的博物馆和艺术表演表现出极大的兴趣。相关部门可以在热贡艺术知识普及与艺术表演和展示这些方面加大投入和建设，方便更多的网民能了解和欣赏热贡艺术。

表 5-9　　2018 年互联网用户#热贡艺术#话题热度指数表

序号	用户话题	热度指数
1	青海热贡艺术	97
2	热贡艺术	95
3	热贡汉语什么意思	93
4	热贡艺术博物馆	84
5	热贡地区艺术表演	80
6	热贡艺术之乡	73
7	热贡艺术的价值	67
8	热贡艺术图片	62
9	热贡艺术是什么	56

数据来源：百度指数。

(二) 2018 年互联网提到与#青海少数民族#的整体印象

数据显示（如表 5-10），关于"青海少数民族"关键词的网民热度指数中"穆斯林""遵纪守法""服务中心"等关键词热度较高（如图 5-7）。说明网民对青海少数民族的普遍印象以穆斯林为主，对青海少数民族的信仰形成较统一的认知，这对于网民来青海旅游尊重当地的风俗习惯较为重要，同样也暴露出青海省宣传中存在多样民族特色的传播缺失。另外网民对"服务中心"关注度较高，说明在旅游中对当地信息的收集和引导形成更高要求。

表 5-10　　2018 年互联网用户#青海少数民族#话题热度指数表

序号	用户印象	热度指数
1	穆斯林	97
2	遵纪守法	95
3	服务中心	87
4	港澳通行证	84
5	清真	80
6	西宁市	76
7	合法	74
8	大寺	71

续表

序号	用户印象	热度指数
9	拉面馆	67
10	格尔木市	63

数据来源：百度指数。

图 5-7　2018 年互联网用户搜索#青海少数民族#的整体印象数据画像

二　戏曲文化

（一）2018 年互联网提到与青海有关的热门戏剧文化形式

青海地方曲艺种类繁多，平弦、越弦、贤孝等都被列入国家级非物质文化遗产项目，这些地方曲艺是青海省民间艺术中的奇葩，深受群众喜爱，尤其是健康向上的曲艺，不但能丰富群众的业余文化生活，还可以陶冶情操。

根据互联网上对青海戏曲文化的统计（如表 5-11），"藏戏"的热度最高，已超 280 万热度指数，目连戏、骆驼戏、灯影戏等紧随其后。对于青海非物质文化遗产，平弦、越弦和贤孝，网民的普及度不够高，这对于民族文化的传承和发展不利，应当加强经典文化形式及其输出文本的互联网传播（如图 5-8）。

表 5-11　　　2018 年互联网用户#青海热门戏曲#话题热度指数表

序号	戏剧文化形式	热度指数
1	藏戏	2830000
2	青海目连戏	855000
3	青海骆驼戏	327000
4	青海灯影戏	174000
5	青海贤孝	138000
6	越弦	91800
7	青海眉户戏	86800
8	平弦戏	13900

数据来源：百度指数。

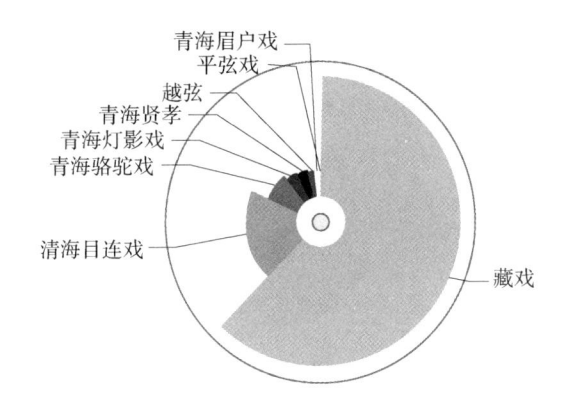

图 5-8　2018 年互联网用户搜索#青海热门戏曲#的整体印象数据画像

(二) 2018 年互联网提到与#青海平弦#相关的文化元素

青海平弦的伴奏乐器较本地其他曲种丰富，有三弦、扬琴、板胡、月琴、笛子、琵琶、月儿、二胡，等等。其中"月儿"的伴奏风味独具。所谓"月儿"，即利用一只直径约 3 寸的小瓷碟，演唱者用一根筷子将它夹在左手中，右手执另一根筷子敲击，准确地掌握全曲演唱的情绪与节奏，声音清脆，地方特色浓厚。

数据显示（如表 5-12），关于"青海平弦"的相关文化元素，"笛子""琵琶""二胡"等的知名度较高，"板胡""月琴""三弦"和"扬琴"这些网民的认知度较低（如图 5-9），需要加强在互联网的推广和建设。

表 5 – 12　　　　2018 年互联网用户#青海平弦#相关的
文化元素话题热度指数表

序号	戏剧文化元素	热度指数
1	琵琶	21800000
2	笛子	15900000
3	二胡	15900000
4	扬琴	8540000
5	三弦	8430000
6	月琴	5750000
7	板胡	3800000

数据来源：百度指数。

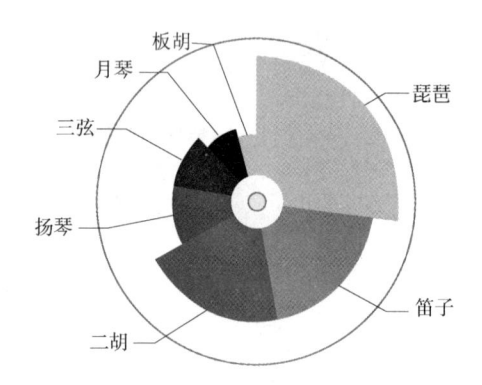

图 5 – 9　2018 年互联网用户#青海平弦#整体印象数据画像

三　诗词文化

不读诗词，不足以知春秋历史；不读诗词，不足以品文化精粹。青海省较为出名的诗词有藏族史诗《格萨尔》、土族长诗《拉仁布与吉门索》、汉族诗词等。

千年史诗《格萨（斯）尔》也叫《格萨尔王传》。主要流传于中国青藏高原的藏族、蒙古族、土族、裕固族、纳西族、普米族等民族中，以口耳相传的方式讲述了格萨尔王降临下界后降妖除魔、抑强扶弱、统一各部，最后回归天国的英雄事迹。《格萨（斯）尔》是世界上迄今发现的史诗中演唱篇幅最长的，它既是族群文化多样性的熔炉，又是多民族民间文化可持续发展的见证。这一为多民族共享的口头史诗是草原游牧文化的结晶，代表着古代藏族、蒙古族民间文化与口头叙事艺术的最高成就。无数游吟歌手世代承袭着有关它的吟唱和表演。它历史悠久，结构宏伟，卷帙浩繁，内容丰富，气势磅礴，流传广泛，作为一部不朽的英雄史诗，《格萨（斯）尔》是在藏族古代神话传说、诗歌和谚语等民间文学的丰厚基础上产生和发展起来的，提供了宝贵的原始社会的形态和丰富的资料，代表着古代藏族文化的最高成就，同时也是一部形象化的古代藏族历史。

《拉仁布与吉门索》是土族民间长诗。它是土族流传最广、影响最大的优秀民间叙事诗，堪称土族的《梁山伯与祝英台》。这部叙事诗长达300多行，描写了一个爱情悲剧。它用土族口语创作并演唱，并以口耳相传的方式在群众中相沿传袭，至今仍为活态的口头文学形式。长诗以深沉悲壮的曲调，优美感人的诗句，道出了拉仁布与吉门索纯贞的爱情和对自由、幸福生活的向往，向万恶的封建社会提出了强烈的控诉。全诗以讲唱为主，共分8个章节，是土族劳动人民集体智慧的结晶，具有广泛的群众性，是土族群众最喜欢演唱的一首叙事情歌，在不同的流传地区有不同的风格。在演唱方式上，《拉仁布与吉门索》以男女对唱为主，但不同于一般问答式对唱。演唱的曲调独特，结构清晰，层次分明。《拉仁布与吉门索》完全用土语演唱，它源于土族地区，又生长和发展于土族地区，植根于土族传统文化之中，为当地土汉两族民众所喜闻乐见。故事中拉仁布、吉门索、哥哥、嫂子等主要人物性格特征鲜明，具有广泛的群众性和独特的民族特色，为民族学、语言学和土族社会学研究提供了生动的素材。另外，《拉仁布与吉门索》所描述的故事反映了土族从游牧生产方式逐步转向农业生产方式的一个侧面，具有重要的历史研究价值。

青海的诗词文化折射出区域的风情与历史。关于青海的诗词文化，选择最熟知的《从军行》进行定量分析。《从军行·青海长云暗雪山》是唐代诗人王昌龄的组诗《从军行七首》的第四首。诗歌通过描写在阴云密布、满眼黄沙的瀚海"孤城"中担任戍守任务的将士的宽广胸襟,表现了其立誓破敌、决战决胜的顽强斗志和爱国主义的豪迈气概。

唐代边塞诗的读者,往往因为诗中所涉及的地名古今杂举、空间悬隔而感到困惑,因而怀疑作者不谙地理,故不求甚解者有之,曲为之解者亦有之(如图 5-10)。

图 5-10 2018 年互联网用户#从军行#诗词文化整体印象数据画像

数据来源:百度指数。

四 节日文化

在青海的悠久岁月里,许多民族留下了痕迹。世代的繁衍留存了多样的青海文化。多元性民族特色在此交织，呈现出不同的特色民俗民风，以传统节日庆典显现。

(一) 2017年互联网提到与#土族纳顿节#相关的热门话题

纳顿节在民和县最南部的三川地区举办，从夏末麦场结束时（农历七月十二日）开始，一直持续到秋天（农历九月十五日）才告终，历时近2个月，所以有人称其为"世界上最长的狂欢节"。"纳顿"土语为玩的意思，节日期间数十里的川道沉浸在欢乐之中，彩旗飘动、鼓乐喧天。人们穿上最好的服装从下川到上川，追随着纳顿，笑逐颜开，扶老携幼，探亲访友，畅谈丰收的喜悦和对来年美好生活的祝愿。

关于"土族纳顿节"相关话题，网民关注较高的为"青海""土族""历史""七月"和"傩戏"（如表5-13）。网民对节日的历史和举行时间普遍比较关心，如若加大此方面推广，会起到更好的传播效用，让更多的人能够参与到节日的氛围中来（如图5-11）。

表5-13　2018年互联网针对#土族纳顿节#相关的热门话题指数表

序号	用户话题	热度指数
1	青海	97
2	土族	94
3	历史	87
4	七月	86
5	傩戏	82

数据来源：微博指数、百度指数。

(二) 青海省的#热贡六月会#相关的热门话题

热贡六月会在青海每年的农历六月十五日至二十八日，黄南藏族自治州同仁县境内举办，主要活动有：祭神、上口扦、上背扦、跳舞、爬龙杆、打龙鼓、法师"开山"等。舞蹈分为舞神、舞龙、舞军三种，场面恢宏壮观，舞姿潇洒粗犷，各村轮流举办，节日盛况空前。

数据显示（如表5-14），网民关于"热贡六月会"的关注中，热度较高的为"唐卡""文化""艺术""藏文化""热贡艺术""非物质文化

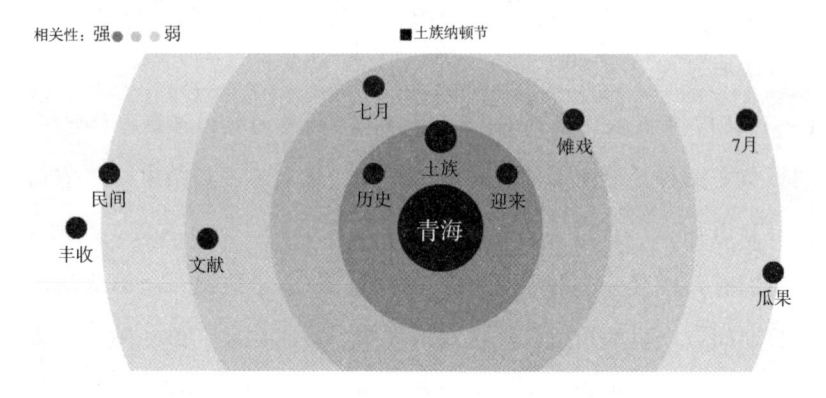

图 5-11　2018 年互联网用户针对#土族纳顿节#整体印象数据画像

遗产"等。网民对于"热贡六月会"的认识都在"热贡艺术"上，对于节日举行的活动了解还是比较少，建议加强节日形式、表演的推广，对普及藏文化传播有较大作用。

表 5-14　2018 年互联网用户针对#热贡六月会#相关的热门话题指数表

序号	文化元素	热度指数
1	唐卡	98
2	文化	96
3	艺术	91
4	青海	87
5	藏文化	84
6	热贡艺术	81
7	民族	74
8	非物质文化遗产	71

数据来源：微博指数、百度指数。

五　地理气候

青海属于高原大陆性气候，具有气温低、昼夜温差大、降水少而集中、日照长、太阳辐射强等特点。冬季严寒而漫长，夏季凉爽而短促。各地区气候有明显差异，东部湟水谷地，年平均气温在 2—9℃，无霜期为

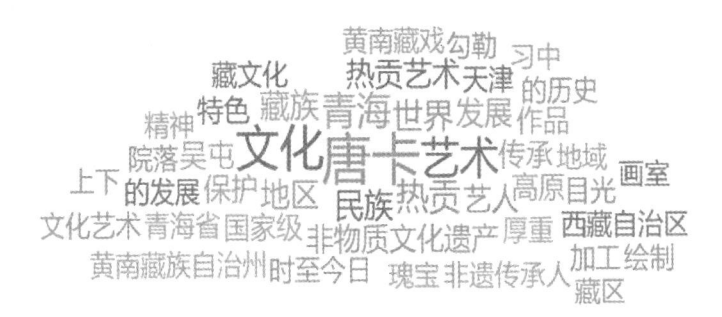

第五章 特定文化语境下的青海民族旅游文化产业大数据分析 / 171

图 5-12 2018 年互联网用户针对#热贡六月会#整体印象数据画像

100—200 天，年降水量为 250—550 毫米，主要集中于 7—9 月，热量水分条件皆能满足一熟作物的要求。

柴达木盆地年平均温度 2—5℃，年降水量近 200 毫米，日照长达 3000 小时以上。东北部高山区和青南高原温度低，除祁连山、阿尔金山和江河源头以西的山地外，年降水量一般在 100—500 毫米。青海地处中纬度地带，太阳辐射强度大，光照时间长，年总辐射量每平方厘米可达 690.8—753.6 千焦耳，直接辐射量占总辐射量的 60% 以上，年绝对值超过 418.68 千焦耳，仅次于西藏，位居中国第二。

数据显示（如表 5-15），网民对于青海地理气候的整体印象集中在"高原""三江源""加剧""极值"等关键词。对于"高原""三江源"关注度比较高，体现出网民对青海省自然地理条件已形成较统一的认知，因为环境变化导致出现"极值"也引起了网民的关注。青海地理气候发布渠道较为官方，导致网民普遍对青海省气候中心高级工程师"戴升"的认知度较高，建议加强具有专业知识背景的意见领袖在旅游方面的气象推广。

六 旅游景区

青海自然风光雄奇壮美，具有青藏高原特色。青海旅游资源丰富，类型繁多。通过对互联网旅游景区的大数据洞察，可以描摹出现有文化路径在信息传播中的宣传效应,利于青海民族旅游文化产业的发展与引导。

表 5-15　　2018 年互联网用户针对#青海地理气候#相关的热门话题指数表

序号	用户话题	热度指数
1	高原	98
2	三江源	96
3	戴升	93
4	加剧	86
5	湿化	81
6	极值	79
7	气温	73
8	趋势	67

数据来源:微博指数、百度指数。

网民对于青海省景区关注度最高的为"青海湖景区",热度指数远高于其他景区。造成巨大差距的主要原因在于"青海湖景区"在网络上的推广与宣传较多,应加强其他景区的关联推广。

表 5-16　2018 年互联网用户针对#旅游景区#相关的热门话题指数表

序号	用户话题	热度指数
1	青海湖景区	5.259
2	茶卡盐湖	1.286
3	塔尔寺旅游区	0.974
4	青海日月山旅游景区	0.687
5	门源百里油菜花景区	0.336
6	大通娘娘山景区	0.248
7	久治县年保玉则景区	0.217
8	格尔木昆仑景区	0.217
9	青海金银滩景区	0.207
10	坎布拉景区	0.119

数据来源:百度指数。

以青海湖景区为例,其位于青海省刚察县南部,介于东经 99°36′—

100°16′，北纬36°32′—37°15′。湖四周被四座高山所环抱，北面是大通山，东面是日月山，南面是青海南山，西面是橡皮山。

青海湖景区湖面海拔3195米，面积广达4583平方公里，绕湖一周共约360公里。湖中有海心山，盛夏时节平均气温仅15℃，为天然避暑胜地。2011年9月，青海湖获得国家5A级景区。青海湖景区热门景点：二郎剑景区、鸟岛景区、沙岛景区、仙女湾景区。

二郎剑景区位于青海湖南岸，之前又被称为151基地，是中国第一个鱼雷发射试验基地。二郎剑以青海湖中的特殊地理位置，以草原、沙滩、动物为主的生态自然资源，成为青海湖旅游区的一颗明珠。二郎剑景区定位是"服务人的地方"，二郎剑已经建成了以观鸟台、观海桥、观海亭为组合的观赏区，以大型民族歌舞、藏族风情园、圣湖祭祀等旅游项目的休闲区，以游轮、水上摩托、水上自行车、自驾游艇为活动内容的水上娱乐区，使二郎剑景区成了环青海湖最大的旅游接待基地、民族风情体验基地。

鸟岛景区位于青海湖西岸，因岛上栖息数以十万计的候鸟而得名，是青海湖畔最有灵气和生机的地方。每年4—6月，有近10万只候鸟陆续迁徙到这里繁衍生息，其集群繁殖密度之大，为亚洲罕见，为一大奇观。为了保护鸟类的世袭领地不受干扰，同时保证更多的游人可以近距离观鸟，鸟岛新建了集观鸟室、休息室、咖啡厅、多媒体展示厅为一体的多功能半掩体观鸟室。掩体通道长443米，建筑面积2800平方米。

沙岛景区位于青海湖东北岸，景区内金沙湾、银沙湾相依相伴，太阳湖、月牙湖、芦苇湖点缀其间，金沙、银沙交相辉映，海鸟成群。水上游艇、滑沙、沙滩摩托、沙滩越野、骑马、骑骆驼是沙岛景区的特色旅游体验项目。

仙女湾景区位于青海湖北部，是青海湖重要的湿地，天鹅的家园，具有丰富的生物多样性，也是藏民族传统的祭海圣地。

七 游客归属地区域

(一) 2018年关注青海民族文化旅游的网民地域分布

对"青海民族文化旅游"关注度高的省市分别为广东、北京、青海、江苏、山东、浙江、四川、上海、辽宁、河南等(如表5-17)。可见,青海省民族文化旅游可以着重针对这些省份进行信息的宣传和推广,连接目标受众,打通潜在客户从而进行转化,为青海带来较大的收益回报。

表5-17　关注#青海民族文化旅游#的网民地域分布热度表

序号	省份	热度指数
1	广东	142
2	北京	130
3	青海	113
4	江苏	104
5	山东	82
6	浙江	77
7	四川	72
8	上海	63
9	辽宁	49
10	河南	48
……	……	……

数据来源:百度指数。

(二) 2018年赴青海旅游人群的年龄分布

青海省是青藏高原的一部分,在欧亚大陆腹地,全省平均海拔在3000米以上,最高海拔6860米,最低海拔1600米。境内地形复杂多样,既有巍峨高耸的大山,也有大小不一的盆地,既有起伏不平的高原丘陵,也有坦荡肥沃的草原。由于青海的特殊地理环境,对于前去游玩的群体都会有一些考量。

通过对关注青海旅游的网民的年龄分析(如图5-14),发现主要的

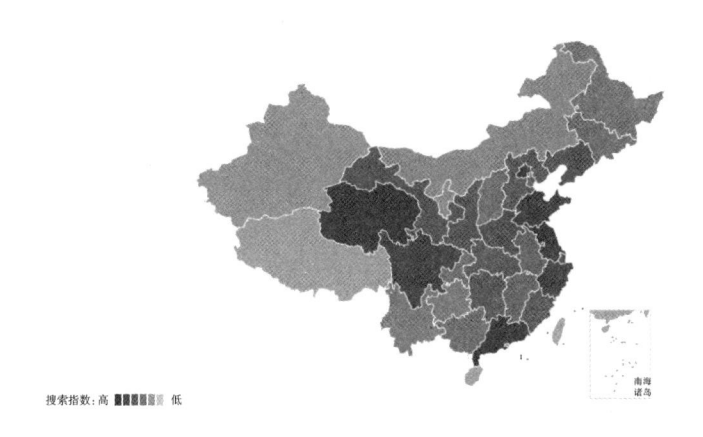

图 5-13 关注#青海民族文化旅游#的网民地域分布数据画像

年龄段在 19—24 岁和 25—34 岁这两个区间段，占比分别为 39% 和 47%。其次为 35—49 岁，占比为 8%。最后为 18 岁及以下和 50 岁及以上，占比都为 3%。可见，赴青海旅游人群的年龄段主要集中在 19—34 岁，占比高达 86%，针对此年龄段的网民可以进行重点推广。

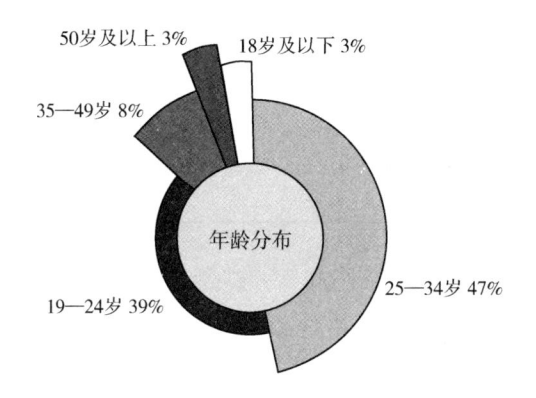

图 5-14 2018 年赴青海旅游人群的年龄分布数据画像

数据来源：360 趋势。

八 民俗文化

青海是一个多宗教的省份，佛教、伊斯兰教、道教、基督教和天主教五大宗教在青海都有传播。生活在青海的各族人民，在长期历史岁月的洗礼中形成了自己独具特色的风土人情。草原歌舞、藏戏、蒙古摔跤、赛马、回族歌舞、花儿、土族纳顿、安召舞及其婚嫁习俗等，都充分体现了青海高原少数民族独有的民俗文化。

通过互联网用户对"青海民俗文化"的印象数据分析（如表5-18），网民印象较深的印象为"藏族""土族""青藏高原""藏传佛教"等。但青海省民俗文化众多，在互联网的印象数据较少，应加大在互联网上的推广和建设，普及更多的网民。

表5-18　　　2018年互联网用户针对#青海民俗文化#相关的

热门话题指数表

序号	印象	热度指数
1	青海省	97
2	民俗文化	96
3	风土人情	94
4	藏族	91
5	大美青海	86
6	土族	83
7	民族	80
8	青海湖	78
9	当地	73
……	……	……

数据来源：百度指数。

第三节　传说、历史、遗迹

根据大量考古研究成果，青海高原至今已有2万—3万年的人类发展历史，分布有大量古文化遗址、古墓葬、古城、古建筑、古战场等，年代大都十分久远，可追溯青海高原社会历史演变的过程。青海高原新石器时代的马家窑文化遍布东部各地，由于文化内涵和地域的差异，石岭下、马家窑、半山和马厂类型，期间先后延续可达2000年之久，马厂类型因最早发现与青海民和马厂遗址而得此名。马家窑文化是最显著的一个特点，是彩陶文化达到远古时代的顶峰，遗存彩陶数量之多，造型之奇，纹饰之繁，图案之美，在我国远古文化中占有重要地位，因此考古界把甘、青称为"彩陶的故乡"。

柴达木盆地诺木洪他里哈遗址、热水墓葬群、民和喇家遗址、海宴西海郡故城，均为国家级文物保护单位，为古代青海高原羌族、吐谷浑等民族历史的研究以及中西方文化交流的研究提供了宝贵例证。青海境内现存在有一批历史悠久的宗教寺院，如旦斗寺、白马寺、大佛寺、夏宗寺、夏琼寺、阿琼南宗寺、文成公主庙等一大批寺院，均有千年以上的历史，在我国藏传佛教史上有过特殊功绩，成为研究青海历史及我国佛教史的重要史料。

艺术观赏主要表现在古、美、奇、特等多方面的内容。所谓古，是指景物历史源远流长。考古研究表明，青海高原大量的古遗址、墓葬、岩画等至少有数千年的历史，它生动地再现了早期人类的生产和生活方式、习俗、文化及其周围自然环境的关系。

一 历史人物传说

青海是一个人杰地灵的好地方，除了地理方面的优势外，这里还诞生了诸多历史名人。历史上曾在青海有较大影响和青海籍人士在全国较有影响的主要有：

著名政治家：战国初期河湟地区羌人首领无弋爱剑，南凉国主秃发乌孤，吐谷浑主吐谷浑、树洛干、阿豺，宋代宗喀藏族政权的缔造者角厮口罗，明朝进士张问仁，明末清初厄鲁特蒙古首领固始汗，清朝大臣杨应琚等；

著名军事将领：西汉大将、著名军事家赵充国，西汉名将霍去病，东汉名将邓训，三国时期韩遂，唐朝名将黑齿常之、哥舒翰，吐蕃大将尚婢婢、论恐热，北宋武将何灌、高永年，元驸马章吉，西宁王速来蛮，岐王脱脱机，明代武将李淳、柴国柱、刘敏宽等；

著名文学家：元朝吐蕃喇嘛萨迦派领袖、语言文字学家八思加·洛哲尖赞，清代著名文学家、史学家、佛学家土观·罗桑曲吉尼玛，清代高僧、著名藏族诗人、作家夏嘎巴·措周仁卓，清代诗人吴木式、朱向芳等；

著名艺术家：藏传佛教高僧、清初著名藏学家嘉木样·协贝多吉，清末文人、地理学家邓敏，清末平弦艺人李汉卿，清末书法家周光辉、张思宪等；

著名科学家：唐初名医直鲁古，清代中医李世泰等；

著名宗教人士：元代高僧、宗喀巴的启蒙教师曲结顿珠仁钦，撒拉族始祖尕勒莽，藏传佛教噶举派高僧三罗，藏传佛教格鲁派创始人、著名宗教改革家宗喀巴·罗桑扎巴，藏传佛教格鲁派首领、三世达赖喇嘛索南嘉措，清代藏传佛教领袖之一、四世班禅额尔德尼·罗桑确吉坚赞，清代藏传佛教领袖之一、五世达赖喇嘛阿旺罗桑嘉措，中国伊斯兰都虎夫耶鲜门门宦道祖鲜美珍，清代藏传佛教领袖之一、七世达赖喇嘛噶桑嘉措，清代藏传佛教领袖之一、五世班禅额尔德尼·罗桑益希，中国伊斯兰教新教开创者马明心等；

著名农民起义领袖：东汉羌酋滇零、"义从胡"首领北宫伯玉、韩遂，明末农民起义军首领贺锦等。

（一）2018年互联网提到#青海历史人物#的相关话题

从数据结果来看（如表5-19），网民对于青海历史人物的认知度不高。历史人物方面在互联网的推广不够高，这些也能形成独特的旅游资源。建议加强在历史人物相关旅游资源的建设和互联网的包装推广。

表5-19 2018年互联网用户针对#青海历史人物#相关的热门话题指数表

序号	用户话题	热度指数
1	马麒	97
2	马步芳	95
3	杨应琚	87

续表

序号	用户话题	热度指数
4	郭太后	81
5	西王母	76
……	……	……

数据来源：百度指数。

（二）2018 年互联网提到与#韩遂#相关的人物和话题

以当地历史名人韩遂为例。韩遂（？-215），字文约，金城（郡治在今青海省民和县下川口）人。东汉末年割据西凉一带的军阀。最初被羌胡起义军劫持并推举为首领，自此拥兵割据一方长达数十年。此后韩遂联合马腾，并与马腾结为异姓兄弟，同镇西凉，逐渐成为关中军阀中势力最强大的两支。袁、曹相争之际，马腾、韩遂被钟繇说服，归顺于曹操。后马腾、韩遂不和，相互攻打，曹操派人劝和，于是马腾入京，留其子马超统领部队，屯于原处。公元211年，马超联合韩遂起兵反叛曹操，被曹操以离间计挫败，韩遂逃往凉州，数年后被部将所杀，死时已70多岁。

"韩遂"关联较高的人物或话题为"马超""三国""马腾""曹操"等，可以看出"韩遂"主要为三国文化（如表5-20）。但并未看到出现青海省相关元素，说明在青海归属地的建设还存在着不足之处，这些历史人物资源利用起来能建立一个新的旅游点，吸引更多游客的光顾。

表5-20　　2018年互联网用户针对青海历史名人#韩遂#的
热门话题指数表

序号	用户话题	热度指数
1	马超	98
2	西凉	96
3	张鲁	91
4	袁绍	87
5	三国	85
6	梁州	82
7	马腾	76

续表

序号	用户话题	热度指数
8	曹操	73
9	结党营私	67
10	吕布	62
……	……	……

数据来源：百度指数。

二　历史事件与传说

青海地区流传着许多的传说。年钦夏格日山，海拔4385米，顶峰常年积雪，白云缭绕。山峰顶端有一石柱，高3米，腰围3.3米，宛如殿堂的廊柱，表面光洁，敲击时发出金属声响。相传，这是女娲用来支撑天地的昆仑天柱，并站在这里补天。女娲累死后，西王圣母、九天玄女继续补天消灾。西王圣母把一座山的顶部搬过去压在泉眼上，拯救万民，当地藏族同胞称此石柱为"镇山神柱"，每到夏秋季节，附近牧民或游人来到这里将哈达悬挂于神柱周围，进行祈祷。至今在青海湖区关于西王母神话传说故事广为流传，如西王母时代对动物无上崇敬，"鸟为人师，兽为人师"，"虎豹为群，鸟鹊与处"，西王母作为一国之王，用百兽之王虎豹的形象把自己装扮起来。据《昆仑神话与西王母》记载，西王母出生于公元前约3500年，源于海晏，是夏格日山区的一个古老部落的首领、远古环湖地区的民族首领，受到先民们的无限崇拜。从氏族到部落、部落联盟、邦国出现，她的部落和国家以西王母命名。

事实上考古学家研究认为，西王母国是周祖豳（bīn）国西方的一个地域辽阔的邻国。此国并非神话传说，而是在距今3000—5000多年前实实在在存在了近两千年的一个牧业国度。史前我国西部存在着一个与羌戎活动紧密相关的西王母古国，青海湖盆地、柴达木盆地和东昆仑山是其活动的中心。

而被赋予了浓厚神话色彩的西王母在历史上确有其人。西王母古国同华夏其他部族方国一样，共同创造了中华民族光辉灿烂的历史文化。西王母国在四荒中的"西荒""昆仑之阙""昆仑丘""流沙地"。

西王母古国经济发展水平达到较高水平，对外往来也十分频繁，如西王母向黄帝献地图使中原版图由"九州岛"扩充到"十二州"，派遣着红外衣的使者治好了黄帝的病，派遣女将九天玄女"克蚩尤于中冀"，帮助黄帝开创了炎黄子孙的华夏基业，调遣大量劳力帮助大禹导河积石等。

据记载，西王圣母的瑶池很多，新疆、西藏、山东、黑龙江等省区都有她的瑶池，青海省内有青海湖、茶汗诺尔、褡裢湖、黑海等。其中青海湖是她的最大瑶池。

公元前985年，周穆王带重礼，从遥远的东方到青海湖畔，会见西王母。西王母在瑶池旁设蟠桃宴，盛情款待这位东方的君王，高兴之余即席作唱堪称河湟第一诗的《白云歌》。周穆王也即席对歌。青海湖畔优美风光，西王母超人的美貌和气质风度以及对周穆王的盛情接待，加上西王母国在经济、军事、文化上所表示出来的优势，导演出了一幕周穆王乐而忘归的历史事实，这在我国众多历史典籍上有过记载。

昆仑山是中国古代众多神话起源的地方，在中华民族文化史上具有"万山之祖"的地位，是明末道教混元派（昆仑派）道场所在地，也是中国古书中记载的"瑶池"所在的地方。

玉虚峰相传是玉皇大帝之妹玉虚神女居住的地方，银装素裹，积雪终年不化，形成了闻名遐迩的昆仑六月雪奇观。玉虚峰山脚下的西王母瑶池——黑海是一个天然的高山平湖，海拔4300米，东西长约12公里，南北宽约5000米。一泓碧水在蓝天雪山的衬托下，尽情揣想那些久远的神话故事。据《山海经》记载，西王母居住的"瑶池"是她每年举行蟠桃大会宴请诸神之地，玉虚峰、瑶池在广大道教信徒中有着广泛的影响。

直到现在，每年都有很多来自世界各地的炎黄子孙，特别是台湾和港澳同胞，到此朝拜寻根，兴建祭坛。

从互联网数据来看（如表5-21），关于"西王母国"的热门话题基本上都是和《盗墓笔记》有关的话题。说明青海省对"西王母国"的传播建设太少，但是从整个青海省来说，没有比"西王母国"这个近乎神之国度更具有永恒魅力的传说景点，故而西王母的传说和文化魅力挖掘是亟待青海省整理和开发利用的宝藏。

表5-21　2018年互联网用户针对#西王母国#的热门话题指数表

序号	用户话题	热度指数
1	盗墓笔记	97
2	吴邪	96
3	陨石	92
4	文锦	87
5	三叔	84
6	小哥	81
7	闷油瓶	76
……	……	……

数据来源：百度指数、微博指数。

三　历史文化

早在远古时代，青海就有人类活动，最早生息在这块土地的是中国西部古老民族之一的羌族群。众多的古文化遗存表明，青海的开发至少已有6000年的历史。夏商时期，部分羌人逐渐定居东部地区，开始进行农耕，随着中原地区先进生产技术的传入，农牧业有了一定发展，人口也逐渐增加。这部分羌人逐渐与华夏各民族融合，成为后来的汉族。青海拥有悠久的历史，沉淀了很多的文化，通过大数据用以评估网民关注的历史文化话题。

（一）2018年互联网提到与#青海历史文化#的相关话题

网友对"青海历史文化"的话题，认知度较高的是"绘画艺术""藏文化""热贡""唐卡""旅游攻略""喇嘛遗址"（如表5-22）。网友对"青海历史文化"主要都是集中在文化艺术上，对于青海的历史这些的印象比较少，说明对历史文化的推广还不够。

表 5-22 2018 年互联网用户针对#青海历史文化#的

相关话题热度指数表

序号	用户话题	热度指数
1	绘画艺术	97
2	青海藏文化博物馆	93
3	热贡	87
4	唐卡	84
5	藏画之乡	83
6	旅游攻略	78
7	喇嘛遗址	73
……	……	……

数据来源：百度指数、微博指数。

（二）2018 年互联网提到与#青海历史#相关的热门话题

青海省具有悠久的历史，在湟水河谷已发现距今 4000 多年前的氏族公社文化遗址。羌族于公元前 2 世纪移居青海。公元前 121 年，汉代霍去病进军湟水沿岸，在西宁市以西置临羌县。西汉时设护羌校尉。公元 4 年，设西海郡。397—414 年，鲜卑族在青海省东部建立南凉国。隋设西海、河源二郡。唐、宋为吐蕃属地。元代东北部为贵德州，属甘肃行中书省，其余属吐蕃、朵甘思等处宣抚使司。明属西蕃地。清时东北部设西宁府，北属青海蒙古额鲁特部，南为玉树等土司属地。1928 年设青海省，以其境内有青海湖而得名。1950 年 1 月 1 日青海省人民政府正式成立，省政府驻西宁市。

表 5-23 2018 年互联网用户针对#青海历史#的

相关话题热度指数表

序号	用户话题	热度指数
1	青海省	97
2	青海湖	96
3	西宁	94
4	遗存	87

续表

序号	用户话题	热度指数
5	历史文化	83
6	喇家遗址	80
7	4000 年	76
8	令人动容	71
9	丝绸之路	67
10	发掘	61
……	……	……

数据来源：百度指数、微博指数。

网民热门话题中与青海历史相关的话题有"遗存""历史文化""喇家遗址""4000 年""丝绸之路""发掘""藏传佛教"等，网民关注的话题中普遍较高的点为"丝绸之路""藏文化""遗址"等。

四　历史遗迹

从中国地形图上看，青海位于我国的西北部、青藏高原的东北部，紧挨着"世界屋脊"西藏，有"世界屋檐"的称号。从西汉起，青海，尤其是它的东部河湟地区，就是历代中原王朝和西部少数民族政权激烈争夺之地。

青海高原古文化遗址遗迹数量较多，类型多样，是旅游开发的主要对象。主要包括古代人类活动聚落遗址、城池遗址、交通道路遗址、生产地遗址、军事遗址等。

（一）史前人类活动遗址

1. 人类活动遗址

青藏高原第四纪以来大规模隆起，自然地理条件急剧变化，为猿向人类的演化提供了外部条件；青藏高原发现大量旧石器时代的打制石器，至少有 3 万—5 万年人类发展历史，有人类学家推断，青藏高原是古人类发祥地之一。

青藏高原新石器时代遗迹分布广，国家级文物保护单位有马厂遗址、喇家遗址、塔温塔里哈遗址、柳湾遗址、沈那遗址、宗日遗址、塔里他里哈遗址、卡约遗址、拉乙亥遗址、长宁遗址、阳洼坡遗址等，真实反映新石器时代生活在青海高原先民生活、社会经济发展的情况。

（1）柳湾遗址

位于乐都县城东 15 千米高庙镇东面的柳湾村，遗址面积 11.25 万平方米，是一处新石器时代晚期至青铜时代早期的遗址。考古发掘，墓葬 1730 座，出土文物 3.5 万余件，其中彩陶品 1.7 万余件，成为我国迄今已知的规模最大、保存完好的一处原始社会氏族公社墓地。出土数以千万计的精美彩陶制品，柳湾遗址享有"彩陶王国"的美称，在我国远古文化中占有十分重要的地位。2006 年 5 月 25 日柳湾遗址作为新石器至青铜时期古遗址，被国务院批准列为国家级文物保护单位。

（2）喇家遗址

位于民和县官亭镇喇家村，是 4000 年前因地震、山洪等灾害造成的灾难遗迹，是我国发现的唯一大型灾难遗址，列入 2001 年度"中国十大考古新发现"，被称为东方的"庞贝古城"，又称"黄河悲歌"。该遗址出土中国第一大磬——黄河磬王，中国第一玉刀；并且在一个红陶碗中，发现了人类第一碗面条，在《自然》杂志上进行了翔实介绍和报道。喇家遗址中的玉器的出现，城墙造型、陪葬形式出现，都说明了其作为当时十分重要的"文化中心"。2001 年被国务院批准列为国家级文物保护单位。

（3）马厂遗址

位于青海东部民和县马厂坦边墙村，于 1924 年由瑞典考古学家安特生（1874—1960）首次发现，遗物有灰层、灰坑、残陶片、石器、骨器等为新石器时代马家窑文化晚期的一种文化类型，马厂文化类型由此定名，1988 年被国务院列为国家级文物保护单位。

（4）塔温塔里哈遗址

位于柴达木盆地都兰县巴隆乡，是一处典型代表诺木洪土著文化的遗址。遗物有陶器、毛织品和铜器三大类。陶器中以夹沙红陶和灰陶出土数量居多。毛织品有毛布、毛带和毛绳三种，都是用毛制成，毛织品的出现，说明生活在这里的羌族掌握了一定的毛织和染色技术，是对我国古代纺织技术的贡献；在绳线上打有扣结，这可能是古人结绳记事在历史遗物上的表现。铜器有青铜刀、斧、钺等，还有少量冶铜工具残片及铜渣，属青铜时代。2001年6月25日，被国务院批准列为国家级文物保护单位。

（5）卡约遗址

位于湟中县李家山卡约村，卡约文化由此而得名，是青海特有的本土文化。出土遗物大量为陶器，还有多种铜制品，如铜镜、铜牌、铜铃、铜环、铜扣、铜泡、铜连珠等。孕育和传承卡约文化的人们过着相对的定居生活，大都以种植业为主，畜牧业为辅，并有一定的狩猎和采集活动。

2. 原始聚落

乐都柳湾、民和马厂垣和喇家、西宁沈那、湟中卡约、都兰塔温他里哈、塔里他里哈、同德宗日、长宁、阳洼坡等古遗址均为原始聚落地。原始聚落分布在省内地势较低，自然条件较优越的青海东部河湟谷地区柴达木盆地绿洲地带。

历史的先民们用他们的聪明智慧和勤劳双手，创造了灿烂的远古文化。远古时朝原始聚落的人们，刀耕火种、狩猎、攀树摘果、烧烤野味的生活情景与其赖以生存的大自然景观息息相关。

（二）社会经文化活动遗址遗迹

1. 历史事件发生地

青海高原上曾建立过西王母古国、吐谷浑古国、南凉古国等大小不等国家，都建立过规模不等的城池，是古代建筑的重要组成部分，是古代人类活动的真实记录。随着岁月的流逝，如今这些古城有的只留下残垣断壁、有的完全消失，年代稍晚的轮廓清晰可见，均能勾起游人对历史的联想。有较高科学考察和旅游观赏价值的古代遗址有西海郡古城、伏俟城、青唐古城、虎台遗址、门源古城、碾伯古城、金巴台古城、应龙城,赤岭遗址等。

(1) 西海郡古城

位于海北州海晏县县城约 1 千米处,由西汉末年王莽所建。城内采集到西汉时期的五铢钱、货币、货泉、大泉五十等钱币,东汉时期的"西海安定元兴元年作当"铭文瓦当,唐代莲花纹瓦当和宋代的"崇宁重宝""圣宋元宝"等钱币。其中,出土篆刻有"西海郡虎符石匮始建国元年十月癸卯工河南郭戒造"铭文的虎符石,距今有 1900 多年历史。

最重要的是,城内出土了篆刻有"西海郡虎符石匮始建国元年十月癸卯工河南郭戒造"铭文的虎符石匮。虎符石匮分上下两部分组成,雕刻清晰、风格古朴,出土于 1944 年,石虎身长 1.5 米,背宽 0.6 米,石虎下有石座,称石匮,出土于 1986 年,座长 1.3 米,宽 1.15 米,高 0.65 米,具有我国汉代石雕浑厚古朴的艺术风格,实为历史文物之瑰宝。西海郡古城的建立,从汉代起青海东部广大地域被正式纳入中原封建王朝的统一版图。1988 年 1 月被国务院列为全国重点文物保护单位。

(2) 吐谷浑国都——伏俟城

位于青海湖西北岸铁卜加草原上,6 世纪修筑,是吐谷浑王国历史上最悠久的国都。现城郭清晰可见,城外残留有用砾石砌成的外廓围墙,城内发现大量瓦当和少量碎陶片等遗物。吐谷浑原为辽东鲜卑族慕容氏的一支,西晋末年西迁来到青海,与当地羌、氐人杂居,建立吐谷浑王国达 350 多年,成为我国历史上割据时间最长的地方政权,为创建青海高原灿烂文化、开辟丝绸之路青海道有功绩不容忽视。据史学家、民族学家考证,现居住在青海高原上的土族是吐谷浑人的后裔。

(3) 青唐古城

位于西宁市南绕城快速路边,是宋代青海东部角厮罗政权的都城,建于 1034 年,古城方圆 10 平方千米,规模宏大。由于丝绸之路河西走廊受阻,青唐城一度成为中西方交通枢纽和贸易集散地。1009 年,宋军攻破青唐城后改名鄯州，随后被角厮罗收复，1104 年，宋军再次占领鄯州，更名为"西宁州"，西宁一名沿用至今。现存约 300 米古城墙，是青唐城南城墙的一部分，它见证了 900 多年来西宁城历史的沧桑演变。

(4) 门源古城

位于门源县城东南部浩门河北岸台地上，城外形呈长方形，东西长约 360 米，南北宽约 300 米，城墙高 11.7 米，底宽 30 米，顶部宽 5—8 米，夯土层厚 10—12 厘米，城墙有马面，宽 12 米，有瓮城呈半圆形，城门南向。靠近城墙，原有城壕，现填平建民房。

古城建于宋代，筑城年代约在 1099 年宋军收复河湟地区至 1125 年西夏攻占门源期间，现城墙内破碎瓦片散落。为国家级文物保护单位。

2. 古代交通遗址

丝绸之路南线青海道，唐蕃古道、茶马古道等，都是青海高原上闻名于世的古代交通遗址，沿线古文化遗迹丰富，承载着弥足珍贵的"古道文化"。

(1) 丝绸之路南线青海道

起于长安（今西安），全长 7000 千米，我国境内经陕、甘、青、新四省（区），长约 3000 千米，成为联系我国同亚、非、欧世界各国的纽带和桥梁，历时 1500 多年。魏晋南北朝时，丝绸之路北线河西走廊因战乱而受阻时，丝绸之路南线的吐谷浑所在地社会稳定、经济繁荣，于是中外商客纷纷改通南线，使南线青海道成为主线道，著名的中外僧人，如惠生、宋云、甩那崛多等，都是沿此通西行或东来，南线青海道的地位显著突出，所以又称叶谷浑道。

(2) 唐蕃古道

起于长安（今西安）至吐蕃都城逻些（今拉萨），跨越今陕、甘、青、藏四省（区），是古代唐朝和吐蕃之间的交通要道，迄今已有 1300 多年历史。7 世纪，松赞干布统一了青藏高原，他倾慕唐王朝的繁荣与文明，经常派使者去长安联系，提出同唐王朝联姻。

文成和金城两位公主赴藏和亲,唐蕃之间出现了"金玉绮绣、问遗往来,道路相望、欢好不绝"的盛况。从此,驰名中外的唐蕃古道载入了汉藏友谊的历史史册。经专家研究,唐蕃古道大多路程是在青藏高原腹心区的青南高原和藏北那曲高原穿过,道路异常险艰。

(3) 茶马古道

青藏高原高寒环境,以畜牧经济为主体,牛羊肉、酥油粑、奶类是当地居民的主食,这里不能种植蔬菜和生产水果,也不产茶。长期的生活实践,当地居民有喝茶的生活习惯,茶叶可以分解脂肪生津,所以藏区不能一日无茶。而在内地民间役使、军队征战需要大量军马。于是茶和马的交易即"茶马互市"便应运而生。西宁附近的通海、多巴及日月山下的湟源(古称丹喝尔),是昔日著名的茶马互市之地。

(4) 临津渡

位于民和县南官亭镇西5千米红崖下,黄河上游古老渡口,隋炀帝杨广西征吐谷浑,古丝绸之路青海道,唐蕃古道的主要通道。渡口处设积石军,金、元设积石州,明设积石关。清代改为民渡,历史上多有使者,商队或军队,由临津渡河,进入青海。

3. 古代军事遗址

(1) 石堡城

青海东部日月山东麓,三面断崖,地势险峻,又称铁仞城。建于唐开元六年(718),吐蕃所筑,面积约5000平方米。发现有唐代房址、铜钱、陶片、砖、开元通宝钱币等。唐开元十七年(729)唐军以巨大代价攻占其地,设振武军;唐开元二十八年(740),吐蕃被夺回;天宝八年(749),唐军以死伤数万人的代价夺回,设神武军,后改为天威军,成为阻击吐蕃东进的重要军事据点。唐蕃曾在这里进行过8次大的争夺战。

(2) 虎台遗址

位于西宁市西区,现为南凉虎台遗址公园。十六国时期,割据河湟地区的南凉王朝曾以西平(今西宁)为都,第三代君王秃发傉檀迁都青唐立其子"虎台"为太子，为了向周围强敌炫耀武力，秃发得檀命太子修筑这座高台，当时调集西平、河湟羌兵和民间劳役万余人，近三年时间筑成，并以其子名"虎台"命名，相沿至今。据地方志记载：虎台共九层。高九丈八尺，台顶有建筑。南凉国极盛时，台下曾陈兵十万检阅面威震四海，故称"点将台"。

（3）大非川之战

公元7—9世纪，青藏高原吐蕃王朝兴起，唐朝为缓和同吐蕃紧张关系，有文成公主和金成公主先后入蕃和亲。唐高宗龙朔三年（663），吐蕃消灭了唐朝属国吐谷浑，拥有了青藏高原全境。唐成亨元年（670），吐蕃大举进攻唐朝西部边境地区并构成威胁，唐特派遣大将军薛仁贵率兵10万征讨吐蕃，企图复兴吐谷浑国，当时吐蕃拥有40万大军，在今海南州切吉草原上同唐军进行有历史意义的"大非川之战"。这场战役中吐军避实就虚，不与唐军主力直接交锋，而是断其粮草，集中优势兵力进攻唐军。而唐军远道而来，气候不适，供给不畅，特别是军中将领不和，最后唐军被吐蕃军重重围困，几乎全军覆没。

4. 近代革命活动遗址

（1）西宁市烈士陵园

位于西宁市凤凰山下，1954年为缅怀在青海牺牲的中国工农红军西路军烈士而建，由烈士群雕塑像、纪念碑、烈士墓、中国工农红军西路军纪念馆等组成，安放着1776位烈士遗骨。大门前屹立着中国工农红军西路军烈士群雕塑像，镌刻着李先念的题词"红军西路军烈士永远活在我们心中"。陵园中央高10.1米的烈士纪念碑，镶嵌着朱德1958年的题词"革命烈士永垂不朽"。烈士墓安葬着西路军第九军军长孙玉清在内的840位红军烈士遗骨。为全国爱国主义教育示范基地。

（2）循化西路红军革命旧址

位于循化县察汗都斯乡赞卜乎村，是中国工农红军西路军在循化县赞卜乎地区同马步芳军阀进行艰苦斗争遗留下来的革命遗迹。主要包括：革命遗物、西路红军修建的道路、庄廓、房屋、赞卜乎清真寺以及西路红军纪念馆。

(3) 班玛红军遗迹

1936 年 7 月，中国工农红军第二方面军的"安庆部"经过果洛州班玛县境内休整、筹措粮草。当年红军在哑尔塘子木达沟口石崖上书写的"北上响应全国抗日反蒋斗争！安庆宣"的巨幅标语，至今字迹仍清晰醒目。红军曾走过的桥、沟现定名为"红军桥""红军沟"，红军曾设立的哨所命名为"红军哨所"，现作为珍贵文物加以保护，以此来缅怀红军先烈们的丰功伟绩。

(三) 2018 年互联网提到与#青海历史遗迹#相关的热门话题

根据网民的印象（如表 5-24），关于"青海历史遗迹"的热门话题为"塔尔寺""西宁""敦煌""最佳""清澈""茶卡盐湖""油菜花""骑行"等。"最佳"是网民需求"最佳旅游时间"的结果，其他的话题包括"清澈""骑行"等，可以在旅游咨询和骑行这些方面多提供一些支持。

表 5-24　　　　2018 年互联网用户针对#青海历史遗迹#的

相关话题热度指数表

序号	用户话题	热度指数
1	塔尔寺	98
2	西宁	96
3	敦煌	91
4	最佳	87
5	清澈	84
6	油菜花	81
7	茶卡盐湖	76
8	张掖	73
9	骑行	68
……	……	……

数据来源：百度指数、微博指数。

(四) 2018 年互联网提到与#塔尔寺#相关的热门话题

塔尔寺又名塔儿寺，创建于明洪武十年（1377）。得名于大金瓦寺内为纪念黄教创始人宗喀巴而建的大银塔，藏语称为"衮本贤巴林"，意思是"十万狮子吼佛像的弥勒寺"，位于青海省西宁市西南 25 公里处的湟中县城鲁沙尔镇，国家 5A 级旅游景区。塔尔寺是中国西北地区藏传佛教的活动中心，在中国及东南亚享有盛名，历代中央政府都十分推崇塔尔寺的宗教地位。明朝对寺内上层宗教人物多次封授名号，清康熙帝赐有"净上津梁"匾额，乾隆帝赐"梵宗寺"称号，并为大金瓦寺赐有"梵教法幢"匾额。三世达赖、四世达赖、五世达赖、七世达赖、十三世达赖、十四世达赖及六世班禅、九世班禅和十世班禅，都曾在塔尔寺进行过宗教活动。

酥油花、壁画和堆绣被誉为"塔尔寺艺术三绝"，另外寺内还珍藏了许多佛教典籍和历史、文学、哲学、医药、历法等方面的学术专著。每年举行的佛事活动"四大法会"，更是热闹非凡。塔尔寺的酥油花雕塑也是栩栩如生，远近闻名。塔尔寺是中国藏传佛教格鲁派（黄教）六大寺院之一，也是青海省首屈一指的名胜古迹和全国重点文物保护单位。

塔尔寺作为青海省非常重要的圣地，网民的关注度比较高（如表 5-25）。网民关注度较高的话题为"藏传佛教""寺院""酥油花""堆绣""西宁"等。

表 5-25 2018 年互联网用户针对#塔尔寺#的相关话题热度指数表

序号	用户话题	热度指数
1	藏传佛教	98
2	寺院	96
3	酥油花	93
4	堆绣	87
5	西宁	83
6	青海湖	81

续表

序号	用户话题	热度指数
7	青海省	78
8	虔诚	72
9	格鲁派	70
……	……	……

数据来源：百度指数、微博指数。

五 非遗文化活动

（一）2018年互联网关于#格萨尔文化#的印象

关于"格萨尔文化"的网民印象（如表5-26），排名较靠前的是"格萨尔王""藏族""史诗""果洛""传承""色达""自治州""藏文化""英雄"。

《格萨尔》是藏族人民集体创作的一部伟大的英雄史诗，历史悠久，结构宏伟，卷帙浩繁，内容丰富，气势磅礴，流传广泛。史诗从生成、基本定型到不断演进，包含了藏民族文化的全部原始内核，具有很高的学术价值、美学价值和欣赏价值，是研究古代藏族社会的一部百科全书，被誉为"东方的荷马史诗"。《格萨尔王传》是世界上唯一的活史诗，至今仍有上百位民间艺人，在中国的西藏、四川、内蒙古、青海等地区传唱着英雄格萨尔王的丰功伟绩。

表5-26 2018年互联网用户针对#格萨尔文化#的相关话题热度指数表

序号	用户话题	热度指数
1	格萨尔王	97
2	藏族	96
3	史诗	95
4	果洛	87
5	传承	84
6	色达	81
7	自治州	78

续表

序号	用户话题	热度指数
8	藏文化	71
9	英雄	69
……	……	……

数据来源：百度指数、微博指数。

（二）2018年青海省非遗文化的网络传播途径

大量的有形文化遗产和无形文化遗产记录了历史，承载着过去，是凝聚人类智慧的"活化石"，直观而生动地体现民族的智慧，体现民族传统文化的精粹。2009年"热贡艺术""格萨尔""花儿""藏戏""青海皮影戏"五个项目入选联合国教科文组织人类非物质文化遗产代表作名录。截至2018年1月，入选中国国家级非物质文化遗产名录73项，省级136项，州（市）级572项，县级1237项，其中包括民间文学、民间音乐、民间舞蹈、民间传统技艺、民俗等。

青海省非遗文化比较丰富，经过统计分析（如表5-27），传播途径最广的是"中国互联网新闻中心"，其次是"新浪微博"。官方渠道占比较大，应加大在社交媒体的传播（如图5-15）。

表5-27 2018年互联网用户针对青海省非遗文化的网络传播热度指数表

序号	传播途径	热度指数
1	中国互联网新闻中心	325
2	新浪微博	166
3	搜狐网	108
4	天天快报	71
5	今日头条	55
6	凤凰新闻	49
7	微信	42
8	一点资讯	40

数据来源：微博指数。

中国互联网新闻中心：37.97%

一点资讯：4.67%

新浪微博：19.39%

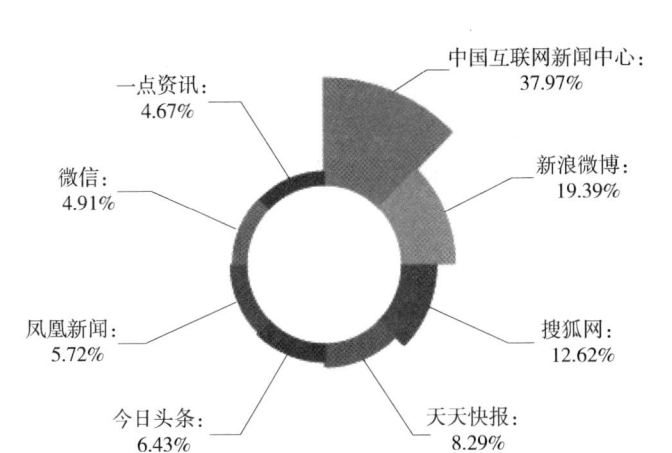

微信：4.91%

凤凰新闻：5.72%

搜狐网：12.62%

今日头条：6.43%

天天快报：8.29%

图 5-15 2018 年互联网用户针对青海省非遗文化的网络传播渠道分布画像

数据来源：微博指数。

第四节 饮食、住宿、交通

一 饮食文化

在漫长的岁月中，青海的各个民族也逐步形成了本族独特的风俗和习惯。但从饮食方面上看，各个民族就表现出了不同的文化特点。这些民族的饮食习惯差异是青海饮食文化中与众不同的地方。

（一）2018 互联网用户提到最多的青海美食

通过互联网数据分析（如表 5-28），网民提到最多的青海美食依次为"长面""寸寸""油香""馓子""翻跟头""麦菜""手抓羊肉""酿皮""干拌""酸奶"（如图 5-16）。

表 5-28　　　　2018 年互联网用户针对青海省美食排名热度表

序号	美食	热度指数
1	长面	3.758
2	寸寸	1.246
3	油香	1.229

续表

序号	美食	热度指数
4	馓子	0.616
5	翻跟头	0.581
6	麦菜	0.522
7	手抓羊肉	0.383
8	酿皮	0.330
9	干拌	0.324
10	酸奶	0.286

数据来源：微博指数。

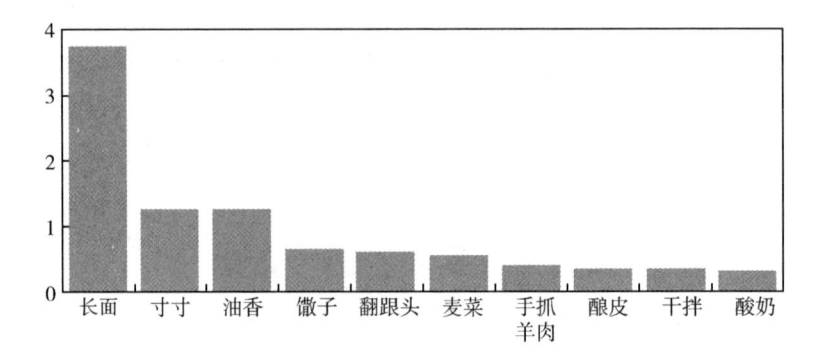

图 5-16　2018 年互联网用户针对青海省美食排名画像

数据来源：微博指数。

通过口碑类网站大众点评网的数据结果得出以下美食排行：

西宁市美食排行：青海土火锅（国际村店）、小盟锅、马学武手抓餐厅；

格尔木市美食排行：牦牛大骨汤、孕胡才炕锅烤羊肉馆（八一路店）、小龙坎火锅（江源南路店）；

德令哈市餐厅排名：老严烤羊肉总店、舌尖上的面片、高原牦牛肉退骨肉；

门源回族自治县美食排行：老五烤羊肉城（东街步行街店）、尔萨面片、思源面片馆；

玉树市美食排行：茶马嗣膳、藏宫休闲餐饮、玉树玉素健康美食；

果洛美食排行：牛肉面大王、民和老字号、川淇小炒；

海北美食排行：撒拉尔餐厅、撒拉尔美食、玉霞烤肉面食馆；

贵德县美食排行：老字号手抓面食馆、金玉烤肉美食城、清真三升干拌；

互助土族自治县美食排行：归源饺子馆、益兴手抓（西宁机场店）、馋猫烧烤吧；

刚察县美食排行：玉霞烤肉面食馆、格桑藏餐吧、老马师老羊肉面食馆；

黄南美食排行：梦土庄园、鑫鑫手抓餐厅、山城别院重庆老火锅；

海东美食排行：大循化餐厅、大团结柴火鸡、张大师鸭爪爪特色火锅；

久治县美食排行：巴蜀炖品、百味归川川菜馆、撒拉人家循化蒸汽面馆；

玛多县美食排行：诚信馍馍铺、回味家常拉面、聚福兴面食馆；

湟中县美食排行：大团结柴火鸡、蜀九香自助火锅、雪神宫藏家院；

循化撒拉族自治县美食排行：撒拉庄园、丝路明珠、E号冰站；

同仁县美食排行：梦土庄园、鑫鑫手抓餐厅、山城别院重庆老火锅。

此外，团购类网站美团网的美食消费排行信息如下：

西宁市美食排行：奇奇时尚自助烧烤火锅、夏华肥牛火锅城、巴西烤肉；

海东美食排行：金鲨鼎火锅、鑫城砂锅、二当家砂锅串串；

海北美食排行：清真丽晴茶餐厅、盛唐厨房、溢农香美食火锅城；

黄南综美食排行：青海土火锅、川味阁火锅、鼎尚皇牛火锅；

海南美食排行：清真三升干拌、农家川菜、君之兰茶餐会所；

玉树美食排行：大城小院火锅、玫瑰西点咖啡、八零八二餐饮店；

海西美食排行：百味祥农家地锅台、土豆哥狼牙土豆、玉湖东乡美食城；

大通美食排行：新疆塔城大盘鸡、夏都银桥生态园、森林雨火锅。

综合大数据信息得出目前青海省排名前十的美食榜单（如图5-17）：酿皮（青海果洛玛沁县）、甜醅（青海西宁城北区）、焜锅馍馍（青海海东平安区）、发菜蒸蛋（青海西宁城东区）、尕面片（青海西宁湟源县）、大块煮羊肉（青海西宁湟源县）、拉条（青海西宁城北区）、安多面片（青海西宁城北区）、夹沙牛肉（青海西宁城北区）、酥油糌粑（青海西宁湟源县）。

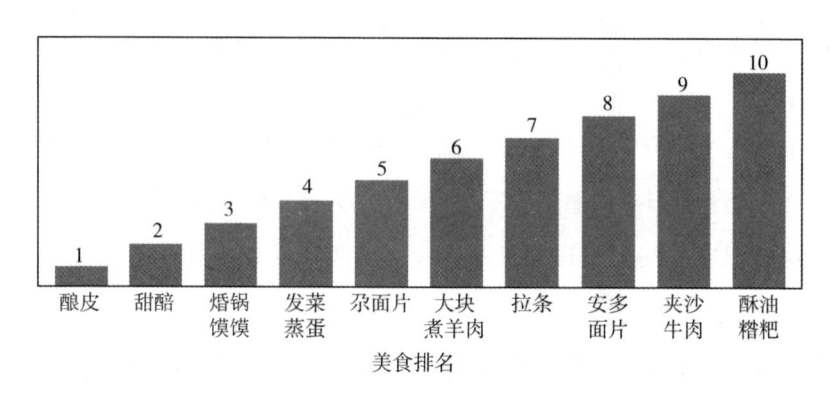

图5-17 大数据票选青海美食top10图

数据来源：综合微博指数、美团网、大众点评网选择的具有青海民间特色的小吃前十。

（二）2018年互联网关注青海美食的用户属性

通过搜集关注"青海美食"的互联网用户数据，分析用户属性。通过数据分析，发现关注"青海美食"的网民主要集中在19—24岁，占比高达43%。就性别占比而言，女性高于男性14个百分点，达57%（如图5-19）。可见，关于青海美食传播链中，女性和19—24岁年龄段的消费者是主要的信息传播对象。

二 住宿攻略

（一）2017年互联网提到与#青海住宿#相关的话题

以青海省省会西宁市为例。在西宁住宿方面不会遇到特别的困难，在青海境内是最不必担心的。一是因为大多数景点离西宁市很近，当天返回

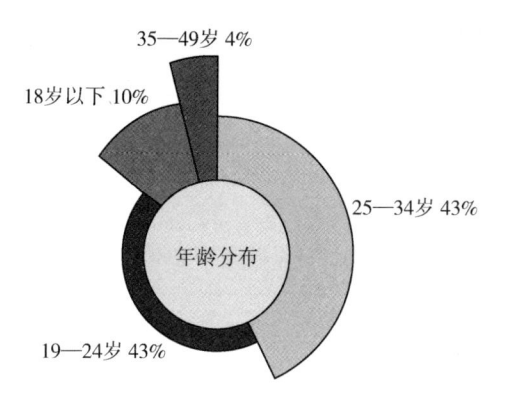

第五章 特定文化语境下的青海民族旅游文化产业大数据分析 / 199

图 5-18 2018 年互联网关注青海美食的用户年龄分布图

数据来源：微博指数。

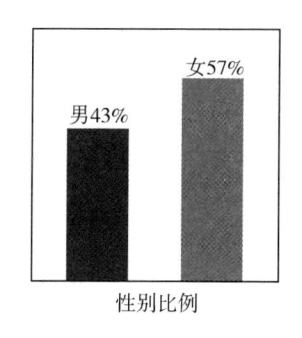

图 5-19 2018 年互联网关注青海美食的用户性别分布图

西宁市住宿是件很容易的事；二是因为即使抵达部分景区不能当日返回西宁市，当地的住宿条件也完全可以满足游客需求，甚至会有更多的个性化方案和多样的选择；三是这些地区的县政府所在地都有国营或私人的各种宾馆，住宿条件均良好。所以西宁、海东等地的住宿条件可从方便程度上看接近满分。

西宁地区不适合露营。一是人口密集多有不便；二是在一些自然保护区里，由于生态保护得较好，会有野生动物出没，在外露营会很不安全。有些保护区有明显标志："禁止露营"，这既是出于对环境保护的考虑，也是出于对游客的安全考虑。

关于"青海住宿"的话题中（如表5-29），"结伴""拼车""旅游攻略""环线""青海湖""塔尔寺"等的关注度较高，说明网民集中关注出行方式、游览攻略，以及著名景点。在住宿方面同时提供这些信息能提高旅行的便利性。

表5-29　2018年互联网用户针对#青海住宿#的相关话题热度指数表

序号	用户话题	热度指数
1	结伴	97
2	包车	96
3	旅游攻略	91
4	拼车	87
5	捡人	83
6	西宁	82
7	环线	80
8	青海湖	76
9	塔尔寺	73
10	六日	67

数据来源：微博指数。

（二）2018年互联网提到与#环青海湖住宿#相关的话题

环青海湖骑行是很多骑行爱好者最向往的一件事，沿途经过草原、沙漠、牧区，环绕青海湖一圈，可观看牛羊成群的牧场，纵情辽阔的大草原，眺望巍峨雪山，碧海蓝天，风景美丽壮阔，令人震撼。青海湖骑行的黄金时间是6—8月，也正值暑假，游客非常的多，景色也很美。每年7月、8月环湖千亩油菜花竞相绽放，碧波万顷的湛蓝外围散布着金灿灿的亮黄，高山牧场的野花五彩缤纷，如绸似锦，数不尽的牛羊膘肥体壮，点缀其间，很多骑行爱好者慕名而来。这里重点关注游客在意的住宿问题。

环青海湖骑行既是对自己的挑战，在附近居住也能欣赏到不一样的美丽风景，故而吸引了很多的游客慕名而来。通过互联网数据（如表5-30），网民关注度较高的话题为"景点""旅行""交通""住宿费""自由行""住宿生""旅游攻略""酒店""机票"等。

表5-30　2018年互联网用户针对#环青海湖住宿#的相关话题热度指数表

序号	用户话题	热度指数
1	景点	97
2	旅行	96
3	交通	94
4	酒店	91
5	机票	88
6	住宿费	83
7	自由行	80
8	住宿生	79
9	旅游攻略	75
……	……	……

数据来源：微博指数。

三　交通现状和分布

青海省高速公路建设目标：高速化公路骨架基本形成，通车里程突破5000公里（含一级公路），城镇人口20万以上城市和市州行政中心全部通高速公路。青海省高速公路建设重点以国家原高速公路剩余路段和新增国家省际通道为重点，稳步推进高速公路建设，加快G6扎麻隆至倒淌河等原国家高速公路剩余路段建设，确保"十三五"末全面贯通青海境内"7918"网（格尔木至拉萨段除外）。

目前全面加强联系周边区域的省级通道建设，继续实施G0615花石峡经大武至久治、G0613共和至玉树段改建工程，有序推进甘青川通道G0611扁都口至克图段和同仁至赛尔龙段，与周边区域形成5个高速公路出口。适应东部城市群发展需求，积极推进西宁至塔尔寺等建成时间较早、运力日趋紧张的高速公路路段扩容改造。

同时加强高速公路连接线、上下匝道建设改造，提高高速公路与普通国省道干线、城市道路的衔接转换水平；对能力不足、拥挤较严重的服务区及收费站实施改造。

"十三五"期间，青海省建设高速公路2660公里（含续建1858公里）。国省干线建设目标：二级及以上公路总里程达1.3万公里，所有县城通二级及以上公路，普通国道二级及以上公路比重达80%，普通省道二级及以上公路比重达30%，等级达标的国省道优良路率达75%。国省干线建设重点："十三五"期间，青海省将改造国省道约6360公里，其中国道3000公里、省道3360公里。

青海省将加快新增普通国道断头路等外路建设，实现普通国省干线公路基本贯通。以省际通道和通县国道为重点，推进普通国省干线二级公路改造，强化与周边省份和省内相邻市州、县际之间的联系。推进东部城市群等重点区域城际路段扩容改造，加快推进"畅通西宁"工作；结合全省旅游发展布局，增强公路对旅游景区的连接，提高景区可达性，提升公路的旅游服务功能。

普通国道方面，青海省将加快G227至四川方向；G341、G569至甘肃方向；G345至西藏方向；G215、G315至新疆方向等省际通道建设。推进G213乐都至化隆段、G573泽库经南巴滩至河卡山南段、G310循化至隆务峡段、G572贵南至切吉段等等级偏低路段升级改造。加强G109乐都至平安段等东部城市群重要通道建设。

普通省道方面，青海省将推进S224囊谦段、S201川口至大河家段等省际出口建设；推进S202大力家山至循化段、S305民和至小峡段、S204扎隆沟至碾伯段、S306官亭至哈城等低等级公路建设；推进S307共和至青海湖等旅游资源路段改造。

关于建立综合客货运输体系方面，青海省运输场站建设目标：基本形成层次清晰、布局合理、功能完善的公路客货运输场站体系，综合客运枢纽和货运枢纽（物流园区）建设加快推进。具备条件的县城建成二级及以上客运站，建成标准适宜的乡村客运站点。运输场站建设重点："十三五"期间，青海省将建设综合货运枢纽（物流园区）4座，市（州）物流园区4座。逐步形成以县、乡、村三级物流节点为支撑的农村物流基础设施网络体系。稳步推进大通综合客运枢纽站、民和综合客运枢纽站、格尔木客运中心站、德令哈公铁联运站4座综合客运枢纽建设；加快推动3座地市级公路客运场站和11座县级公路客运站建设；完成建设50个乡镇等级客运站；结合东部城市群及主要县级周边客运班线公交化改造，推进3057个城乡公交港湾式候车站亭建设。完成曹家堡保税物流中心等国家公路货运枢纽（物流园区）建设，推进饮马峡物流园区等地区重点货运枢纽建设；以西宁双寨国际物流城暨青海丝绸之路国际物流城（南区）等货运枢纽（物流园区）为龙头，推动"公路港"多式联运场站、甩挂作业枢纽场站、城市物流配送站点建设，完善全省物流站点设施。

截至2018年，青海省共有牙同、川大、茶格、德香、民小、共玉、花久、香花、峨祁9条高等级公路相继建成通车（如图5-20）。

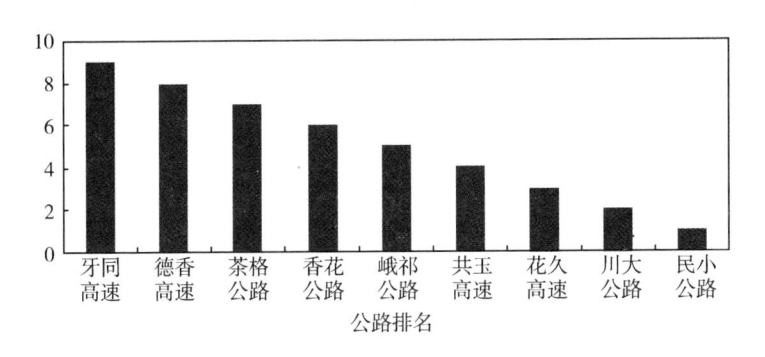

图 5-20　青海各大公路排名

数据来源：青海省统计局、"十三五"规划、青海省自驾游网、青海省交通运输厅。

（一）高速公路发展现状

1. 牙同高速：青海最美公路

通车时间：2016年6月30日

基本概况：牙同高速公路起点位于化隆县牙什尕镇谷子滩，与现有的平安至阿岱高速公路相接，终点止于同仁县尕沙日南的向阳村，全长62.757公里。

通车意义：牙同高速与京藏、连霍高速相接，它的建成通车，结束了黄南州没有高速公路的历史，也实现了青海省六州全部通高速的交通建设目标。

2. 德香高速：搭建综合运输网络

通车时间：2016年10月1日

基本概况：德香高速起点接德令哈市已建成的长江南路终点，终点与规划的京藏高速G6茶卡至格尔木段公路衔接，并接香日德至花石峡公路起点，全长176.486公里。

通车意义：德令哈至香日德高速建设在完善青海省高速公路网"3410网"的基础上，与京藏高速G6线、国道214线等公路以及青藏铁路、青新铁路等多条路相连，形成综合运输网络。

3. 茶格高速：将柴达木盆地与西宁相连

通车时间：2016年10月20日

基本概况：茶格高速由主线和连接线两部分组成，全程共493.058公里，其中主线东起海西州乌兰县茶卡镇，接共和至茶卡高速公路，经都兰县西止于格尔木；格尔木北连接线起点接国道215线鱼水河互通立交，终点接茶格公路。

通车意义：茶格高速通车后将柴达木盆地与省会西宁紧密相连，对开放青海省省西部地区和柴达木循环经济区优势资源，促进沿线区域社会经济具有重要意义。

4. 香花高速：架起新青川经济便捷大通道

通车时间：2016年10月20日

基本概况：香花高速全长155.19公里，起点位于海西州都兰县香日德镇托海村，接京藏高速茶卡至格尔木公路香日德互通立交匝道，终点与国道214线相接。

通车意义：香日德至花石峡高速公路是新青川大通道的主要路段之一，是新疆、青海与成渝经济区便捷沟通的区域大通道。公路建成通车后,对于加快促进青海省西部地区和柴达木循环经济区优势资源的开发具有重要意义。

5. 峨祁公路:带动祁连旅游经济双赢

通车时间:2016年10月1日

基本概况:峨堡至祁连公路起点位于祁连县峨堡镇,终点与省道204线衔接,全长72.755公里,是原省道304线的提级改造工程。

通车意义:峨祁公路的建设对促进海北州正在逐步建立的多元化经济体系,带动青海省海北州特色旅游资源开发等具有十分重要的意义。

6. 共玉高速(二期):灾后重建生命线

通车时间:2016年10月31日

基本概况:共玉高速起自海南州共和县恰卜恰镇,接在建的京藏高速共和至茶卡公路,终点止于玉树县结古镇(新寨东),路线全长635.61公里。

通车意义:共玉高速是国务院《玉树地震灾后恢复重建总体规划》中构建的"一纵一横两联"生命线公路通道的重要路段,它的建成对充分发挥国道干线路网的主骨架功能,改善沿线农牧区生产生活条件,解决沿线农牧民群众出行难问题等具有重要作用。

7. 花久高速:新青川大通道建成

通车时间:2017年11月14日

基本概况:花石峡至久治高速公路分为花石峡至大武和大武至久治两部分,起点位于玛多县境内国道214线,与香日德至花石峡公路终点相接,路线终点与规划的新青川大通道四川境内马尔康至久治(川青界)公路终点相接,全长389公里。

通车意义:花久高速是规划中新疆经青海通往四川的国家西部区域经济大通道(库尔勒—成都)的重要组成部分,是连接新疆、青海、四川三大省区的主要大通道。花久高速的通车还将结束青海省果洛州没有高速公路的历史。

8. 川大公路：推动东部城市群建设

通车时间：2016年12月30日

基本概况：川大公路起点位于青海省民和县川口镇，终点位于甘肃省省道309线与青海省省道307线交会处，全长66.047公里。

通车意义：川大一级公路是国家和省委、省政府完善六盘山扶贫区域及东部城市群公路网络、推进兰西经济区和东部城市群建设、促进经济平稳较快增长的重点道路建设项目。

9. 民小公路：搭建青甘大通道

通车时间：2017年6月28日

基本概况：民小公路起点位于甘青界甘肃省红古区新庄村，终点位于西宁市城东区小峡口立交与八一路连接，路线全长118.25公里。

通车意义：民和至小峡公路是青海省东部城市群城际交通网络"一轴五射两环"布局之"一轴"，承担西宁市与海东市乐都区之间不同层次的高强度交通需求，搭建起甘青又一大通道。

（二）2018年互联网对与#青海高速#相关的整体印象

近年来，省高管局紧紧抓住西部大开发和国家支持藏区发展的历史机遇，全力加快公路建设，相继建成了平西、马平、西湟、湟倒、西塔、宁大、平阿、宁互、西宁西过境、共茶、察格、倒共、阿李、湟贵14条高等级公路，有力地促进了青海省经济社会发展，改善了交通出行环境。同时，接管茶卡至德令哈、德令哈至小柴旦湖、当金山至大柴旦、大柴旦至察尔汗、湟源至西海5条高等级公路。目前全省高速和一级公路总里程1578公里，基本形成了以西宁为中心、连接5个州市、辐射东部周边县和柴达木循环经济试验区的高速公路网。全省在建高速公路有西宁南绕城高速公路、牙什尕至同仁、共和至玉树、茶卡至格尔木、德令哈至香日德、香日德至花石峡、花石峡至久治、隆务峡经循化至大力加山、西塔高速改扩建项目等。

根据互联网数据（如表5-31），"青海高速"整体的道路状况印象为

"通畅""良好"和"慢行",网民对青海高速的整体印象比较好。

表5-31　2018年互联网用户针对#青海高速#的相关话题热度指数表

序号	印象	热度指数
1	高速公路	97
2	交警	96
3	慢性	93
4	民警	90
5	西宁	87
6	良好	84
7	违法	81
8	收费站	79
9	通畅	75
……	……	……

数据来源:微博指数。

(三)2018年互联网用户对与#青海自驾游#相关的整体印象

环西宁200公里范围内的"中国夏都"旅游圈是青海旅游资源的"富矿区",许多旅游资源为"中国之最"乃至"世界之最",走进这里,会让人真正地回归自然,拥有大草原、大湖泊、大峡谷、大盐湖、大雪山等高原景观,还有神秘的宗教文化、独特的民俗文化,这些资源共同营造出了多姿多彩、令人心驰神往的旅游资源组合,这恰恰是自驾游爱好者所追求的。

根据互联网数据,网民对"青海自驾游"的印象包含一些重要地点,包括"兰州""门源油菜花""格尔木""茶卡盐湖""青海湖""西宁"等,这些都是自驾的途经地。还有包括"租车"这种印象,说明在提供租车服务方面仍显不足。

表5-32　2018年互联网用户针对#青海自驾游#的相关话题热度指数表

序号	印象	热度指数
1	青海湖	99
2	茶卡盐湖	96

续表

序号	印象	热度指数
3	自驾游	94
4	敦煌	90
5	毕业旅行	87
6	环线	83
7	西行漫记	81
8	西宁	78
9	甘肃	71
…	…	…

数据来源：微博指数。

第六章 青海民族旅游文化产业与传媒互动的实证分析

本章旨在将青海省网络舆情、人文、地理、民俗、传说、历史、非物质文化遗产、饮食、住宿、交通等多个类别量化的传媒互动印象结果,对比青海省民族旅游文化产业资源,进行关联度和差异度的分析,进而提出一定的分析结论供以供产业发展决策与指导。

第一节 民族旅游文化资源和传媒互动结果的关联度和差异性

目前,传播学界对于传播效果概念认识并未统一,大致分为以下六种:第一种,传播效果是检测传播者、传播内容和传播媒介三者对于受众状况和功能的表现程度或量化标准;第二种,传播效果是传播者改变受众立场观点的威力程度;第三种,传播效果是传播者行为对社会文化的影响;第四种,传播效果是传播媒介发挥功能的程度;第五种,传播效果是检测受众对于传播内容的接受程度;第六种,传播效果是信息传播过程(即传播者借由媒介将内容传递给受众的过程)对受众、传播者和社会产生的影响[1]。

以上观点大致可分为两类:一类强调传播过程各要素对信息传播的作用,如第一、四、五种概念;另一类是强调传播过程影响的结果,如第二、三、六

---

[1] 李勇:《网络新闻评论的效果研究》,硕士学位论文,山西大学,2007年。

种概念。本节将基于专家组对青海省民族文化资源价值进行的评估进行分析。

一 专家组特征结构分析

专家组由60人组成，研究领域分布于哲学、经济学、法学、教育学、文学、历史学、理学、工学、农学、医学、管理学、军事学、艺术学。具备博士学位专家12人，在读博士6人，具备硕士学位专家32人，本科学历专家10人（如图6-1）。其中博士生导师7人，硕士生导师44人。教授46人，副教授4人，讲师10人（如图6-2）。31岁至35岁专家4人，36岁至40岁专家6人，41岁至45岁专家12人，46岁至50岁专家17人，50岁以上专家21人（如图6-3）。

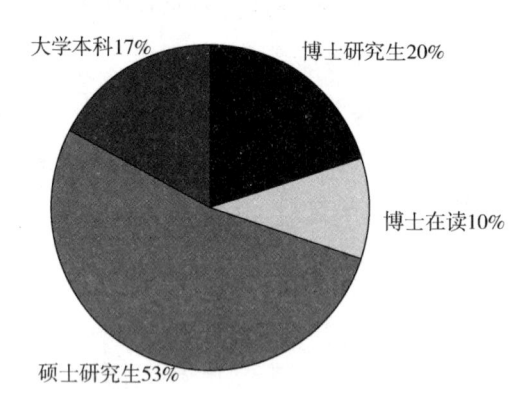

图6-1 专家组成员学历结构图

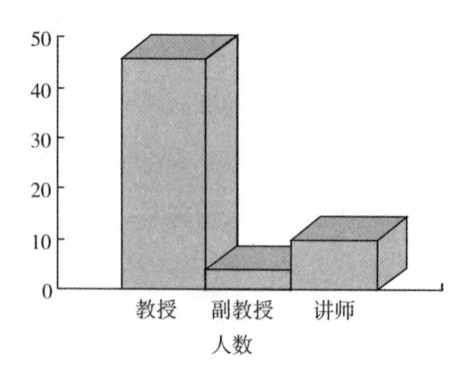

图6-2 专家组成员职称概况图

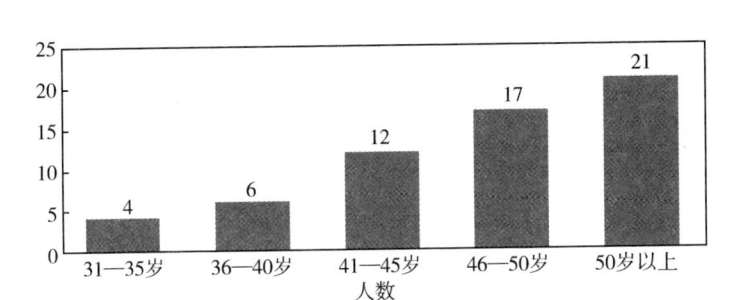

图 6-3 专家组成员年龄结构统计图

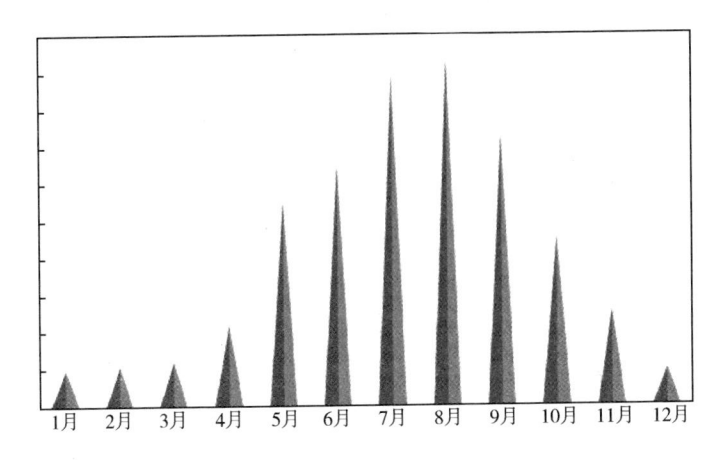

图 6-4 专家组认为青海旅游的热度月份图

二 2018年青海旅游的关注热度变化

根据 2018 年全年热度搜索，青海旅游在 2018 年的 5—9 月是全年的搜索最热时间，尤其在 7 月下旬和 8 月上旬达到顶峰。专家认为 6—9 月是全年的搜索热点时间。互联网数据和专家都认为热搜主要受季节旅游影响。青海在 6—9 月是最适合自驾游的季节，可以躲避夏季的高温酷暑，因此成为人们首选的目标，同时在 7 月下旬和 8 月初相应的旅游节等事件也会引爆搜索热度。

三 关注渠道

青海民族文化旅游信息传播的过程始于信息的来源，即社区居民、旅游企业和当地政府等，此三类人群是最初的信息收集者和传播者，根据目的地的真实情况采集和汇总信息和文化符号，并以语言、文字、视频等形式，通过不同的平台（政府网站、企业网站、门户网站、论坛等）向外传播。在进入传播平台之前，把关人（对源信息进行取舍、选择和加工活动的群体）会对三类传播主体提供的信息进行筛选、归纳、提炼、整理、重构等信息编码活动，使源信息成为适宜在媒介中传输的信息形式。经处理的信息在传播媒介中传输。潜在游客在的外界辅助作用下对接收到的信息进行理解和解读，在脑海中形成了旅游目的地的拟态环境，一部分潜在游客会去往民族文化旅游目的地进行旅游活动，在此过程中会将脑中的拟态环境和旅游目的地的实际情况进行对比验证，并将验证的结果反馈。信息传播过程中伴随着信息的获取、反馈和验证过程。信息获取与信息传播逆向，并促进了信息传播的进行。通过传播媒介，潜在游客获取旅游目的地信息，媒介则是从信息来源处获取并更新信息。潜在游客获取了旅游目的地信息并由此构建旅游目的地的拟态环境。部分潜在游客会前往目的地进行民族文化旅游活动，并将已构建的拟态环境与旅游目的地实际进行对比，将两者差异反馈至信息来源和传播媒介处，产生了信息反馈与验证。

专家认为游客主要通过自媒体、微信公众号和网站关注青海旅游（如图6-5），与大数据统计结果中用户多通过各种网络渠道搜索青海旅游一致，说明实际传播渠道具有较强科学性。

四 专家对青海的印象

根据专家组对青海旅游的印象分析（如图6-6），发现主要集中在人文历史、民俗风情、宗教神圣和生物多样性强等方面存在较强印象，也包含自然风光的绮丽。专家也对青海省旅游的文化宣传和旅游服务等发表了

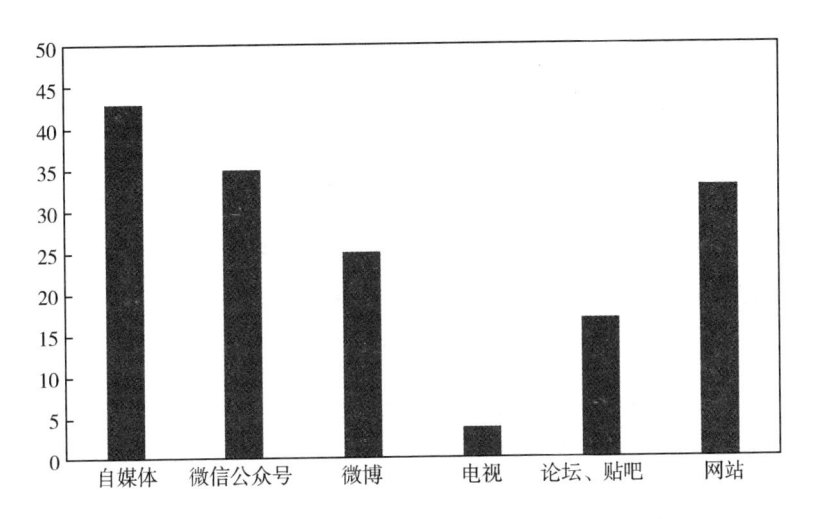

图 6-5 专家认为旅游信息主要关注渠道统计图

意见，认为在美味佳肴、旅游服务、基础设施建设、文化宣传等方面都是今后需要加强的部分。

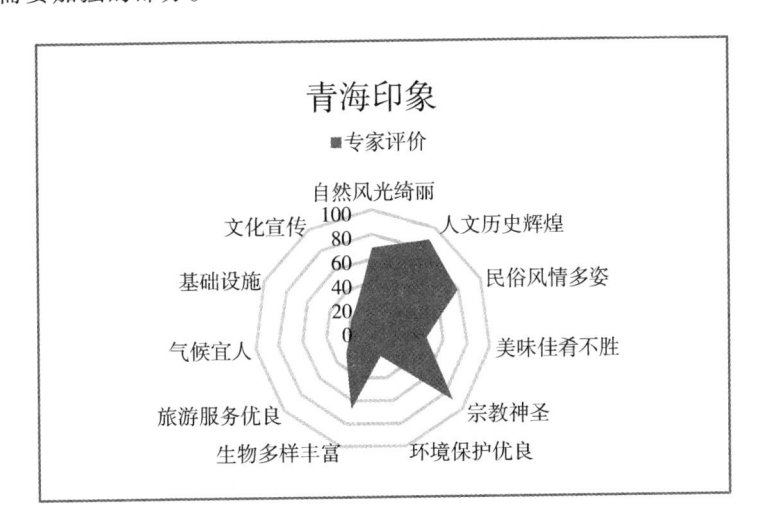

图 6-6 专家对青海印象分值表

五　专家对景点的关注频率

专家对青海省旅游景点的关注多集中在塔尔寺、青海湖、茶卡盐湖、青海省博物馆、白马寺、西王母瑶池，对风景区的关注度较低，更多强调的是景观背后的文化属性。但用户对青海景点的关注多在自然景区和出行方式上，并未认识到可挖掘的文化内涵，这些是日后可以提升的部分。

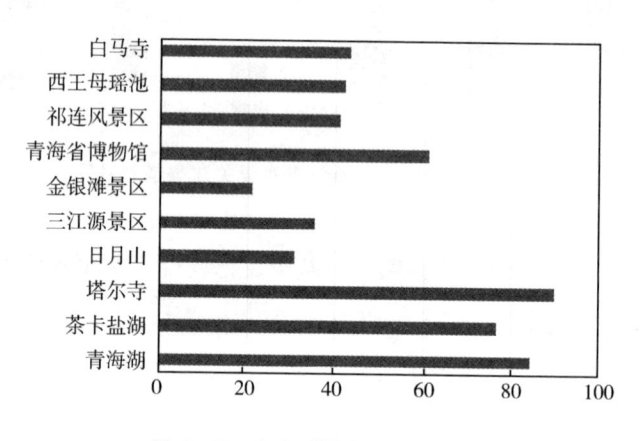

图 6-7　专家对景点关注频率图

六　#青海旅游#话题 专家组关联词网络

专家印象中（如图 6-8），关于青海旅游的关联词多集中于青海湖、文化路线、民俗节日、青海艺术、省博物馆、藏传佛教、藏族等。用户数据中与青海旅游相关性较高的是青海旅游攻略、景点和景点介绍等关联词。说明专家关注到的文化路径在青海省的旅游宣传中投入远远不够，青海省应该加强在这些方面的建设和景区的文化引导工作，提供更多的文化路径信息给互联网用户，帮助游客更好地了解青海文化，进而理解其内涵，完成一次"深度"的旅行体验。

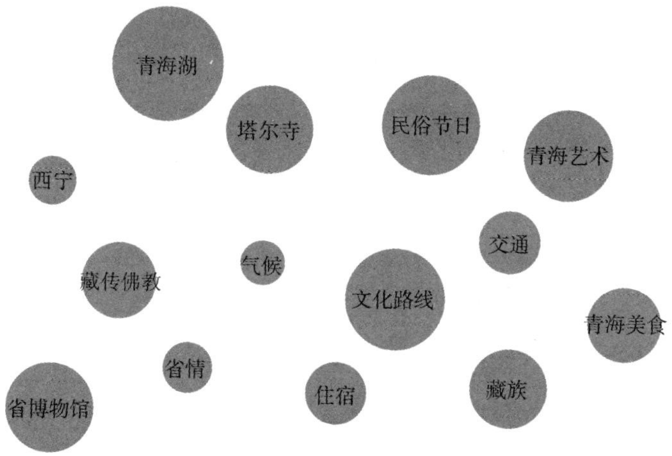

图中圆圈内文字：青海湖、塔尔寺、民俗节日、青海艺术、西宁、藏传佛教、气候、交通、文化路线、青海美食、省情、住宿、藏族、省博物馆

图 6-8 专家印象中对"青海旅游"的关联词图示

七 #青海自驾游#专家组关注最多话题

专家们关于自驾游的关注点主要集中在以下几个方面（如图 6-9）：

1.30—40 岁的专家关注的层面多集中在自驾费用、沿途景点自然风光、出行时间、沿途美食等方面，较少关注到路程的远近与安全性；

2.40—50 岁的专家关注的层面多集中在安全性、自驾路线、沿途景点文化价值、民俗多样性等方面，较少关注到自驾游预算、耗时与路程等；

3.50 岁以上的专家关注的层面多集中在安全性、沿途景点的文化价值、出行时间、路程、耗时等方面，较少关注到自驾游的预算、过路费等；

而互联网用户对自驾游的关注点多集中在路线和预算方面，专家的意见在于突出景点的文化内核与文化价值，进而延展出一套新的自驾游路线。

八 #青海生态保护#专家关注最多话题

专家关注最多的青海生态保护话题主要存在以下几个方面：植被保

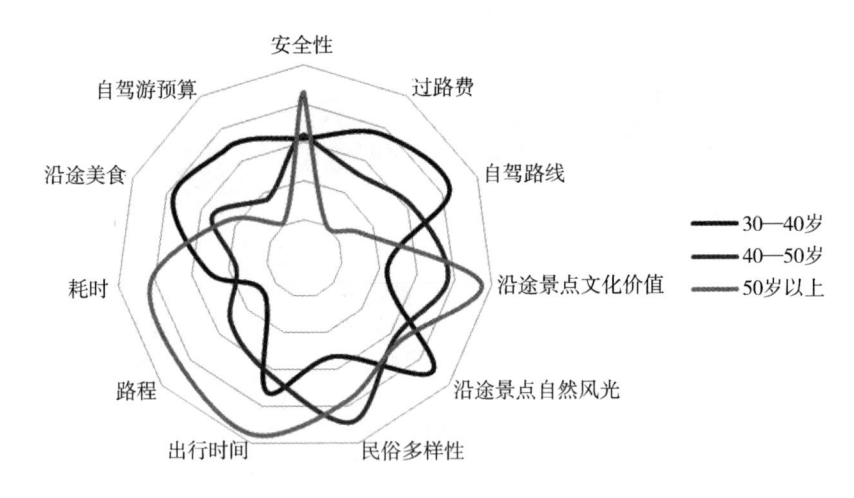

图 6-9　#青海自驾游#专家组关注最多话题

护、草原保护、藏羚羊保护、旅游垃圾治理、工业污染、开发破坏、生态保护观念、生活多样性保护、环境保护工作人员和未开发生态等（如图 6-10）。

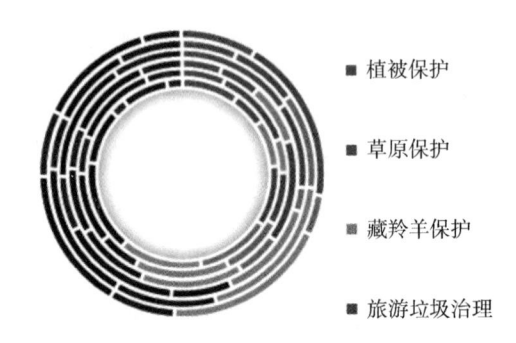

图 6-10　#青海生态保护#专家组关注最多话题

用户对青海生态保护话题更多的是存在于宣传和知晓方面，并未存在可执行的专业化的保护理念与行为传播。

九　#青海湖污染#话题专家印象

专家对青海湖污染存在很多不同的见解（如图 6-11），50%以上的专家关注到湿地恶化和游客乱丢垃圾现象；其污染的原因有部分专家归咎于生态系统的破坏、开发的破坏、工业污染以及当地居民环保意识的不足。媒体在宣传青海省民族文化旅游信息时还是存在一定的缺失。

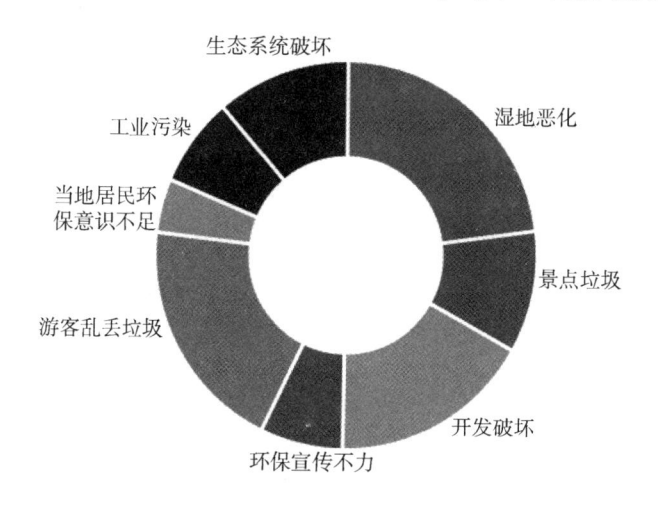

图 6-11　#青海湖污染#话题专家印象

十　#青海藏羚羊保护#话题的专家印象

专家普遍认为藏羚羊是一种具有灵性的珍稀生物，具有保护的价值。专家提到了目前藏羚羊数量逐步减少的现状下，透露出人类对其滥捕滥杀的行径，呼吁相关部门尽早起草保护条例，保护此类生物，也是保护着一种信仰（如图 6-12）。这与网民对于藏羚羊保护的关注度有一定的贴合性，网民对"盗猎者"以及藏羚羊种群数量越来越少的现状也已然引发了深刻的反思。

十一　与#热贡艺术#相关的热门话题

细分三个年龄层的专家对于热贡艺术都具有很大的兴趣（如图 6-13）。30—40 岁的专家对热贡艺术的印象多集中于热贡艺术博物馆、民俗风情、热贡艺术作品、藏乡；40—50 岁的专家对热贡艺术、民俗风情具有极大兴

218 / 情境与范式

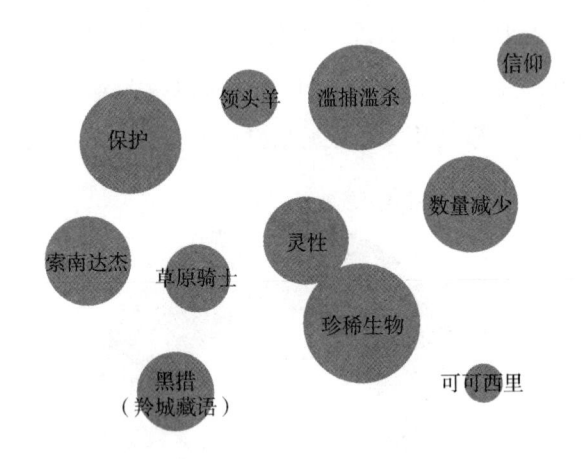

图6-12 #青海藏羚羊保护#话题专家印象

趣；50岁以上的专家对民俗风情、热贡艺术作品具有一定的兴趣。

通过对用户的数据分析，可通过关联性得出以下结论：网民和专家都对热贡艺术的发展历史和由来抱有极大的兴趣，对热贡艺术博物馆和热贡艺术作品都具有很强的参与感。相关部门可以在热贡艺术知识普及与艺术表演和展示方面加大投入和建设力度，方便更多的网民了解和欣赏热贡艺术。

十二 #青海少数民族#的专家整体印象

专家视角下的青海少数民族具有以下特点：信仰真诚、饮食偏向牛羊肉、热爱生活、藏传佛教、塔尔寺、热情好客、多才多艺等（如图6-14）。

网民对青海少数民族的普遍印象为穆斯林，网民对青海少数民族的信仰有一个较不系统的认识，大多数知晓穆斯林，但对当地的藏传佛教并未有深入了解。对于少数民族的传统与习俗学习需要进一步跟进。

十三 "青海民俗文化"的专家印象

专家们关注的多为花儿会、当地婚葬习俗和热贡六月会，当地引起较

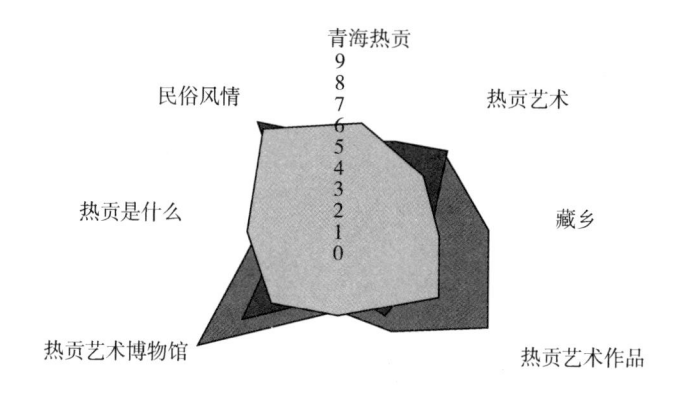

图 6-13 专家组对#热贡艺术#相关的热门话题

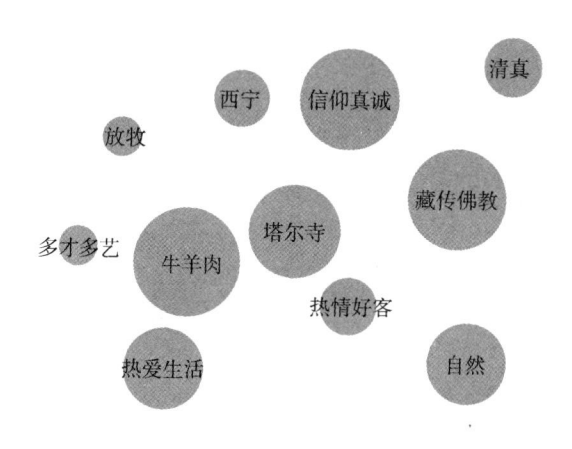

图 6-14 专家关于"青海少数民族"的印象图

多关注的民俗是蒙古摔跤、赛马、锅庄舞和婚葬习俗。可见，专家强调的是其内在的文化逻辑，而网民更多关注的是外化的简单传达形式。

十四 #青海历史人物#相关话题

关于青海名人，专家最为关注的为宗喀巴、十世班禅、源贺。而网络

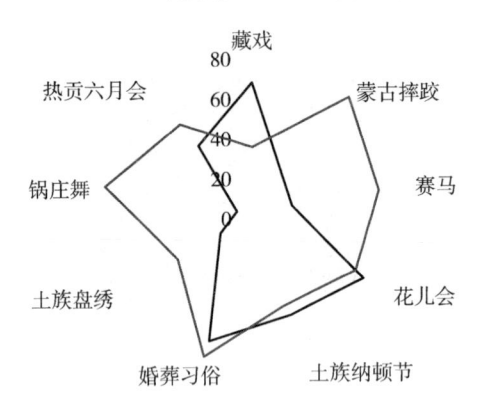

图 6-15 专家关于"青海民俗文化"的印象图

数据结果显示,网民对于青海历史人物的认知度不高。历史人物方面在互联网的推广不够高,这些文化名人都能形成独特的旅游资源。建议加强与历史人物相关的旅游资源建设和互联网包装推广。

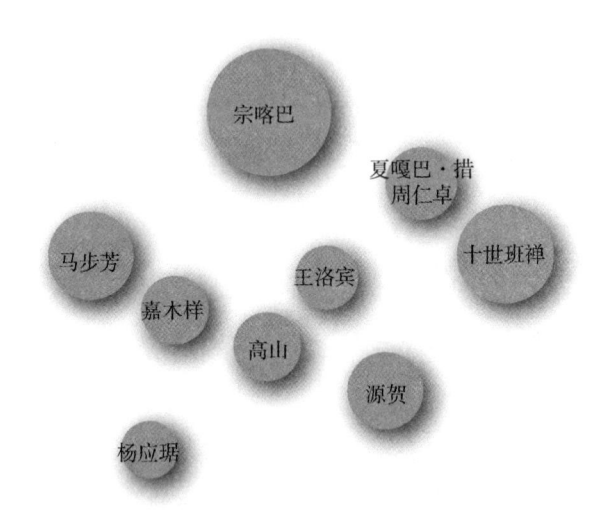

图 6-16 专家对于"青海历史人物"关注度示意图

十五 #青海历史文化#的相关话题

专家对于"青海历史文化"话题,关注更多的方面为藏传佛教、塔尔寺、青海省博物馆、互助土族等方面。网友对"青海历史文化"的话题，认知度较高的是"绘画艺术""藏文化""热贡""唐卡""旅游攻略""喇嘛遗址"。网友对"青海历史文化"主要都是集中在文化艺术的表现形式上，对于青海的历史这些的印象比较少，说明青海在历史文化方面的推广还不够。

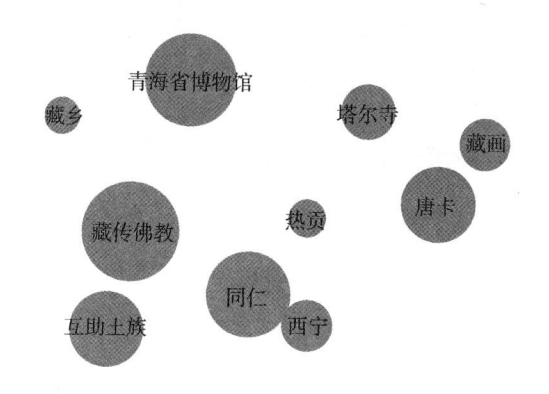

图 6-17 专家对于"青海历史文化"关注度示意图

十六 住宿攻略

关于"青海住宿"的话题中，专家关注的问题在于：民俗风情、景点文化内涵、景点自然风景、历史非遗、美食等方面，关注较少的方面为住宿、交通。但网友的关注点在于"结伴""拼车""旅行攻略""环线""青海湖""塔尔寺"，说明网民集中关注的主要方面为：出行方式、游览攻略以及景观特色。综上，青海省要在旅游路线和住宿方面提供即时有用的出行信息，并不断传播沿线景点的文化内涵。

第二节 青海民族旅游文化产业与传媒互动效果的差异分析

在民族文化旅游的过程中，当地居民和游客进行的是异文化交流，其

222　/　情境与范式

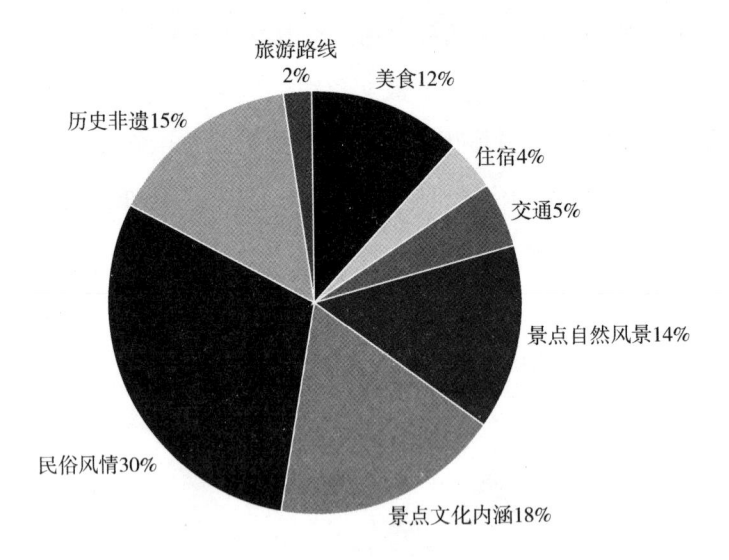

图 6-18　专家最关注的青海出行问题示意图

吸引力源自民族文化。民族文化旅游的推力是游客自身的异文化体验需求，而拉力则是客源地和目的地间的文化差异[1]。旅游人类学家瓦伦·史密斯认为民族文化旅游的特色是异域的风俗习惯和地方奇异性。在民族地区，作为东道主的少数民族的族群文化是最核心的旅游吸引物[2]。

　　由于民族文化旅游信息传播的目的和意义在于吸引游客前往民族地区进行旅游活动。但在与游客的异文化交流中，"旅游民族"的文化显弱势，在游客凝视的作用下极易被涵化，使得民族文化的原真性降低，长此以往反倒会抑制民族文化旅游的发展。此矛盾的成立是建立在旅游发展与文化保护存在矛盾之一前提下的，而这一前提目前正备受质疑。由游客凝视加重到旅游民族弱势，再到民族文化被涵化这两步之间并亦不存在必然的因果关系。因此要对民族文化旅游信息传播的影响进行客观审视，比如有学

---

[1] 周大鸣：《树立文化多元理念，避免民族旅游中的同质化倾向》，《旅游学刊》2012 年第 27 期。
[2] ［美］瓦伦·史密斯：《东道主与游客：旅游人类学研究》，张晓萍等译，云南大学出版社 2002 年版，第 20 页。

者认为旅游离文化越远对于文化保护越好,但实践证明,旅游恰恰是民族文化保护的有效平台;还有学者认为旅游业和现代化发展进程会导致民族文化的消失,但实际上旅游发展既为利益主体带来经济利益,又使社区居民了解到经济利益背后的民族文化价值,增强社区传承民族文化的动力,并促进社区的"民族认同"。因此,应该正确看待民族文化旅游媒介传播与文化保护之间的关系,既不能因噎废食、为保护文化而封闭信息;又要采取有效措施以监控文化变迁和由信息传播所引起的效应,洞察发展中存在的空间差异。

一 青海民族旅游文化品牌发展力不足

(一) 文化建设基础竞争力

经济发展模式与规模质量、环境建设与地理区位是区域文化竞争力发展提升的前提基础。青海由于省域经济发展总量规模较小,社会消费品零售总额少,经济社会整体发展水平低,对外经济交流数额总量较小、文化输出交流乏力、对外影响力低弱,所处地理区位偏僻、区位竞争力较弱,支持文化建设与发展的能力偏低。

(二) 公共文化服务竞争力

公共文化服务是政府公共部门以满足、保障公民基本文化生活权利为目的,提供公共文化产品与公共文化服务的总称,是区域公共文化服务体系建设水平、区域文化竞争力的重要组成部分与体现。青海公共文化服务体系建设滞后,公共文化服务与竞争力薄弱。第一,公共文化资金投入总量少、GDP占比较低。第二,公共文化基础设施建设数量少、水平低,人均公共图书馆、美术馆、博物馆、影剧院、艺术馆数量少。第三,公共文化服务活动开展较少、服务水平偏低,尤其是档次较高的文化活动较少,不能起到满足居民高层次的文化活动需求。

(三) 新闻出版传媒竞争力

新闻出版网络传媒事业是彰显、提升区域文化竞争力的主要途径,有影响力的新闻出版、电台电视台、网络传媒系统与平台可有效组织、创造、传播优秀文化，弘扬社会主义优秀价值观、人生观、世界观，提升公民文化道德思想素质，提升区域文化凝聚力、辐射力、影响力相对国内其他发达地区总体仍处于较低水平。第一，新闻出版业较落后，人均出版书刊、杂志、报纸种类、数量虽然较多，但缺少精品书刊、期刊、品牌出版机构，不能和国内发达地区强劲的新闻出版文化传播组织与机构媲美、比肩，省外出版物占据较大的青海图书、报刊市场份额。第二，广播电台、电视台，精品频道、栏目、节目较少，广播影视传播竞争力弱，辐射力、影视力不及江苏、浙江、湖南、东方、安徽卫视等电视台；就西北五省而言，青海新闻出版、影视传播、网络竞争力也处于弱势地位。第三，互联网覆盖率虽有所提升，但网络媒体发展较慢，精品文化产品较少。

（四）文化资源产业竞争力

文化资源是文化建设与发展的重要基础，文化品牌推广是提升文化辐射力、竞争力、影响力的重要渠道，世界文化大国与国内文化大省，都以丰厚的历史与自然文化资源为基础，发展文化事业与文化品牌推广，提升区域文化软实力与竞争力。原因在于青海历史遗留文化遗迹、自然文化资源均较少，对青海文化软实力支撑作用较小。第一，文化品牌推广总值增幅较大，但相对发达省份而言还是非常有限。第二，文化企业结构不够合理，规模以上企业少，只有新华发行（集团）等几家企业发展较快。第三，从业人员数量少、整体素质较低，文化品牌推广创新能力较低、人均产值较低。第四，知名文化品牌推广品牌数量少，不能充分发挥龙头产品、产业链带动作用。

（五）人力资源创新竞争力

文化创新竞争力是促进文化事业与产业发展、提升文化软实力与竞争力的重要基础，创新源泉与动力在于人力资源队伍。青海省涉及文化品牌推广与文化事业发展的专业毕业生少，不能提供较多专业高级创新人才。科研经费投入总量少，提升较慢，科研机构、科研人员数量较少，创新数量较少,未能发挥支持文化创新、推进文化软实力与竞争力提升的作用与功能。

(六) 文化消费与生活质量

生活质量、文化消费能力是区域经济发展、社会进步、文化繁荣的标志,也是提高公民文化素质、文化欣赏力与创造力,提升文化软实力、竞争力的重要基础。纵观世界与中国经济社会发展进程,文化发达、文化软实力与竞争力较强的地区,均呈现出居民生活质量、文化消费倾向与能力较高的特征。经济社会文化体发展滞后、居民实际收入较低、恩格尔系数较高,生活质量较低,影响文化消费能力与倾向,文化活动参与度较小,文化生活质量偏低,制约区域文化竞争力提升。第一,省域经济发展总量规模(GDP)较低,支撑青海文化建设与发展的基础力量薄弱,资金投入总量少,公共文化服务体系、公共文化基础设施建设落后,新闻出版网络传媒发展滞后,公共文化服务活动少、水平低。第二,文化建设的理论研究不够深入,总体发展定位、目标(近期与中远期目标)、路径不够明确,缺少科学性、合理性、长期性发展计划,文化建设发展规划重点不够突出。第三,文化管理体制深化改革不到位,文化事业与文化品牌推广发展主体界定不够清楚,政府引导、参与文化品牌推广发展较多,文化建设、发展注重资金与项目先期投入,成果验收、绩效评估不够严格,发展型政府模式特征明显。第四,文化品牌推广市场化、商业化发展处于初中期阶段,文化品牌推广投融资机制落后,社会主体、民间力量参与程度低,资金投入较少;文化品牌推广行业规模小,企业结构不合理,文化品牌推广大型龙头企业少,产业链、价值链、企业链优化程度不够。第五,品牌化与精品化发展意识不强,优秀文化作品、知名文化品牌推广较少,产品低俗化现象突出;优秀传统文化、自然文化资源的深度综合开发度低,公共文化活动、文化商品的多样化、多元化发展不够,非物质文化遗产保护与传承、管理机制建设不够健全,优秀民间、民族文化保护与发展存在危机。第六,文化人力资源队伍规模数量少,缺乏领军人物,文化与科技创新能力较低。第七，经济发展滞后、居民收入水平，生活质量、文化消费能力偏低，总量上排全国倒数第二，限制居民积极参与文化活动，影响文化欣赏水平、创新能力的提升，影响省域文化软实力与竞争力的提升。

二 青海文化创意产品开发动力不足

青海的文化创意品业起步晚、基础差、层次低、收益少，竞争力弱。具体存在的问题包括以下几方面：

（一）文化创意品的设计缺乏民族特色、地方特色

目前为止，来青游客购买的文化创意品集中在土特产，如青稞酒、老酸奶、牛肉干、枸杞、黑枸杞、藏饰、羊毛被、牛绒衫等，这些资源性文化创意品比较容易开发新产品。以青海小西牛生物乳业有限公司的产品为例，在原味酸奶的基础上，又开发出酸酸乳、大红枣酸牛奶、托伦宝纯牛奶、"香日德"牦牛一口乳、黄桃燕麦酸奶、枸杞樱桃酸奶、青稞黑米酸奶等不同口味和价位的产品。但这些产品无法刺激游客产生更大的消费欲望，经营数量和经济效益是有限的。

地方特色与民族特色通常是以创意品、工艺品为载体的，它们最能够反映一个地区、一个民族的文化特征，创意品、工艺品以其特色的原料、特色的设计、特色的工艺、特色的包装和具有特色的历史文化对游客具有很强的吸引力。但能够充分体现青海文化特色的纪念品、工艺品在文化市场上还不多见，游客往往买走的都是在我国其他城市和景点也能够买得到的无特征、识别度不高、随处可买的文化创意品。

（二）游客的购买欲望不强烈

文化创意品价格、质量、档次、包装呈现严重的两极分化。旅游者需求层次不同，在旅游活动中所表现的消费水平也就不同。来青旅游者对青海文化创意品形成的共识是：高档次商品如冬虫夏草、黑枸杞、昆仑玉、唐卡、堆绣等质量好、价格贵、档次高、品牌多、宣传广、包装精美，这些商品会使旅游者产生消费欲望但付诸购买行动的人不是很多；低档次商品如藏饰、小工艺品等质量差、价格廉、档次低、品牌少、宣传无、包装粗劣，旅游者在购买时会出现不买不行，买了遗憾的情况。另外青海的许多文化创意品包装粗陋、图案文字简单无特色，游客购物的一个重要目的就是要馈赠亲友，包装简陋或没有特色都会影响交易的实现。即使有些厂家注重产品包装，但没有注重包装的艺术性和文化性。雪山、草原、牦牛固然是青海的标志，但不论何种性质类别的商品都采用这些符号，对于游客会产生视觉疲劳。

（三）文化创意品缺少艺术性

文化创意品生产企业规模化程度不高，除了著名企业的品牌商品以外，当下市场销售的很多文化创意品，都是一些小型不知名企业生产的，受企业经济实力、生产能力的限制，其只能生产资金需求少、周转快、价格低廉、质量一般、档次偏低的商品。还有部分商品是以家庭为单位的手工作坊生产的，生产者多为民间艺人，生产方式一家一户、各自为政，生产经营以模仿为主、生产设备简陋、商品品种少、技术含量低、产品品位和艺术性不高，缺乏设计研发能力。所生产出的商品从产品质量、卫生安全、经营销售、售后服务等方面根本无法保障消费者的权益以及经营者的经济效益。

（四）文化创意品的质量没有保证

商品销售方式单一、经营秩序混乱，旅游景区和景点的零售店数量很多，较为分散，由旅游景区自行开设或承包给个体户经营，商品多来自相同的大型批发市场，购物方便，但"千店一面"、质量较次、无售后服务、购物环境差、宣传手段简单；旅游定点商店在我国各地都比较普遍，分为国营和私营两种，私营所占的比重要更大一些，这类定点商店资金实力雄厚、场所地理位置偏僻、购物空间大环境好、商品种类齐全、商品质量好有良好的售后服务。但这类商店与旅行社、导游和司机有利益分成的关系，直接导致了商品价格高于市场平均水平的问题。同时由于经营秩序混乱，市场上出现假冒伪劣产品、有些市场不明码标价，欺客宰客，做引人误导的虚假宣传，使游客缺少安全感，无法安心购物，甚至出现投诉现象。超市的文化创意品专柜由于受到空间限制，完全以销售量作为商品是否上架的衡量标准，所以销售品种有限。临街文化创意品购物店较为普遍，但货品的真假、质量、售后也均为商家自己说了算，在交易后发生投诉问题的情况比较多。

（五）文化创意品的设计缺少专业人才

文化创意品缺乏专业设计人才，青海现有的大学以及职业技术学校中都开设了与旅游相关的专业，以三所高校为例，青海大学的旅游专业倾向经济、旅游管理、酒店管理方向；青海师范大学的旅游专业倾向旅游地理、文化资源规划与开发方向；青海民族大学的旅游管理专业倾向旅游文化、旅游管理方向。个别院校开设了文化创意品的基础课程《文化创意品学》。高校的培养目标多为旅游业管理人才或文化资源规划与开发人才，职业学校的培养目标多为旅行社计调或导游人才等旅游一线工作人员。除青海交通职业技术学校开设了与文化创意品相关专业，但主要以加工技术为主，例如昆仑玉的加工制作等，培养的是工艺品加工制作的一线工人。作为为青海旅游业提供相关人才的学校并没有相关的培养计划，由此看来文化创意品的开发设计在青海的高校培养中是个空白，在青海能够从事文化创意品开发设计的人员、团队和后备人才是严重匮乏的。

第三节　青海民族旅游地区文化传播效能提升空间

基于对青海民族文化旅游产业发展现状和传媒互动的效果评估进行关联度验证，通过对青海民族文化旅游区域进行的实地调研和对网络信息的分析，提出下列提升青海民族文化产业传播效能空间的建议。

一　文化竞争力提升路径

提升青海省经济社会实力、强化文化建设发展基础，第一，必须贯彻

"创新协调发展、绿色发展、开放发展、共享发展"理念，坚持"四个全面"战略，转变经济发展模式、优化产业结构，提升青海经济实力与总量；积极实施收入倍增计划，提升居民实际收入水平，提高居民生活质量、文化消费水平。第二，扎实做好意识形态领域工作，培育和践行社会主义核心价值观；开展群众性精神文明创建活动，深入挖掘和推广先进典型，发挥示范带动作用。第三，深化文明城市创建活动，推进农村乡风文明建设，积极倡导企业文化建设，加强文化活动场所建设，营造良好的社会环境与文化建设发展氛围，为提升青海文化竞争力提供必要的条件、动力。深化文化体制机制改革、优化文化建设制度环境。激发、提升民间资本、市场主体的文化建设发展参与度，提升文化建设与产业发展的市场化、商业化程度。优化整合文化建设与发展计划，建立文化专业管理项目机制，健全对基础性、大众性、战略性文化建设项目的支持机制，不断增强文化发展动力和活力。同时深化国有文化单位改革，推进文化事业单位人事、收入分配、社会保障制度改革，支持国有文化企业进行股份制改造；理顺政府和文化企事业单位关系，完善管人管事管资产管导向相结合的国有文化资产管理体制。第四，加强文化市场监管体系建设，构建统一开放竞争有序的现代文化市场体系，加快培育产权、版权、技术、信息等要素市场，办好重点文化产权交易场所，规范文化资产和艺术品交易。

（一）完善公共文化服务体系与能力

从完善公共文化服务体系、提升公共文化服务能力角度而言：第一，提升公共文化事业资金投入，建成覆盖省、市州、县、乡、村五级的公共文化服务体系。强化公共文化基础设施建设，改造提升省博物馆，填平补齐市州级"三馆"及县级"两馆"，建设市州、县级剧场，完成一县一影院目标。第二，实施数字文化服务工程，建设省州县数字文化馆、县级数字图书馆和基层数字文化综合服务平台；统筹建设集文化、科技、教育、健身等多功能于一体的基层综合性文化服务中心，提高公共文化设施标准化、规范化水平和运营能力，逐步扩大公共文化设施免费开放范围。第三，积极开展公共文化活动、提升文化活动数量、质量、档次，实施好文化进村入户、流动文化服务车、农村小舞台、开展流动文化服务，打通公共文化服务"最后一公里"，提升公民公共文化活动参与度。打造优势文化传播平台、提升新闻传媒竞争能力，组建工艺美术、出版传媒、广播影视等企业集团，支持成立文化品牌推广孵化基地，大力发展广播影视、民族演艺、工艺美术、新闻出版等业态，打造国内外知名期刊、报纸品牌，提升省域新闻出版传播业竞争力。第四，建成全省广播电视光缆传输网络，完成有线电视数字化、双向化改造，实施全省广播电视节目无线数字化覆盖工程，提升广播和电视综合人口覆盖率。第五，推动传统媒体和新型媒体融合，实现台网互动、优势互补，促进网络广播电视台建设，打造新型主流媒体，提升省域广播影视传播平台影响力；提升互联网普及度与覆盖率，加大网络监控，传播优秀文化，强化社会文化正能量。第六，扩大对外人文交流，打造文化展示交流平台，构建面向全国和世界的文化传播体系，形成面向周边国家和地区的人文交流基地，强化优秀地方民族文化传播，增强"大美青海"影响力和知名度。着力开发优秀文化资源，做大做强做优文化品牌推广。

（二）科学发展青海"文化名省"战略

第一，需科学界定青海"文化名省"建设战略的内涵与目标，实施多元化、特色化、差异化、品牌化文化品牌推广发展战略，深入挖掘青海优秀民族、地域文化资源。第二，构建现代文化品牌推广市场体系，发展广播影视、民族演艺、工艺美术、新闻出版等业态，繁荣文学、艺术、影视、音乐创作和传播，推进文化软件、建筑艺术、广告等文化创意产业与实体产业融合发展；促进科技、金融、旅游产业与文化品牌推广融合，强化与规范新兴网络文化业态，提高文化品牌推广规模化、集约化、专业化水平。第三，积极实施集聚发展模式，推进文化品牌推广园、文化创意集聚区项目建设，实施示范区培育提升工程，提升园区集聚集群效能，协同发展众创空间，孵化创新型小微文化品牌推广企业，形成文化品牌推广新业态和新增长点。第四，优化文化品牌推广企业结构，打造龙头企业，充分发挥龙头企业、产品、产业带动作用。第五，提高文化产品开发的科学性、合理性，加强品牌化发展意识，推进文化创意和设计发展，加快与现代科技和时代元素融合，打造文化创意精品，提升文化品牌推广高度、精度，提升文化市场繁荣度；强化产业发展绩效评估，提高文化品牌推广人均产值。

（三）强化文化创新能力建设

强化文化创新能力建设、增大文化创新发展动力。第一，尊重创新精神、创新价值，推进大众创业、万众创新，提升青海文化创新势能，提升公共文化事业、文化品牌推广发展品质。第二，构建创新型、服务型政府职能，形成政府支持、市场主导、企业主体、科研院所积极参与、政产学研用结合的创新体系，实现科技成果与市场对接的双向互动、良性循环。第三，创建国家级文化创新平台、地方特色的文化、智库，加大文化科研经费投入，完善科技专项、引导基金管理，提升文化科研机构、科研人员数量，提升文化科研、创新成果数量质量；增强科技成果转化能力，促进科技与经济深度融合。第四，改革科技成果产权制度，健全侵权查处机制，完善股权、期权税收优惠政策和分红奖励办法，形成鼓励创业创新的收入分配机制，激发科研机构和高校创新潜力，激发人才创新创造潜能，激发市场转化科技成果的潜力。第五，推进"互联网＋文化品牌推广"发展战略，推动文化产品和服务的生产、传播、消费的数字化、网络化，强化互联网、信息产业对文化创意和设计发展的支撑能力，培育双向深度融合。

（四）专业型人才的培养与建设

实施人力资源集约战略、夯实文化建设发展基础。第一，提升教育经费投入总量，实施人力资源集约发展战略，在大中专学校设立与文化建设相关的专业，积极培养专业高级人才；优化"管产学研"合作的文化人才培养模式，提高文化人才培养效率；建立文化人才终身教育制度，建立特殊文化人才因材教育机制，全面提升文化人力资源队伍综合素质。第二，建立文化人力资源系统信息库、专业网站、失业预警系统，健全文化人力资源管理、激励、监督、社会保障机制，保证文化人才、用人单位合法权益。第三，加强领军人才队伍建设，实施"青海高端创新人才千人计划"整合"昆仑英才""昆仑学者"、人才小高地等计划，汇聚拔尖领军人才。第四，强化文化专业技术人才队伍建设，合理调整文化人才队伍的年龄结构、区域结构、行业事业结构、专业结构、层次结构等，建立富有创新精神的文化人才队伍。

二 文创产品促进路径

长期以来，冬虫夏草等中藏药材作为青海特色的当家商品，还未得到深层次的系列开发，文化产品生产呈现"三低一少"的状况，即产品质量低，设计水平低，包装水平低，缺乏鲜明的宣传口号，有纪念意义的商品少。在新产品开发和包装设计方面，缺少创新，市场营销理念薄弱。

（一）旅游购物的需求形式

据旅游市场调查，游客来青海旅游最主要的目的是游览青海湖、塔尔寺等名胜古迹，而专门把旅游购物作为主要目的的游客比例很小。游客在青海的旅游购物主要是一种随机冲动型消费的购物行为，因而要求：购物场所应具有易达性，分布在交通要道和旅游景点，容易引起游客注意，并便于购买；购物场所须设置在旅游者容易精神兴奋、情绪高涨的地方，旅游者有兴趣、有精力，才能促成购买行为；文化产品特色性强，具有浓郁的青海地方气息，能够产生强烈的吸引力；进行有效的现场促销，引发游客兴趣、激发其即兴消费。明确当前青海旅游购物的随机冲动性，制定出相应的文化产品销售策略和营销战略，这将有利于青海文化产品经济发展。

（二）旅游者的购物动机分析

旅游者购买文化产品的动机主要包括：一是纪念性消费，即购物是为了留作到青海旅游的凭证；二是馈赠亲朋好友，特别注重商品的品位、质量、包装、价格和地方特色；三是求知性消费，如购买各种有关介绍青海自然风貌、民族风情、青海历史文化的书籍、地图、小宣传册等；四是实用性消费，即购买与旅游活动紧密相关的各类生活用品，注重商品的质量、样式及实用性。上述购物动机很多时候是交融在一起的，促成旅游者的购物行为。故文化产品的开发要注意其多功能性，能从不同角度诱发旅游者的购物欲望，进而产生购买行为。

（三）文化产品开发设计原则

1. 市场向导原则

大多数文化产品属于旅游者现场感受激发的购物冲动而产生的行为，产品开发必须以市场为向导，文化产品种类、结构与旅游者购买偏好、购买能力相适应。

青海文化产品结构要与众多类型旅游者的购物需求相适应，尽量保证文化产品的花色、品种、规格的多样化，同时做到"人无我有，人有我优，独步天下"。并根据市场客观要求，随时对客源市场和消费层次进行动态分析，文化产品实行多层次开发，合理制订低、中、高档文化产品经营的比例。此外，由于旅游者对文化产品信息的把握具有不完全性，或者说旅游者与商品供给者信息不对称，往往不知道哪种商品最符合自己的需要，在实际购买中选择了次优品或替代品，基于上述情况，文化产品生产厂家应认真分析游客旅游购物的动机，创造需求，引导市场消费。

2. 突出地域特色原则

尽量利用青海地方独特的资源和传统技术优势，开发具有本地特色的文化产品，同时要特别强调文化产品的文化含量，赋予文化产品以高的文化附加值，使文化产品总体形象与青海文化性形象相协调，使旅游者对青海文化产品的感知与对青海的总体感知相一致，从而激发旅游者购物行为。而且，突出青海文化产品的文化特色，一则可变青海旅游资源为商品优势，二则又通过文化性文化产品来强化青海的历史文化内涵，使商品和文化之间得以良性互动。

3. 旅游项目与商品一体化原则

购物已是人们旅游活动中必不可少的组成部分。青海省在进行景区开发建设时，应根据旅游景区特色来对文化产品进行设计和制作，实行定向开发，使商品与景区，特别是主要景区有针对性的协调一致，显示自己的特色和垄断性，避免异位仿造。文化产品应在品种、文化内涵、款式等方面将地域性、民族性与纪念价值、使用价值有机地结合起来。

4. 提升旅游文化冲击力原则

文化产品要获得消费者的认可，产生购物欲并付之行动，必须提升文化产品的文化冲击力，引起旅游者的兴趣、联想、爱不释手，激发其消费行为。故青海文化产品要从造型、色彩、包装、文化理念、宣传口号等方面进行新颖别致的设计，以诱使旅游者注意—兴趣—占有欲望—购买动机这一心理链的形成，进而产生购买行为；同时创造出一个良好的购物环境，从商店选址、门面装饰、室内装潢、商品布置等方面营造一个诱发旅游者购物冲动的氛围，促使购物行为最终实现。

5. 坚持创新开发原则

青海省旅游业正处在大发展的新时期，近期规划客源市场面向全国和国际旅游者，文化产品必须要突出创新开发的基本思路，形成起点高、创意新、特色浓、层次明的精品系列，否则就缺乏市场竞争力和吸引力。文化产品开发时序安排上，拳头商品优先安排；投资小、回收快、效益好的优先安排，以进行滚动开发，分期实施。

三　青海省民族旅游文化传播的互联网建设

依托特色文化资源，构建特色文化推广，是青海旅游文化品牌推广的基础。培育市场主体，做强特色文化企业，是青海文化品牌推广发展的当务之急。要加速推进经营性文化事业单位转企改制，培育更多有活力、有实力的文化企业，使之成为推动各门类文化品牌推广发展、活跃文化市场的生力军。要按照政府引导、企业主体、市场运作、社会参与的原则，以文化旅游、文化创意设计、民族民间工艺、演艺休闲娱乐、文博节庆会展、广播影视制作译制、印刷出版发行等产业门类为重点，推进优势产业和特色产业优先发展。要以数字化技术为依托，以新型传播手段为载体，大力发展动漫、网络出版、创意设计、广告策划等新型文化业态。要努力打破目前文化资源条块分割、行政壁垒、行业垄断和文化企业小而散、实力弱、无序竞争、经营层次低的局面，以资源或产权为纽带，力争在藏文化艺术产业、文化旅游业、民族民间工艺制作业等领域，运用市场机制推进跨地区、跨行业、跨所有制的联合、兼并和重组，尽快形成拥有核心竞争力的大型文化品牌推广集团。同时，在各产业领域，支持发展"专、精、特、新"的中小企业，培育更多市场主体。在农村牧区，要进一步扶持和引导各民族的民间文化传人创立文化品牌推广示范户，以他们独有的技艺绝活开发特色文化产品，成为民间文化品牌推广发展的带头人；要引导和支持文化底蕴深厚的村、镇作为文化产品生产的"专业村镇"走向市场，带动当地独具特色的文化产业发展。突出资源优势，精心打造特色文化品牌。这是提升青海文化品牌推广竞争力的关键所在。要按照以昆仑文化为主体的多元一体文化定位，深入挖掘青海特色文化资源，精心打造以"大美青海"为统领，以昆仑文化为重点，以一系列区域、历史、民族、宗教、会展节庆等文化品牌为多元内容的特色文化品牌体系。

一是明确整体形象定位，全力打造"大美青海"整体形象品牌。"大美青海"是在全面深入分析青海省情基础上，提炼并着力打造的一个区域整体形象品牌，更是一个具有厚重文化内涵、巨大文化价值的文化品牌，在青海文化品牌体系中处于最高层次和引领地位，是母品牌。打造青海文化品牌体系，应突出"大美青海"这一整体形象，将其上升为全省的品牌工程，成为各部门、各行业、各单位一致对外的宣传形象。

二是突出主体文化定位，重点打造昆仑文化品牌。"以昆仑文化为主体"的文化定位，符合青海历史文化和现实文化的实际，彰显了青海文化特色，突出了青海文化的品质和地位。在青海诸多文化品牌中，昆仑文化是"主体文化"品牌，既具有丰厚的文化资源积淀，广泛深厚的群众基础，又具有全国乃至世界比较熟悉认同，在中华民族文化中地位崇高的优势，极具挖掘潜力和品牌价值，应重点打造和推广。

三是体现多元文化特色，精心打造多元文化系列品牌。青海多元文化各具鲜明特色，具有丰富性、独特性等特点，要深入挖掘青海历史、民族、宗教等文化资源，精心打造多元系列文化品牌，如"花儿"文化、热贡艺术、格萨尔文化、青海湖国际诗歌节等，都有很高的品牌价值。要支持和鼓励各地区发挥比较优势，实行差异化发展，走出各具特色的文化品牌建设之路。整合产业布局，着力建设特色文化品牌推广园区（基地）。这是推动文化品牌推广发展的重要载体和有效手段。推动青海文化品牌推广，必须以园区、基地为依托，整合文化品牌推广的空间布局，优化文化资源配置，提高产业集中度和集约化经营水平，走产业集群发展的路子。要按照"一核三带四区"的总体布局要求，根据区域文化资源的禀赋特点和产业相关效应，运用兴办经济开发区的模式，以中心城市为重点，鼓励发展各具特色的文化品牌推广园区和基地，促进文化资源优化配置和产业合理分工，形成文化品牌推广集聚区。青海省已在建设一批具有产业带动作用和示范效应的特色文化品牌推广园区（基地），如西宁城南文化品牌推广集聚区、海北州中国原子城红色文化旅游基地、黄南热贡文化生态保护区等。下一步，要将文化品牌推广园区（基地）建设纳入区域总体规划，以科学发展观为指导，按照依托优势资源、找准市场定位、融入整体环境、适度超前建设的原则，做好规划论证，加快投资建设步伐。要鼓励和支持各地谋划建设有影响、有特色、有市场、有发展潜力的文化品牌推广项目，有关部门要依据省委省政府支持文化品牌推广发展的优惠政策，完善配套政策，在政策、资金、土地等方面对其进行重点扶持，使之尽快形成产业规模，产生经济效益。要着力健全园区服务功能，优化园区发展环境，吸引更多的企业入驻园区。

具体而言，青海省民族旅游文化传播的互联网建构应当基于以下的方面：

（一）有效运用旅游符号

传播活动要高效进行，符号是非常重要的中介，因此拥有共同认可的旅游符号认知在旅游活动中尤为重要。例如，华山的"华山论剑"石刻、黄山的迎客松、龙胜的龙脊梯田，等等。旅游文化传播是一个旅游文化符号化和符号解读的过程，符号运用得当的话，符号沟通无阻，传播也会顺畅，因此，青海的旅游文化传播要想更有效的达到传播目的，迎来青海"旅游+互联网传播"新时代，就必须要学会运用旅游符号，选择具有代表性的旅游符号为当地的旅游文化传播服务，使鲜明的旅游符号深入人心。青海省举办的"2018大美青海旅游商品大赛"就是一次很好的尝试，获奖的单位分布为：西宁市旅游局、海南州旅游局、海北州旅游局、黄南州旅游局和果洛州旅游局，这也鼓舞更多的旅游局做好本职工作，为游客提供更大的便利，为当地带来更高的收入。

第一，建设旅游信息平台。加快青海民族文化旅游区域信息平台建设，采集存储基础数据和动态数据，使成为来源并服务于全省民族文化旅游互联互通的基础平台。建立和充实青海民族文化旅游目的地数据库，包含旅游机构信息、景点信息、民族文化信息、宗教文化信息、旅游客源市场信息、旅游企业信息、交通信息、特色美食、旅游人力资源信息、保障信息、政策法规、行政管理、教育培训信息等。突出青海民族文化的精神内核和独特地位，提升旅游者对青海民族文化的感受能力。建立旅游信息平台既是实现旅游产业数字化和网络化的基础，又是旅游目的地网络营销的关键。

第二，建设智慧旅游管理体系。围绕景区、宾馆饭店、旅行社等开展智慧管理系统建设。积极利用物联网、云计算、移动互联网、GPS定位等技术，建立统一的、各系统间实现数据无缝交换的中央数据库平台。智慧旅游的管理要围绕旅游服务中心、管理中心和营销中心开展管理系统的建设。

第三，建设智慧旅游服务体系。建设青海民族文化旅游智慧服务体系，主要开展六大系统建设，包括移动终端服务、公共信息服务、旅游信息推送、文化解译服务、游客互动评价和在线预订服务等，使青海传统的民族文化旅游和新兴的智慧旅游紧密联系在一起。

（二）推动媒介融合

当前的媒介融合已经不仅仅局限于报纸、电视等传统媒体与互联网媒体的融合，而是扩展到了更广泛的、与信息传播相关联的所有智能软件与硬件之中，越来越多的终端设备和应用程序都将成为超级物联网世界的信息节点。2017年6月22日，腾讯发布了智能语音解决方案——腾讯云小微，开放给所有开发团队，建立开放的人工智能生态。未来腾讯也将与人民日报中央厨房合作，用机器来编写模式性较强的新闻稿，当前在体育类报道方面已经实现了机器写作。同时，腾讯把人工智能与自然语言处理能力运用到媒体融合中，让新闻获取更加快速高效。除此之外，微软小冰电台正式上线，小米、小爱智能音箱的存在也给媒体智能化指引了新的方向。智能媒体已经不仅仅局限于口号，正一步步成为现实的存在。

媒体融合的未来是智能化。智能媒体不是简单地把丰富的内容集成给受众，或者通过大数据分析了解所谓的用户需求。现阶段一些媒体的精准推送其实根本不精准，更谈不上智能。未来媒体应该在特定场景下实现实时的需求与供给的智能匹配。简单地说，媒体确实可以了解消费者的真实需求并在消费者正好需要的时候进行推送，推送的不仅是信息还有服务。媒体智能化不是简单的媒体融合，也不是媒体融合的进阶版，而是真正将智能系统应用于媒体，从而更好地实现媒体和人的沟通。

物联网是接下来智能时代的基础设施，通信互联网、能源互联网和物流互联网作为三大关键部分共同构成了物联网的主体，在一个高度互联的智能网络中将所有人和物集合起来。每一个被物联网所连接的物体都将具备智能媒体的属性，越来越多的物体都将被嵌入一定程度的媒体智能。一旦接入物联网，它们就会开始实时的自我监控并全面地记录、分析和洞察人类的生活并与人类进行一定程度上的沟通。

随着新媒体的诞生及其发展壮大，传统媒体的生存空间越来越小，因此，媒介融合、传统媒体新媒体化是媒体发展的必然趋势。通过两种及两种以上不同的媒介进行融合实现最优的传播效果，这是未来媒介传播的发展方向，也是"旅游+"新时代旅游文化传播的必然趋势。媒介融合的实质是对系统实施的协调，以使系统朝着更优的目标发展，并保持最佳性能。不同媒介交叉使用的传播效果会远远超过使用单一媒介产生的传播效果。例如：媒介组合可以让媒体做创造性的互动（即1+1>2）。媒介组合可以提高媒介应用效率，可以提高信息到达率，使信息传播空间大大扩展，提高传播效果，等等。在新媒体环境下，青海省要更有效的传播其旅游文化，扩展其传播空间，扩大青海旅游文化的影响力，因为推动媒介融合是其必经之路，利用多种媒介组合以达到最优的传播效果，迎来青海"旅游+互联网传播"新时代，是未来青海旅游文化传播的探索方向。

（三）打造互联网民族文化旅游品牌

旅游景区作为旅游产业的核心组成部分，应该根据旅游市场需要的变化，抓住文旅融合的契机进行转型和升级，不断提高旅游产品的文化内涵和品质，塑造文化旅游品牌。文化旅游品牌的塑造是当前文旅融合下旅游产业发展的必然趋势，也是旅游产品能够在激烈的市场竞争当中取得优势和关注的重要载体。"文化旅游品牌的塑造必须以区域文化内通为依据，紧紧围绕当地文脉进巧，根据市场的需求适时调整产业策略，整合优势，亮出自己的特色"。[1] 相对其他景区来说，当然，"历史文化资源并不直接导向竞争力"[2]。所以只有进行创意的转化，将文化和遗产资源转化为可观可赏可体验的文化旅游产品才能够吸引游客，塑造良好的文化旅游品牌形象。综上，青海省应在保护和挖掘文化资源、整合周边旅游资源、开发

---

[1] 张宏瑞：《文脉在文化资源旅游开发中的主导作用》，《资源开发与市场》2004年第2期。
[2] 陈少峰：《文化产业读本》，金城出版社2009年版，第55页。

特色文化旅游产品和文化创意旅游商品、加强网络营销和文化营销等几个维度打造当地旅游品牌。

（四）建设专业的信息传播人才

青海民族文化旅游信息传播过程中涉及的传播主体主要有政府、旅游企业、社区居民、负责编码的把关人、导游等解码中介以及游客等。这些传播主体分布范围广、个体差异大、行业壁垒深，不适于集中整体培训，而应该根据各传播主体的特点和分布情况，充分发挥政府的主导作用，依托各级党校、大专院校、行政院校及旅游系统培训机构等有效载体，用好现有的西部旅游人才培训基地，积极争取世界旅游组织在青海省设立国际旅游教育培训基地。进一步加大各类人才培训力度。制定《青海省旅游国际化人才教育和培训行动计划》，开展民族文化旅游人才培养模式的创新与改革。

第一，对政府工作人员的培训。把旅游业人才队伍建设纳入全省干部培训中，建立完善青海省旅游人才评价制度。对于政府部门工作人员，以干部培训班等形式进行培训，努力建设高素质干部队伍，使旅游系统干部队伍的服务意识明显增强，整体素质明显提高，群众满意度明显增长，树立旅游行业良好形象。

第二，对旅游从业人员的培训。对于旅游企业从业人员，利用冬春旅游淡季，举办省旅游从业人员培训班，为旅游业发展提供有力的支持和保证。对宾馆及农牧家乐服务接待培训班、景区（点）应急救护知识培训班和旅游从业培训班，提高从业人员的技能水平和综合素质。在提高已有队伍人员素质的同时引进专业人才以提高旅游业的管理水平①。

第三，对目的地社区居民的培训。对于社区居民，要着力于培育其对发展旅游的认同态度、参与意识和积极程度，并提供必要的技能学习机会。鼓励原住民对传统民族文化的传承，激发对传统民族文化的自豪感和

---

① 宋英萱：《浅谈如何加强旅游业的竞争性》，《现代经济信息》2011年第4期。

传承意识，鼓励社区居民从事民族文化旅游相关行业。

第四，对旅游信息把关人的培训。而对于负责把关的旅游服务人员，在技能方面，一方面，要严把人员招聘，提高薪资福利待遇，着力于引进学历层次高、知识储备足、经验丰富的专业技术人才；另一方面，要为在职的把关人提供继续学习和参加培训的机会，鼓励其进行深造、考取资格证书。在民族文化方面，要对其进行民族文化方面的培训，以避免民族文化符号的误读影响信息传播的效果。

第五，建立专家咨询机制。搭建旅游智力支撑平台。成立并强化青海旅游专家咨询委员会，利用好省内外旅游专家、教授、学者和科研人员资源，深化旅游产业发展改革。以青海省旅游规划设计研究院为中心，联合省内外高校与科研机构，实施青海旅游重大专项研究计划，加强对青海旅游产业发展问题和对策的专题研究，切实提高旅游研究的创新性和落地性。建立青海省旅游专家库为全省旅游重大决策提供智力支持[①]。

（五）"互联网+旅游"的形式创新

2013年8月19日，习近平总书记在全国宣传思想工作会议上指出，"要讲好中国故事，传播好中国声音"；2016年2月19日，习近平总书记又在党的新闻舆论工作座谈会上指出，"要坚持以人民为中心的工作导向，尊重新闻传播规律，创新方法手段，切实提高党的新闻舆论传播力、引导力、影响力、公信力"。2016年1月29日，在全国旅游工作会议上，国家旅游局局长李金早提出了发展全域旅游的新理念、新举措，吹响了全国各地创建"国家全域旅游示范区"的"冲锋号"。以"互联网+"为载体的全域旅游实践，增加网友、"驴友"和当地群众的首次网络互动，将更好地带动青海省的旅游业发展，大连在2017年6月正式开放"城市之窗"，它不是单纯的LED屏幕，除播放广告外，目前开放了政府信息查询系统、智慧教育系统、智慧医疗系统、定位查询系统、旅游查询系统、购物系

[①] 宋亮：《青海省民族文化旅游信息传播效果研究》，硕士学位论文，青海大学，2015年。

统、优惠券扫描系统，还可以提供智能监控、WiFi 热点、应急充电等功能，是名副其实的智慧城市终端，做到了"互联网+旅游"的形式创新。

长期以来，人们对青海的认识还停留在高原、骑马、放牧的原生态认识层面，一个高楼林立、车水马龙的现代化青海和一个开放包容、文化多元的"大美青海"，还没有成为全国人民对青海的普遍认知。从这个意义上讲，青海省应加强文化内涵的输出，利用旅游文化活动讲述青海故事，为广大网民打开全景式认识与了解"大美青海"的新窗口。

第七章 文化间性中的媒介与产业研究思考：宏观—间性特征下的民族文化产业互动

曼纽尔·卡斯特在《传播力》一书中描述新的全球性和认同性的特征时表达了这样两个概念：其一为任何一个群体、社群、组织都不可能是在一种孤立的状态下实现在社会上的认同存在和发展；其二为个人主义、社群主义爆发的今天的网络社会形态当中互动、连接以及频繁交往，无论是以拟态方式还是物联的实际性接触交往方式，它们都会给共同体带来一种相对稳定的和能够适应于新的时代社会发展的能力——共赢。应该说这并非是一种严格意义上的共赢，所谓的输赢其实并不重要，共存才是更重要的。以往博弈论年代里输赢观带来了地位上的优越，在当下生活所处的网络社会中的共存就其本身而言也是一种共赢。所以与其说开放共赢是一种现代社会生活网络社会生活中的应然逻辑，毋宁说开放共存才是一种实然的应对方式。从应然到实然并不是概念偷换，应该看到共存本身就是一个非常重要的社会价值性存在的原则，而应然的应对方式则是弥合主体间的间性。

首先，是以中华民族共同体为导向，确立不同民族主体间共识的基本规范，增强国家认同、制度认同、道路认同等。多民族的差异无论多明显，其背后的国家属性都会被定义为中国公民，是依赖于中国的社会结构而生存。千百年来中国的发展历程说明和证实了中华民族大家庭是一荣俱荣、一损俱损的命运共同体。故而要对当前的方针政策进行充分的理解与落实。

其次,就青海目前民族旅游文化产业的发展来看,多民族共存是一种生活常态,于是"共在"与"共处"进一步可延伸出各民族的共享与公责。而间性主义作用于不同民族成员心理所发挥的效应,促使不同民族成员享受异质文化,领略不同文化的魅力。因此,在促进民族互嵌的目标下,首先必须积极倡导平等的文化对话准则,在不添加任何前提要求下,共在于中国国土范围内的不同民族有权利和自由来选择如何传承本民族的信仰、生活生产方式及参与社会文化产业的模式,进而完成互动框架的构建。

最后,理解差异,尊重他者,承认并重视不同民族的文化间性,包括当地民族间、国内不同区域游客间、不同归属地游客和当地居民间等多方面间性,才能积极运用文化对话及有效沟通。基于与他民族共在和共处于同一个民族社区这一场域事实,各民族的自我认同与超越,源自本民族群体和个体价值观的不断提升。故而理解差异,并对他者尊重,承认并重视不同民族的文化间性,应注意在不同民族文化的对话与交流过程中的他者性,构建一种以对他者的责任为核心的理念,即建立在他者基础上的主体性,才能对其他民族成员表现出观照的责任和关怀。在这个层面上才能真正达到费孝通先生提出的"各美其美,美人之美,美美与共,天下大同"的设想,即各种不同文化之间通过接触、对话、交流形成"和而不同"的多元一体文化格局,做到"发自内心地欣赏异民族的文化"。

这里强调无论哪个民族成员绝不要抱有不现实的、非文化的态度和幻想,间性是主体间存在的必然逻辑,关键是如何理解和看待文化间性,间性视角提倡的是:不同民族间应该相互尊重和相互理解多样化存在的文化传统和宗教信仰等,再不过分强调差异以及不过度迎合他者的原则下进行文化对话与交流,建立平等的信息传授关系,促成民族之间的相互学习、取长补短,用互补式的动态融合,实现"共赢"。

第一节 从文化间性中提取互动线索

一 熟悉、领会旅游产业政策与精神

党的十九大报告中提到要加快建设创新型国家。创新是引领发展的第一动力，是建设现代化经济体系的战略支撑。要瞄准世界科技前沿，强化基础研究，实现前瞻性基础研究、引领性原创成果重大突破。加强应用基础研究，拓展实施国家重大科技项目，突出关键共性技术、前沿引领技术、现代工程技术、颠覆性技术创新，为建设科技强国、质量强国、航天强国、网络强国、交通强国、数字中国、智慧社会提供有力支撑。加强国家创新体系建设，强化战略科技力量。深化科技体制改革，建立以企业为主体、市场为导向、产学研深度融合的技术创新体系，加强对中小企业创新的支持，促进科技成果转化。倡导创新文化，强化知识产权创造、保护、运用。培养造就一大批具有国际水平的战略科技人才、科技领军人才、青年科技人才和高水平创新团队。

《文化部"十三五"时期公共数字文化建设规划》明确"公共数字文化建设是加快构建现代公共文化服务体系的重要任务"。当前，文化与科技融合进程不断加速，为公共文化服务供给手段、供给平台和供给内容的创新和升级创造了契机。建设智慧文化服务体系，是公共文化服务供给侧改革的必要举措。并且，在文化信息化、数字化，文化传媒大融合进程不断加速，网络文化空间不断拓展的当下，人民群众接受文化信息的方式发生了巨变。因而，发展智慧文化服务是推进公共文化服务现代化的必要之举，也是改善"文化民生"的切实之举。2017年7月《文化部"十三五"时期公共数字文化建设规划》发布，明确"公共数字文化建设是加快构建现代公共文化服务体系的重要任务"，必须"更好地满足广大人民群众快速增长的数字文化需求"。提出"到2020年，基本建成与现代公共文化服务体系相适应的开放兼容、内容丰富、传输快捷、运行高效的公共数字文

化服务体系"的总目标。在这一目标要求下，建设智慧文化服务体系势在必行。

（一）时代呼唤智慧文化服务体系

1. 公共文化服务信息化、数字化趋势显著

当前，人类正走向工业4.0，即智能化时代，公共文化服务体系依托"互联网+"向着信息化和数字化形态转型升级，是由政府主导的包括公共文化基础设施、公共文化产品和服务、公共文化事业制度、公共文化机构运营管理机制的系统化转化，要实现"场馆—产品—服务"的全方位智能化，最终建成智慧型体系，完成对接工业4.0进程的公共文化服务基础性工程，进而凸显现代公共文化服务体系的"现代化"特征。同时，公共文化服务信息化、数字化趋势也符合公共文化服务对象的"更新换代"趋势，如今公共文化服务的主体对象逐步由50后、60后、70后向80后、90后、00后甚至10后过渡，后者作为网络空间的原住民，其文化接受习惯与前者存在显著差异，且文化心态也更加时尚化、快速化，追逐文化科技、崇尚科技美学是其常态行为。

2. 公共文化服务平台不断升级，"云"时代开启

随着新兴传播技术不断发展，新媒体空间不断拓展，各种媒体不断融合，加速了公共文化传播平台的升级换代。从起初的公共文化网站建设，到现在日益广泛的公共文化微信公众号、微博空间、移动端应用APP建设等，公共文化服务已经从线下走向线上，从电脑端走向手机端，未来还将从手机端走向物联网端。今天，公共文化服务平台已经进入"云"时代。公共文化云服务是一种基于"三网（电信网、广电网、互联网和移动互动网）融合"技术、信息化数字化技术、智能化技术的公共文化资源配置、公共文化产品及服务供给新模式。

3. 智慧文化服务与智慧城市协同发展

智慧城市是一种城市建设发展的新理念和新模式，其运用新一代信息技术，如物联网、大数据、云计算、空间地理信息集成等，促进城市规

划、建设、管理、服务智慧化,促进城市生产生活智慧化。智慧城市的建设必然导致现代公共文化服务体系向智慧化转型。

(二)人民需要智慧文化服务体系

1. 人民对于公共文化服务智慧化要求不断提升

回顾"十二五"时期,公共文化服务信息化数字化水平不断提升,体现在两个层面。第一,在硬件建设层面,"十二五"时期"三网融合"进程不断加快,公共文化服务网络入户覆盖率达到80%。文化共享工程各省分中心推进文化数字化服务宽领域全覆盖,打造数字文化服务主阵地,推进省级全域性的"文化数字化服务管理平台",将文化数字化服务管理从"局部"拓展到"全域";推进数字图书馆、博物馆、美术馆、文化馆建设;推进"边疆万里数字文化长廊"边防部队示范点建设。第二,在软件建设层面,公共数字文化网数字文化资源不断丰富,界面设计和栏目设置不断完善。各类公共文化场馆注重门户网站建设和数字文化资源库建设,并且推出微信公众号、手机APP应用等,大大提升了使用便捷度。正是在这样的发展大趋势下,人民越来越享受新型公共文化服务,越来越要求公共文化服务超越信息化数字化,向智能化、智慧化转型。

2. 人民期待智慧文化服务和"两个一公里"早日打通

"十二五"时期,全国各地"省有四馆、市有三馆、县有两馆、乡有一站、村有一室"的五级公共文化设施网络体系建设扎实推进,设施覆盖率达到85%。但总体上只是解决了"有没有",还没有解决"好不好"。其中一个突出问题就是智慧文化服务的"起始一公里"和"最后一公里"尚未打通,人民群众接受文化服务的渠道尚不畅通。"起始一公里"尚未打通的问题反映在仍有不少公共文化服务场馆未开展数字文化服务,而已有数字文化服务的文化场馆数字资源整合、资源共享和场馆联合不足;智能文化服务平台建设不到位,存在平台建设数量少、资源与需求脱节、信息发布滞后、应用功能不健全、宣传效果差等问题。"最后一公里"尚未打通的问题主要反映在农村地区、欠发达地区的文化服务信息基础设施尚不健全，"互联网+公共文化服务"的现代文化服务环境尚未形成。此外，还有不少中老年群众和农村群众的文化素质与网络时代、工业4.0时代脱节，缺乏使用电脑、智能手机、互联网和移动互联网等信息技能，即便有很好的数字文化资源和文化服务智能平台，他们也不会使用。目前，智慧文化服务体系尚未建成，智慧文化服务的"两个一公里"尚未打通。而这种情形恰恰反映了新时代我国社会主要矛盾已经转化为"人民日益增长的美好生活需要和不平衡不充分的发展之间的矛盾"。文化建设的不平衡不充分制约了人民群众对美好精神生活需求的满足，这一矛盾亟须解决。

（三）时代与人民对智慧文化服务体系的建设要求

1. 智慧文化服务体系建设的内涵与内容

智慧文化服务体系必须依托并结合智慧城市、智慧社区建设，而供给文化服务是其根本所在，要基于现代公共文化服务理念，变革文化服务方式，更新文化传播手段，实现文化资源数字化和文化服务智慧化。这是其建设与发展的内涵所在。智慧文化服务体系建设内容具体包括文化服务信息基础设施建设、"互联网+"环境下文化服务创新升级、大数据应用于文化服务等内容。其实质是文化服务载体、文化服务方式、公众文化生活方式的数字化智慧化，使人民群众能够随时随地、无障碍、无差别（待遇无差别）地获得其所需的文化服务。智慧文化服务是重要的文化民生，通过智慧文化服务要实现文化惠民、文化育民、文化富民。在服务内容上，智慧文化服务不仅提供公共文化服务，还提供文化消费服务，供给内容多元。在服务对象上，主要是广大人民群众，但不限于面向公众供给免费和准免费的公共文化，还可以有偿地供给企业文化、商用文化、私人定制文化等，供给对象多元。

2. 智慧文化服务体系建设的基本原则

第一，坚持需求导向。把实现人民群众的利益作为智慧文化建设的根本出发点和落脚点，以人民群众最迫切的现实需求为导向，把人民群众满意程度作为重要考核标准，确保智慧文化建设不偏离服务于民的根本目标。第二，坚持统筹规划。充分结合现有资源，合理布局，最大限度地降低社会成本，避免资源浪费。第三，坚持主动服务。智慧文化服务体系具有主动服务的能力。具体表现为建立的网站、平台等，对用户浏览记录、"点单"规律等进行自动计算分析，为用户制定并推送个性化的服务，同时将侦测到的这些数据上传给相关服务机构，以便其定向服务。第四，坚持全民服务。一定要打通智慧文化服务的"最后一公里"。不仅要实现全域覆盖，更关键的是要实现全民覆盖。要提升全民网络信息技术素养，大范围开展"网络（信息）扫盲"培训服务，对于现存的相当一部分"网络盲/半盲（信息盲/半盲）"进行再教育，扫清其使用技术的障碍。第五，坚持共建共享。引导多部门整合、社会化参与、市场化运作、民众化共享，凝聚全社会合力，形成多主体联动协作、主客体融合互动的共建共享局面。第六，坚持可持续发展。智慧文化服务是全新的治理与服务模式，具有持续创新发展的内生驱动力。

二　建设智慧文化服务体系的总体思路与具体路径

（一）总体思路

智慧文化服务体系建设要实现文化服务理念、内容、形式、手段等的数字化、智慧化。目标是对接当代人民群众的文化接受习惯，满足人民群众快速增长的智慧文化需求，丰富其文化生活，提升其文明素养。智慧文化服务体系利用新一代信息技术，实现信息资源整合共享，使得人民群众能够随时随地、无障碍、待遇无差别地获得其所需的文化服务，使人民群众享受文化服务实现数字化、网络化、智能化、互动化、协同化，让人民群众的文化生活更智慧、更便捷、更丰富、更幸福、更文明，从而提升人民群众的"文化获得感"。最终畅通公共文化服务的"两个一公里"——"起始一公里"解决内容生产、内容载体、内容推送等问题，"最后一公里"解决接受载体、接受方式、受众需求满足等问题。智慧文化服务体系供给两类公共文化产品和服务,一是线上数字化文化产品,二是线下文化活动信息与便捷的参与服务。智慧文化服务体系建设主体(政府、企业、社会组织等)要形成合力。政府提供公共文化服务,企业以市场价格提供个性化文化服务,社会组织以公益价格提供公共的或个性化的文化服务。政府、企业、社会组织应以多种模式进行合作,如政府购买模式、PPP 模式①等,政府的角色也要相应地多元化。智慧文化服务体系建设要依托智慧城市、智慧社区建设,充分借助现有智慧建设的资源,将智慧文化服务融入进去。对没有智慧建设基础的地区,智慧文化服务建设要统筹规划,共建共享,为智慧建设提供基础。

(二) 具体路径

1. 平台构建与运行

要打造"全栈式"的"文化云"平台,实现一站式服务。整合公共文化服务机构、公共文化数字资源,解决当前公共文化服务机构服务平台分散、公共文化数字资源分散的问题。该平台应当具有以下四个特点:

第一,立体化架构,指平台整合政府、企业、市场、公众等多个层面,形成上下联动、内外协作的立体化合作运行架构;同时,资源分布呈现跨越古今、融通中外,时代价值显著、地域特色鲜明的"全时空"立体化图景。

第二,全方位服务,指平台"菜单"的丰富多样,不仅提供公共文化服务,还提供文化消费服务。平台应当承载数字文化资源下载(数字图书、学术文献、艺术档案等)、数字文化场馆参观(数字博物馆、数字美术馆)、线上文化讲座和公开课、私人订制文化教育、文体休闲场馆预约、体育健身器材共享、文化消费潮流指南、文博文创精品推介、文化市场行情预览、文化商品秒杀抢购、文艺票务优惠销售等一系列实用功能。

---

① 是指政府与私人组织之间,为了提供某种公共物品和服务,以特许权协议为基础,彼此之间形成一种伙伴式的合作关系,并通过签署合同来明确双方的权利和义务,以确保合作的顺利完成,最终使合作各方达到比预期单独行动更为有利的结果。

第三，智能化应用。智能化强调技术工具的便携灵活、精巧灵敏性。便携灵活是指平台以无线网络为媒介，以智能手机为终端，随时随地，随身随性；精巧灵敏是指平台基于大数据和云计算技术，能够精确分析用户偏好、计算用户需求，具有灵敏"嗅觉"，主动对于用户的"点菜"活动进行侦测判断，提供定向和定制服务。

第四，互联网逻辑。互联网逻辑即"互动+联结+网络化"。这要求平台不但是一个资源和服务的提供方，还是一个用户意愿和反馈信息的接受方；不但是一个技术工具平台，还是一个文化共享空间；不但具有文化传媒功能，还将发展出社交媒体功能。尽管位于政府主导下运营，但用户却置身于一个扁平化、去中心的网络空间中，体验网络世界带来的自助性和自主性，实现文化自由表达、自由选择、自由创造，真正成为文化主人。平台运行宜采取政府主导、社会化市场化运行模式。社会化运行主要指运行主体多元化、参与方式多样化，从政府到社会组织、企业，甚至到每一个社会公众，都可以作为主体参与其中。市场化运行主要指运用"市场思维"，即根据市场需求不断改进、升级平台，如分析每一项功能的用户规模，包括现实规模和潜在规模，进而考虑如何进行功能布局；市场化运行还意味着平台不仅提供公共文化服务，同时提供文化消费服务，不仅限于面向公众供给免费和准免费的公共文化，还可以有偿地供给企业文化、商用文化、私人定制文化等。

2. 资源建设与共享

创新开发公共文化云资源。这一创新开发过程，就是为个体或组织用户提供差异化文化资源的过程。这种资源供给的差异化，要求资源开发具有针对性、专业性、层次性，要求体现个性和特色，必须遵循"以用户为中心"和"需求导向"原则。公共文化云资源有两个来源：一是将实体文化资源转化为数字文化资源，即进行云加工、云处理；二是对现成的数字文化资源进行云整合、云集成。最终，使所有公共文化资源流入"云共享池"。公共文化云资源的生成，必将大大提高公共文化资源的利用率，提升用户满意度，实现资源的文化价值、用户价值（利用价值）和服务价值的全面升级，实现资源增值和服务增效。总体而言，公共文化云资源的创新开发是服务要素创新、服务过程创新和服务链创新的一种综合创新。形成文化云资源共享服务链。这是由用户需求驱动形成的，基于大数据、云计算，将"云池"中的文化资源与用户需求精准匹配，从而提高服务水平。文化云资源共享服务链构建过程如图7-1所示。

3. 技术支持与方式

基于云端技术，可以将公共文化云服务定义为：是一种基于网络（互联网、移动互联网、电信网、广电网、物联网等）大融合环境、应用智能化技术、面向智慧化发展的公共文化服务新模式。它是在信息全球化、网络全域化、文化数字化、现代服务协调按需智能个性化的多重技术背景下，对于网络技术不断升级改造，对分散异构的公有或私有文化资源进行有效整合，使其实现"云聚合"（聚合成云），进而基于云端运算，快速而精准地进行资源管理和配置。云服务的运行逻辑即：分散资源集中管理，集中资源分散利用，协同按需智能个性化服务。整个公共文化云服务技术平台的运行过程如图7-1所示。

另外，要大力发展人工智能（AI）服务技术，升级和重塑公共文化场馆服务环境和服务流程。如：研发辅助残障人士参观学习、引导儿童游戏学习的机器人；利用AI协助一部分存在技术使用障碍的人群进行操作，从而实现无障碍服务；提供更好的AI翻译讲解工作等。

第二节 在文化间性中找寻互动框架

在评估和提升青海民族旅游文化产业的发展质量时，也许应该不只是看到其现有的的总体发展绩效，还要考察整个产业框架中，各个参与部分的工作绩效，其有效性、效率与可靠性，以及与其他因素互动时的表现与贡献。各组成要素在共有文化空间中互动交融，进而调整和寻找新的互动

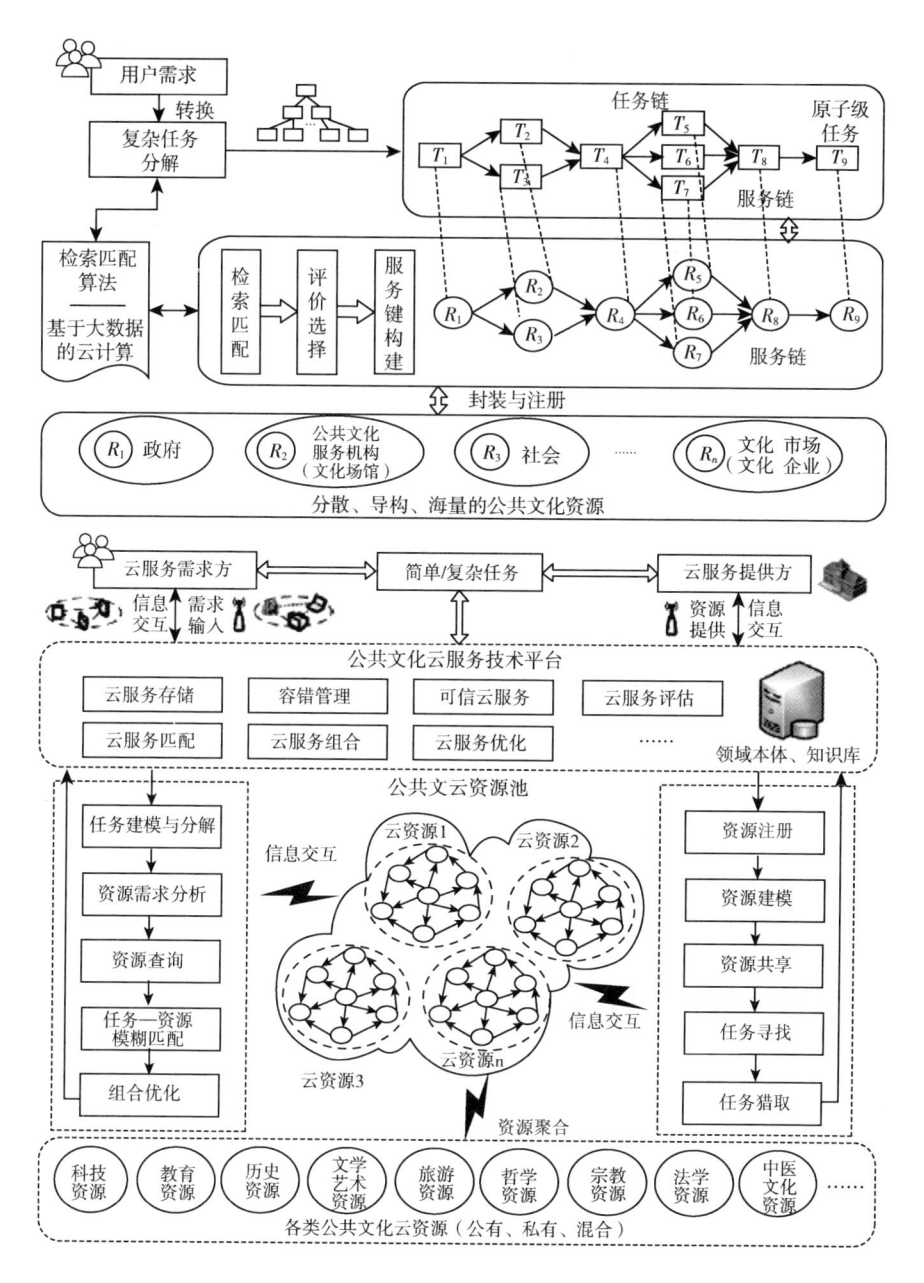

第七章　文化间性中的媒介与产业研究思考:宏观—间性特征下的民族文化产业互动　/　253

图 7-1　公共文化云服务平台运行过程图

模式与框架。

　　文化空间，最早由法国城市理论研究者亨利·列斐伏尔（Henri Lefebvre）等人在"空间的生产理论"中提出，该理论认为对空间的理解不应仅仅是物理性空间，应该认识到空间同时也是由人类有意识的实践活动产生，从而肯定了空间的文化价值属性。作为正式概念文化空间于1998年由联合国教科文组织提出，认为文化空间即"文化的空间"，将文化空间定义为"一个可集中举行流行和传统文化活动的场所，或一段通常定期举行特定活动的时间，这一事件和自然空间是因空间中传统文化表现形式的存在"。后来又有学者提出，文化空间的本质是"空间的文化"，从人、文化与环境的关系出发，指出文化空间是"人们在一定的区域或环境中，经过长期的生产与生活实践活动形成或构建的、当今仍具有生活和生产功能或性质的物理和意义空间或场所"，从该角度出发，借助空间生产理论和景观生态学原理，李明星等构建了旅游地文化空间重构的模型。[①] 该模型认为，随着游客对文化空间介入的逐步加深，原有的文化空间最终演化成为带有深刻旅游属性的旅游地文化空间。在此过程中，文化空间形态逐步改变以及文化空间功能不断演进。文化空间形态改变表现为文化节点、文化轴线、文化场、文化域面的逐步完善，文化空间功能演进主要表现在"服务于本地居民生产与生活的文化空间演变为服务于旅游发展的文化空间"，是由当地居民创造的生产与生活景观演变为满足旅游者文化需求的旅游景观的过程。

青海省民族旅游文化产业应在交融的文化空间中寻找到平衡的互动框架，例如：以文化为背景的文化品牌为先导的旅游资源开发与传播。

一　以文化为背景的旅游资源开发建设

（一）藏民族旅游文化资源开发建设

1. 青海观赏型藏民族文化旅游资源开发

即以青海藏族民居建筑、藏族服饰、藏族同胞的日常生产生活习俗、

---

① 李星明、朱媛媛、胡娟等：《旅游地文化空间及其演化机理》，《经济地理》2015年第35期。

聚会等民族事象为载体，开发出具有很强吸引力及外在视觉特征的青海藏民族族旅游产品。

2. 青海参与型藏民族旅游资源开发

旅游者亲身参与藏民族各项娱乐、节庆活动，虽然这类活动通常也是可观赏的，但如果旅游者广泛参与，使得这类活动具有更高的价值。如：青海各藏族村寨修建自己的锅庄广场，供当地居民或外来游客参与篝火晚会、跳锅庄等藏民族节目。

3. 青海体验型藏民族旅游资源开发

充分调动旅游者味、嗅、触、视觉系统，让旅游者全方位感知、体验到藏民族文化事象。如：为游客提供独特的糌粑油酥，游客在品尝美食的时候不仅是味觉、嗅觉的享受，还受藏民族文化氛围熏陶。

4. 青海深层型藏民族文化旅游资源的开发

部分藏民族文化，其特质是隐含、深层的文化形式，如许多藏族社会民俗几乎涵盖一个人从出生、取名、结婚、生育到死亡的整个人生礼仪。如：开展藏民族婚俗活动展览或现场婚礼展示。

(二) 藏传佛教文化旅游资源的开发建设

在"西部大开发，旅游要先行"的战略思想指导下，藏传佛教旅游资源得到了一定的开发利用，在促进藏区经济发展的同时，也面临一些困难和问题。宗教文化不同于一般的旅游资源，特别是对于根植在青藏高原，融合在藏传佛教文化而言，其开发不仅要考虑宗教的因素，还要考虑青藏高原环境因素和藏传佛教文化等多方面的问题。

表 7-1 　　　　　藏传佛教文化旅游资源类型

类型	主要功能	旅游资源
观光型	供旅游者浏览和鉴赏，获得美感享受和性情的陶冶。	神山圣湖，寺院建筑及其内部装饰、宗教艺术品。
参与型	使旅游者置身其中，参与活动，得到亲身的感受和体验。	宗教仪式和庆典，喇嘛学习和生活，宗教音乐、艺术和舞蹈。

续表

类型	主要功能	旅游资源
购物型	提供藏传佛教商品，满足旅游者购买、纪念和收藏目的。	宗教典籍、法器、生活用品、宗教艺术品、宗教纪念品以及护身结、护身符等。
保健休闲	为旅游者提供康复、保健、医疗的度假、疗养设施与活动，使旅游者获得体力恢复、心理慰籍、疾病的治疗等。	利用寺院的自然环境和宗教氛围，通过藏医藏药、藏传佛教的功法（瑜伽、气功等）。

1. 观光型

对旅游者而言，每一座藏传佛教寺院都富有观赏的价值独特的宗教建筑的布局，藏式、汉藏包括印度结合式的建筑风格和特色、建筑内的装饰和宗教艺术品等都是很好的旅游资源。

2. 参与型

参与型旅游资源是使旅游者置身其中，并参与活动，得到亲身的感受和体验的旅游资源。这类旅游资源包括藏传佛教仪式、节庆、喇嘛的学习、生活等，如转经轮、绕转神山圣湖、佛塔、寺院等宗教仪式磕长头、献哈达等。

3. 购物型

购物型旅游资源能提供旅游者与藏传佛教相关的旅游商品和纪念品，以满足旅游者购买、纪念和收藏等目的。这类旅游资源包括藏传佛教的书籍、法器金刚杵、法铃、白海螺、艺术品唐卡、佛像等具有宗教意义的饰品。使游客不仅可以购物，还可以领略传统的藏族建筑和藏文化，感受信众对藏传佛教的虔诚信仰。

4. 保健休闲

保健型旅游资源能提供康复保健、度假疗养设施与活动，使旅游者获得体力的恢复和心理的慰藉，或者对某种慢性病的治疗，包括藏医药的保健和治疗功能，藏传佛教的价值取向对人心灵的抚慰。依山而建、散落在沟壑和丘坡上、分布在草原上的寺院，都拥有较好的自然环境，与寺院浓郁的宗教氛围结合，成为休闲度假的良好场所。

二 以文化品牌建设为先导的旅游资源开发与建设

青海旅游起步较晚，发展进程缓慢，青海省举全省之力来打造青海旅游名片，合力推动旅游发展策略，都是得益于不懈宣传"大美青海"品牌建设。之后又通过景区环境的改善提高，热贡艺术的保护，玉树地区的旅游开发，使得青海旅游的产品不断完善，三江源头的旅游品级不断提高，并绽放出美丽新姿，青海旅游也将进入一个黄金发展时期。青海旅游业如今应着力打造的文化品牌有——昆仑文化、藏文化、吐谷浑文化、河湟文化等。

民族文化是由文化主体创造的，民族文化主体既是民族文化的拥有者，同时又是民族文化的传承者和创新者。没有民族文化主体的积极参与和支持，民族文化自然就成了无源之水、无本之木。对于生于斯长于斯的民族文化主体，文化活力体现在获取、创造、传播、销售传统文化表现形式的自由及主动选择有益于自身发展的路径。文化产业和民族文化旅游融合发展，皆需要尊重民族文化主体的选择，结合文化资源和文化特质，理性慎重分析，以促进民族文化品牌的建立与传播。

（一）昆仑文化品牌

昆仑文化是青海目前很有影响力的文化形象，昆仑文化体系和文化品牌在青海省有着广阔的挖掘和打造空间。游客基于高原的向往会对昆仑山产生神秘的想象。因此，通过以昆仑山为依托而建设高原雪域文化旅游路线，打造基于格尔木特点与昆仑文化相关性的旅游文化品牌。对于来自非高原地区的民众而言，高原本身就被赋予了极大的吸引力，而昆仑山更是被赋予了厚重的中国文化内涵底蕴，极具吸引力。

此外还可以昆仑神话资源为依托，建设以昆仑神话是中国神话体系中不多见的，具备较为完整神相谱系和神话完整故事结构的体系。古老的神话以昆仑山及其相关的景观为依托，更加强了其真实性。虽然有关神话内容和所依托的地理环境有一定的争议，但它不影响人们对于现实中以昆仑山及其相关的景观而构建成的真实存在的认可，这种资源的开发利用，可围绕西王母这个人们最熟悉的神仙人物来进行,以突出利用其影响力。

历史上昆仑神话融合了多部族的文化,如今的昆仑文化也可以强调多民族文化风情的融合与贯通。可以通过旅游线路的设计来展示当下的民族文化,也可以通过博物馆等形式,来重现历史上的民族文化形态,还可以建立民族民俗村等,来展示民族文化。旅游的一个重要目的就是追求对于异文化,尤其是对于异民族文化的体验和感受,这种文化旅游线路的设计和文化品牌的打造,正可以满足人们的相应需求,对于展现昆仑文化的多样性和丰富性,对于人们更深刻地了解青海,增进青海产业发展的动力,具有显著的作用。

可操作路径为:第一,编撰以昆仑传统神话和现代相关故事为内容的影音产品,用以更准确和全面地传播昆仑神话;第二,编撰和介绍景观文化内涵,用以烘托和彰显神话故事的传承性;第三,设计符合如专业型、一般型、不同年龄段和不同文化背景情况的多元旅行线路,以适应不同人群的需求。

(二) 藏文化品牌

藏传佛教文化是藏族的灵魂和血脉,是藏族人民的集体记忆和精神家园。在藏传佛教中,寺院是其最重要的文化传承场所,在藏传佛教文化中具有特殊重要的地位,塔尔寺则是这众多藏传佛教寺院中具有特殊历史地位的一座,特别是"塔尔寺艺术三绝"随着近年塔尔寺旅游业发展而享誉海内外。但是,近年来藏传佛教旅游的持续过热,对塔尔寺的藏传佛教文化传承和文物保护工作等方面带来的种种影响,冲淡了作为寺院和国保单位本该具有的一份清静和肃穆,已引起越来越多人的关注。塔尔寺藏传佛教文化与塔尔寺六族文化,历史悠久,内容博大,类目众多,极富地方特色,塔尔寺则是塔尔寺六族文化、历史、宗教和艺术的集中表现,处于塔尔寺族文化的核心层。历经六百多年的历史发展和积淀,塔尔寺成为集藏、蒙、土、汉等多民族共同信仰的藏传佛教圣地,其建筑、艺术和四大法会则是今天塔尔寺最具代表性的藏族文化表征。其中酥油花、壁画、堆绣艺术被誉为塔尔寺艺术"三绝",则是塔尔寺六族藏传佛教文化中的一丛奇葩。

在确保塔尔寺文化遗产原有风貌的前提下,本着"景区内游、景区外玩"的民族文化旅游新理念，可以设想在塔尔寺东面的宁塔高速公路周围的陈家滩、徐家寨至上新庄、加牙、马场、下台一带，搜集、挖掘塔尔寺和塔尔寺六族历史文化遗存和民俗，建设一处"塔尔寺六族文化园"，可以有塔尔寺六族文化藏式民居餐饮园、民俗歌舞观光园、民间工艺欣赏区等，恢复和挖掘藏文化，以期延长青海民族旅游产业链，实现塔尔寺宗教文化与外围塔尔寺六族民俗文化二者相得益彰的良性互动，从而使塔尔寺旅游业的品位和游客参与度有高度的融合与跃升。

此外，以海西格萨尔文化和海南州热贡艺术为代表的藏文化品牌建设的挖掘和打造，无论是对旅游经济发展还是对藏文化的传播都有着积极的意义。

(三) 吐谷浑文化品牌

吐谷浑文化的内涵特丰厚，外延十分广大。青海是吐谷浑文化产生的中心，其主要遗存多在青海境内。吐谷浑文化的核心价值是生动地体现了中华文化多元一体，和而不同，多元互补，在青藏高原的生动印证，诠释着中华文化强大的融合力，千古一贯生命力。凸显吐谷浑文化的内在价值，有着重要的社会意义，对青海省而言尤为重要。吐谷浑（魏晋南北朝时期在青海建立的一个国家）在青海境内留存有大量遗迹和文物，极具开发潜质，青海旅游业如能像宁夏重视西夏文化一样重视吐谷浑文化，必将会对提升青海旅游的文化内涵进行积极的补充。

(四) 河湟文化品牌

河湟文化是黄河源头人类文明化进程的重要标志，河湟文化覆盖着青海省80%以上的人口，花儿是河湟文化中最具生命力的民俗文化，已被收入我国非物质文化遗产名录，是河湟谷地文化的浓缩体现。因为青海文化的丰厚和多样，青海旅游产品在地域文化层面呈现多层次多级别的状况。一是发展民和金三川文化旅游区，这里有被称为"东方庞贝"的喇家遗址、三川土族风情、全省水热条件最优的自然环境、2010年被评为国家特色旅游名镇的官亭镇等，可建成省内乃至国内一流旅游胜地。二是以乐都柳湾墓地为中心的彩陶文化。在乐都柳湾墓地可以进一步发掘柳湾人的生活地、赖以生存的生产经济活动方式、制陶工艺过程等。以彩陶为中心，进行旅游产业链的延伸。三是打造黄教祖寺——塔尔寺新形象。塔尔寺是黄教创始人宗喀巴的诞生地，在黄教六大寺院中享有"祖寺"的特殊地位。建议一方面申报世界文化遗产，另一方面重新规划打造，铸造一尊宗喀巴像，修建宗喀巴广场等，大大提升塔尔寺宗教文化旅游地位。四是进一步提升互助民族风情旅游。土族是青海省独有的民族，历史悠久，民族文化内涵丰富。根据旅游市场的需求，土族旅游必须进一步提升，应与都兰吐谷浑墓的文化内涵有机结合，从当前的一般性民风习俗，向纵深方向发展，提高土族风情旅游的文化品位。五是青海"花儿"的品牌构建。"花儿"是唯一广泛流传于我国青、甘、宁省（区）的由多民族群众用汉语演唱的一种山歌。青海是"花儿"的家乡，"花儿"为青海民歌之魂。大力加强青海"花儿"研究、推广，培育"花儿"歌手，使青海"花儿"这一国家级非物质文化遗产更加发扬光大。

第三节　以文化间性作为文化产品生产的内涵

在文化产业中，"任何文化产品都无法摆脱'精神性'要素的存在"[1]，精神性是文化产品所具有的基本特质。精神性要素是文化产品不同于一般商品的根本特征，也是文化产品获得附加值的基本前提。[2] 这里所说的精神性与意义是同一个概念，因为意义世界本来就存在于人类的精神文化之中。文化产品在探寻和表现人的生命意义时，始终把提升人的精神境界、塑造理想人格作为自己的价值追求。

其次，人们渴望从文化产品中体味意义的内涵。文化产业是一个营造人类精神家园的文化生产部门，生产的是人类的精神产品。在精神产品中，情感和思想难以分离，完全没有思想性的文化产品是不存在的，可以说，文化

---

[1] 陈庆德等：《文化经济学》，中国社会科学出版社2007年版，第17页。
[2] 周麟欣等：《论文化产品的溢价控制》，《黑河学刊》2010年第9期。

产品本身是不能离开"意义"的，如果说文化产品的内容和形式是人的躯体的话，那么意义则是他的灵魂。文化产品通过其内容提供了关于是与非、善与恶、美与丑、好与坏等社会标准，并通过传播和接受而内化为个人的是非感、正义感、羞耻感、审美感、责任感，从而提高人们的道德情操、认识水平和人生境界。举例来说，影视作品作为一种叙事艺术，首先要构思一个好故事，但一部成功的影视作品不但要向观众讲述感人的故事，还需要通过故事同观众展开心灵的交流，进行情感方面的对话，表达对人类命运的思考，展示对人生价值的关怀，进而传达作品的内在意义。

文化产品对应的是人的心灵世界，受众在享受文化产品时，一般都要经历感受—感动—感悟—感知这样一个过程。观众在观看影视作品时，首先会感受其外在的形式，但人们的审美活动并不局限于艺术形式本身，而是本能地期待作品对情感的唤起与沟通，进而体验影片的内涵与意义。可以说，文化产品仅有感动还是不够的，还要使受众在感动之后进行思考，汲取作品的精神滋养，获得生活的感悟以及人生的启迪。总之，观众通过文化作品的形式开始进行观赏体验，然后逐渐过渡到意义的获得，最终完成了作品意义迁移的过程。

再者，文化产业主要致力于意义的生产。文化产业是文化生产者包括脑力劳动者、文化产业相关人员、文化生产企业等多种人员和部门相互协作，借助一定的物质手段和精神手段所从事的文化生产活动。文化产品具有物质的外在形态，但其本质上是一种精神文化产品，是人们精神生产活动的成果。根据文化生产编码—解码理论，文化生产中的意义生产是其中的关键环节。文化生产者拥有意义生产的主导权，他们所确立的文化生产编码原则引导着意义生产的方向，这里面包括文化生产者有意表达的意义，也包括文化产品本身所体现出来的意义。但无论怎样，对意义进行编码无疑是文化产品生产中的一项核心的工作。[1] 通过文化间性把握文化产

---

[1] 杨茜：《意义为王：文化产品生产的铁律》，《湖北社会科学》2018年第10期。

品生产的意义创造，是目前发展的应有之义，并在"一带一路"倡议下形成新的资源开发模式。

一　"一带一路"青海旅游资源开发

（一）旅游联动开发模式

青海以其独特的民族文化魅力吸引了众多游客的到访，但往往会致使游客高度集中在某些核心区域，因此应该促进民族文化旅游区域一体化的进程。青海地区较适合采取核心城市带动周边小城市的发展模式，将区域内丰厚的资源在整合、优化之后，增强整体竞争力。这就要求区域内的每个城市在发展过程中要有准确的定位，充分发挥政府积极引导与规范各行政主体的行为。

（二）民族文化与旅游融合开发模式

青海地区的民族文化旅游资源开发程度总体上还处于一般水平，开发的基本工作机制不完善，与旅游融合的深度不够、效率不高，旅游需求对民族文化发展的带动不足，旅游对民族文化挖掘的推动不力。随着民族文化与旅游动态融合的协调过程，逐步从资源融合发展到技术融合、市场融合，最终达到功能融合，基本呈现出自觉融合发展的良好态势。只有文化与旅游的深度融合才能使少数民族人民的精神与旅游者的思想融为一体，最终达到物质层、制度层、精神层上的高度融合。

二　"一带一路"青海旅游资源建设

（一）发挥地方特色，推动旅游产业转型升级

第一，挖掘地方特色，培育知名品牌。在"一带一路"倡议不断推进过程中加快资源整合，树立青海旅游品牌形象，提升旅游品牌竞争力。第二，积极推进旅游目的地、旅游产品供给、旅游公共基础设施、旅游管理服务、旅游信息化等各方面的转型升级，明确转型升级的重点任务，找准转型升级抓手，提升青海全域旅游产业发展效益。

(二) 创新产品供给，打造丝绸之路特色产品

青海省不断加快推进旅游与相关产业和行业的深度融合，在"食、住、行、游、购、娱"传统六要素的基础上，促进"商、养、学、闲、情、奇"旅游新要素开发，实现资源相互渗透、产业相互配套，拓展了旅游产业链。特别是青海湖、塔尔寺晋升为国家5A级景区，青海实现了5A级景区零的突破，对提升青海旅游影响力和市场号召力具有很大的带动作用，同时注重旅途沿线特色产品的打造。

第八章 文化间性中的媒介与产业研究思考:中观——"合—同模式"下的民族文化产业发展机制

第一节 文化产业整合发展

一 扩大宣传,引导旅游消费

如今青海旅游基础设施建设已初具规模,如市区内的东关清真大寺、马步芳公馆、北禅寺等景区的建设已完成,也确实吸引大批旅客来青参观游览,独特壮美的旅游景观也使得游客流连忘返。打造旅游省市,就要加大对省内旅游资源的宣传力度,灵活广泛利用全国主要媒介、互联网、报刊等综合媒体及参加各地举行的旅交会等宣传平台做有针对性的宣传,不断强化青海旅游资源优势,加深来青游客的认同感。应利用各种手段,加大宣传力度,总的说就是要在国内外扩大影响,引起旅游爱好者的兴趣,使他们能前来青海旅游,并通过自己的切身感受,成为青海旅游的宣传者和回头客,具体如下:

第一,利用电视、广播、报刊等传统媒体,对旅游资源进行公益宣传。让越来越多的旅游消费者尽快了解青海、认识青海、渴望青海,形成强烈的理由需求。

第二,大力发展网络营销。根据中国互联网络信息中心(CNNIC)第四十四次《中国互联网络发展状况统计报告》数据显示,截至 2019 年 8

月底，我国网民规模达8.54亿，普及率达61.2%，超过全球平均水平（55%）11.2个百分点，超过亚洲平均水平（49.8%）11.4个百分点。互联网商业模式不断创新、线上线下服务融合加速以及公共服务线上化步伐加快，成为网民规模增长推动力。信息化服务快速普及、网络扶贫大力开展、公共服务水平显著提升，让广大人民群众在共享互联网发展成果上拥有了更多获得感。中国互联网用户数量已然居世界首位。这些事实都在表述一个结果：互联网将成为最大和最佳的广告宣传媒体。因此，青海旅游业应大力借助互联网等新一代的媒介形式进行宣传。

第三，每年邀请主要客源国的旅行商到青海湖考察景点，踩线增加感情交流，加强合作，或直接与欧美日大型旅行社建立合作关系，输送客源，共享利益。加大促销力度，积极参加国际旅游交易会、博览会，面向旅行批发商、中间商和大众直销，赴日本、东南亚举办青海湖旅游发布会，面对旅行商和大众直销。提高宣传品的质量，努力做到系列化、专题化和多语种化。加强旅游调研，增加市场调研人员和设备，调查、研究、跟踪国际市场动向与海外游客的旅行机构及旅行行为特征，用科学的方法手段来制定市场策略。

第四，将旅游宣传纳入青海省对外宣传计划和对外经贸洽谈、会展计划之中。不断提高青海旅游的王牌景点知名度，2015年成功举办"旅游文化节发掘青海文化"；2017年青海省成功举办第十六届"青海农信杯"环青海湖国际公路自行车赛；2018年3月27日，由省旅游发展委员会主办的大美青海旅游商品大赛在西宁开幕等一系列活动，大力推动了旅游业的发展，吸引了更多的国内外游客来青海商务、考察和旅游，为青海旅游业的发展奠定了基础，创造了条件。这些活动提高了青海旅游品牌在国内乃至国际上的知名度。在一定基础上探索了旅游宣传与重大文体活动、招商引资活动实现商业化运作之路。还有青藏铁路将全线开通；青海湖被评为中国最美五大湖之首；"三江源"生态环境保护工程等一系列历史性机遇，给青海省带来了千载难逢的向世界展示青海形象的机遇。怎样打造青海

"十三五"期间独特而富有魅力的旅游新形象，将直接影响青海旅游业的发展和青海经济的腾飞。

同时，在青海旅游宣传战略上，要尽量做到：

其一，不要怕花钱。省里一定要有必备的、足额的宣传推广经费，将宣传推广日常化。要在各级政府建立对外宣传推广的专项经费制度，而且要尽量保证宣传经费的最低额度。

其二，要有青海明确的宣传推广形象。拥有一个震撼力十足的宣传词，就会让游客一看就明白，一看就激动，一看就想游历。例如，"大美青海，秘境高原"可以成为青海的大传播宣传词，能够精准地解读青海，也让人充满想象，对广大外来游客具有非常大的诱惑力。

其三，大传播要有重点，应加大对京津、长三角、珠三角、成渝重点地区的宣传推广。这些地方的游客来青海旅游有了阵势，全国其他地方的游客也会产生晕轮效应。

其四，还要有步骤地推进海外宣传推广策略。对于青藏高原、三江源、可可西里、青海湖这些景观资源，外国人其实是很向往的，如果把河湟地区的塔尔寺、湟源日月山文化、喇家遗址、柳湾彩陶等重要文化推广到位，外国人会很愿意来旅游观光。

二 旅游产业的链条化和商业化

旅游产业的链条化与商业化开启的是一个新的时代，有内因和外因的共同作用。

首先，互联网时代变革。网络的影响不仅映射在我们的生活中，也影响着产业的发展。传统的旅游产业局限于食、住、行、游、购、娱六要素，而今天我们需要更加多元的服务要素，如休闲、会议、度假、社交等等。往常我们需要整合许多资源，去一一实现这些旅游计划，而如今，一个网站就可以解决所有问题，"去哪儿网"的成功上市，已经说明了对这种旅游互联网商业的模式认可和市场基础。网络世界的综合性和实效性无疑是推动产业融合的加速剂，打破了原来产业相对封闭的形态，推动了与外界的沟通交流，积极走向跨界发展。

其次，消费者时代的到来让我们每一个消费主体对自己的消费对象有着更加个性化、标签化、体验化、定制化的需求。旅游也是一样，单一的旅游提供商或旅游资源要素已经不能满足这个时代旅游消费者的需求；另外，诸如老年市场、儿童市场、女性市场、企业市场等专项细分市场的差异化越来越明显，也决定了市场需要更加丰富的资源组合形式。未来的旅游提供商需要真正迎合消费者的需求，基于一个共赢的商业合作模式，最大限度整合丰富资源，向游客推出更加多元化和商业化的服务。

旅游投资主体是促使旅游迈向商业化发展的另一个最直接原因。旅游景区或者旅游活动的开发主体已经逐渐从之前的政府垄断走向市场运作，诸如中粮、万达、中信等一批商界精英们正在以一种外来"闯入者"的形象，大踏步地走进旅游这个圈子，它们自身的地产业、农业、加工业等的发展背景无形中为营造一个多元化的旅游市场注入了新的活力，它们更多经营性的投入以及追求商业利益和商业价值的习惯意识已经为旅游这个市场铺开了一条商业化发展的路子。

同时，发展新的商业化模式不能忽视旅游产业自身发展的规律性。经过改革开放30年来的市场环境培育和过去十年来国内旅游产业基础的逐渐稳定，旅游业即将走向深度发展和专业性开发。未来十年，将是旅游业规模化、智慧化、产品驱动的十年。在大资本、大数据和大跨界面前，旅游业将改变过去大投入、长周期和高风险的特征，走向快消、短线和高成长的商业化时代。

(一) 延伸产业链

旅游产业链是由于旅游产业的特殊性而形成的产业结构与时空布局关系引发的链条式产业关联形态，其产业链的延伸是此种关联的拓展。旅游产业链的延伸促进专业化分工，进而提升交易程度，促进高级别产业链形成，使得产业链继续拓展。

旅游产业链包括：旅游规划开发、旅游产品生产、旅游产品销售、旅游产品消费四大链核。旅游产品由设计、生产、销售直至消费，旅游规划者再根据消费者的反馈更新设计，从而形成闭合循环产业链。在旅游产业链中，每个链核都能延伸出一些新的分支，向其他产业不断延伸，促使旅游产业链向更高级别发展。

延伸青海旅游产业链，其本质是将旅游产业联结各个相关行业，最终构建为旅游全产业链模式的过程。切实而言，便是依托青海的各个景点，拓展开发周边服务行业，核心打造度假村。从产业包容性上看，这个"休闲产业综合聚集区"涵盖了休闲业、住宿餐饮业、购物商超、运动体育产业和宗教业几个主要功能分区。

1. 系统开发旅游区，理清功能关系

在青海地区产业链构建初期，旅游区综合开发的全局性和系统性是不容忽视的重要课题。通过对资源地区土地的系统性开发及利用，不但能够让该地区的资源开发的利润得到大大的提升，还能够很有效的扩展该地区的产业升值空间。要实现青海地区旅游业的系统性开发，首先要处理好旅游产业链中资源、休闲旅游模块之间脉络和联系，从而能够把握全局，全面系统地进行旅游开发。

2. 整合产业体系，集聚功能业态

青海旅游产业链的构建要以综合发展为核心目标，旅游产业链的完整离不开多元化的相关产业加以支撑。要使聚集在旅游资源周边的多元化产业发挥最大的集聚效应，便要充分迎合市场需求，对产业加以整合，形成休闲模块汇集，打通当地整体休闲产业脉络。

（二）加强商业化

与青海旅游业快速发展的态势相违，青海旅游经营单位普遍存在观念落后、品牌化意识淡漠的状况。目前，青海旅游商品的开发还处于初级阶段，青海旅游市场购物可以用散、小、乱、差来概括，还没有形成市场，只是一种单一式的运作模式。西宁地区的工艺美术企业、商店多以民营、私营为主，全省A级景区达104家，其中5A级景区2家、4A级景区20家、3A级景区63家；星级宾馆312家；社会宾馆3099家；旅行社238家，出境组团社16家；各类旅游车辆699辆；新建、改建旅游厕所897座；全国休闲农业与乡村旅游示范县5个、示范点15个，农（牧）家乐3016家，14万农牧民从中受益；旅游直接从业人员达到12.03万人，间接从业人员达55.05万人。由此，经济效益好的或较好的企业、商店所占比例非常小，经济效益处于一般的占半数以上；处于维持状态的也占一定比例。旅游购物从国外旅游商品所带来的收益上看，是旅游六要素中占比最高的，但青海在这方面却排在最后，因为青海的旅行社一般不会给游客推荐，只是引导性地为游客介绍，让游客自己把关。针对这一问题，青海旅游管理方面应加强对旅游市场的管理、在旅游产品的定位、定价、渠道、促销基础上制定合理的市场营销战略。

针对不同的旅游需求，采用细分理论，选择目标市场，进行科学定位，集中力量开发出一批"新、奇、特"富有青海特色的名牌旅游商品。如藏刀、各种银制器皿、骨器、哈达、护身符、热贡艺术品和塔尔寺"艺术三绝"等，突破传统"旅游商品"的概念局限，进行独特的文化包装设计，化普通商品为旅游商品。

青海省的自然、社会和历史文化旅游资源种类齐全，分布广泛，等级和品位高，开发潜力很大。青海省的自然资源优势尤为突出，有大量的湖泊、草原、沙漠、戈壁、动植物等。其中草原生态旅游是很好的生态旅游产品，草原与数以万计的草原植物、动物，以及传统的游牧文化、风土人情相结合，构成了一类生态旅游目的地。特别是要结合青海省民族体育的资源，真正做到人无我有，形成核心竞争力。

具体讲，可以借助环青海湖国际公路自行车赛和中国夏都的品牌，同时结合青海湖、塔尔寺等著名景区点的观光游和休闲度假游，通过多个渠道、多种媒体，包装宣传青海省的生态旅游业，在全国乃至世界范围内打造著名的生态旅游牌，并加强与各地旅游机构和旅行社的合作，形成生态旅游热点。一是建设"中国夏都"精品旅游区。有效利用景区与城区融为一体的优势，不断完善基础设施，增强服务功能，丰富旅游产品，将其建成中国避暑胜地、文化遗产与文物古迹的珍藏之地、郁金香和藏毯艺术的展示之地，打造西宁市旅游后花园的重要载体。综合开发并展示昆仑文化、柳湾文化、卡约文化。加快黄河上游河道整治与利用，建设水上休闲娱乐运动项目，建成集水文化体验、休闲娱乐、餐饮、购物、住宿于一体的文化旅游区。二是建设青藏铁路世界屋脊旅游带生态游览和宗教文化精品旅游区。整合沿途旅游资源，统一规划，统一建设，全力打造以体验沿途宗教文化和生态文化为主，集观光、休闲、度假、旅游、探险为一体的精品旅游区。三是建设"三江源"生态精品旅游区。积极培育以玉树、班玛林区、年保玉什则湖、阿尼玛卿山等景区为重点，深入挖掘高原奇特的自然景观和特色文化，重点开发观光、生态、科考、猎奇、探险、登山等旅游产品的三江源生态旅游区。

三 青海旅游资源开发的新路线、新维度

（一）构建新路线

构建以西宁为中心旅游依托城市，以"环西宁一小时经济圈"内城镇为二级依托镇，开辟青海湖和河湟谷地两条旅游环线，打造青海湖、河湟谷地、祁连山三个旅游片区通过交通线路组织和景区支撑，实现景城联动、特色旅游城镇支撑的良险发展，还有就是以风景廊道和自驾车服务体系筹全省旅游。针对青海风景在路上，地域广博，景区点分散的特点，可以探索以建设风景廊道和自驾车旅游服务体系筹全省旅游发展的新模式。以交通运输网的改进为突破口，围绕目的地和精品旅游线路配置交通线路，提高旅游通达性和便捷性，缩短景区、景点与旅游中心城市的时间距离。以"一圈三线"为重点，逐步推进自驾车精品线路建设，建设配套的自驾车服务设施体系。重点加强省内公路等级改造及域内公路环线建设，实现西宁至各州县达到二级以上公路，旅游景区通油路，精品旅游线路直线通车的目标。集中建设以环青海湖、三江源、唐蕃古道、祁连山、丝绸之路寻踪、世界屋脊探险、青川自驾车线路等为代表的八条精品旅游线路。

(二) 开发新旅游景点

青海旅游资源应"多维"开发，根据青海旅游资源开发优势分析、资源特点及省情，在资源开发时选取"多维"开发的思路，即从"时间、空间和旅游产品类型"三个维度进行开发（如图 8－1）。

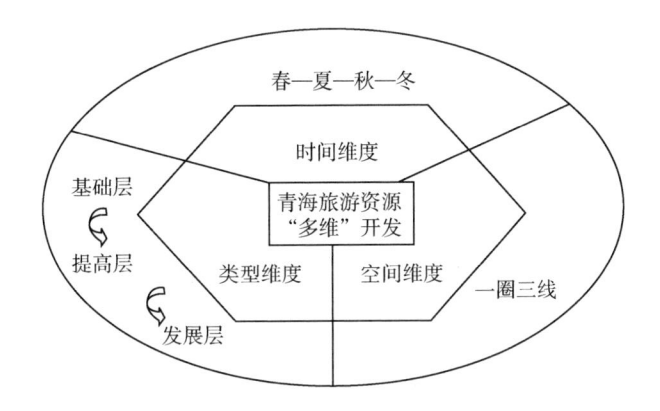

图 8－1　青海旅游资源开发思路图

1. 时间维度

即按不同的时间进行旅游资源开发或组合，可根据春夏秋冬四季不同、旺季淡季不同开发出各自主题的旅游产品。

青海省旅游旺季主要集中在 7、8、9 三个月，其余时间则为淡季。在进行旅游资源开发时，需整合自然旅游资源与人文旅游资源，发挥其优势，盘活淡季旅游。具体思路为：每年的 1—5 月，在青海主要旅游景区或者旅游资源所在地都会有一些民俗性、生态性和经济性的旅游活动，但 10 月、11 月和 12 月，除前期活动的遗留活动和偶尔举办冰雪文化节之类的旅游活动外，再无其他新的旅游活动。因此在进行全省旅游资源开发前期，不妨将此因素考虑进去，设计出新的旅游产品。在旅游活动或者旅游产品设计开发的参与方式上遵循"政府引导、社会参与、地区联合"的模式（如图 8-2）。

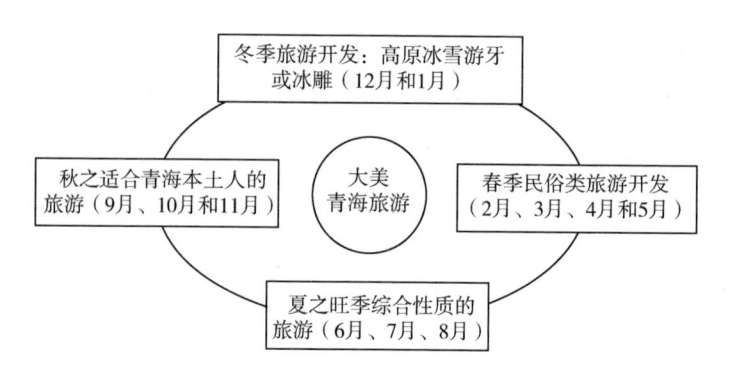

图 8-2　青海全年旅游开发分布示意图

每年的 12 月、1 月是青海最寒冷的时间，是进行冬季旅游的最好时节，可开展类似高原冰雪挑战赛或者冰雕节等活动，通过冰雪活动做到淡季不淡；2 月是中国传统新年，青海本土居民在过年时有着独到的民族民俗类活动，而 3、4、5 三个月是青海春回大地，万物复苏的好时节，可开发或丰富特色民俗旅游活动；6、7、8 三个月是青海黄金旅游季节，在做好旺季常规旅游接待工作的同时，更应乘胜追击，利用旺季效应做好新产品的组合设计工作；9、10、11 三个月是青海旅游慢慢走入淡季的时段，在青海不管是农民还是企事业单位的工作人员，此时相对刚刚过去繁忙的 6、7、8 三月，是休闲的好时节，结合教师节、国庆节、中秋节等可开发出形式各异的具有一定优惠性质的"青海人游青海"主题旅游；同时，结合五彩斑斓秋季色彩、土族那顿等资源特点，展开"秋的丰收"为主题的系列旅游活动，如摄影大赛。

2. 空间维度

空间维度的开发是指按不同的空间范围进行旅游资源的开发或组合，具体为根据青海省发展旅游的骨干框架来进行资源的开发或者组合。

"一圈三线"是青海发展旅游的骨干框架，即环西宁旅游圈、祁连旅游线（北线）、三江源生态旅游线（南线）和青藏路沿线昆仑文化溯源

(中线)。根据框架结构,就"圈"和"线"进行主题式旅游开发。

3. 旅游类型维度

根据旅游产品不同的层次类型展开旅游资源的开发,具体分为基础层、提高层和拓展层,具体如下。

基础层旅游开发:主要包括自然风光展示和历史人文展示。(1)自然风光展示:包括山地观光、江河湖观光和生物景观赏,如山地类感受山之雄伟(祁连山、日月山),江河湖类如坎布拉地质考察游、祁连八一冰川科考游、特色高原江河湖观光游等,生物景观观赏如"祁连山草原之旅,寻找最美格桑花,品尝最鲜黄蘑菇"、"互助北山清心之旅,在高原森林、瀑布间感触自然之魂"等。(2)历史人文展示:主要有宗教文化体验、遗产文化体验等。

提高层旅游开发:就青海省而言,首先,在原有基础上适当注意当地特色饮食及节庆文化的推广,如青海清真国际食品节的推广,在该节庆期间,鼓励更多的自助游客或旅游团队参与本活动,品尝高原美味,体验民族风情。其次,加强对各宗教、各民族特色的文化表演的开发,此类表演需注意"前台区"和"后台区"的区划,"前台区"更多的是让游客直观观看或者参与文化表演,更进一步地了解文化,感受大美青海之多元风情,享受原生态高原古朴的生活气息;而"后台区"则是当地各民族特色文化或宗教文化的原生区,一般不让游客参观。

拓展层旅游开发:针对"大美青海"旅游资源特色,可开展主题内容如下的发展层旅游:自驾车旅游、房车露营旅游、科学考察旅游、康体运动旅游、攀岩运动、横渡河(湖)运动、徒步探险转山转湖朝圣或摄影旅游等。

(三)打造主题旅游园区

在旅游产品的规划设计和改造创新上,要抓住青海省旅游资源中特殊的自然属性,找准旅游资源中不同的文化特性,构建不同类型的主题旅游园区,以增强其文化性。主题产业园区依附自身丰富的旅游资源以及特色主题性，在进行旅游开发时，其旅游产品不应局限于一般的游、购需要，而是向康体度假、科普教育、知识体验、商务会展、休闲娱乐等类型聚集的综合型旅游方向发展，且园区内的配套服务设施相对较为完善，有助于增添旅游产品的丰富度，使旅游内容更加充实，并可具体呈现在以下两个方面：

1. 艺术类主题产业园区

在这个园区主要以艺术设计、艺术产品制作等为主题产业，围绕艺术类产业的创造设计、参观体验等为主导核心内容的主题产业园，可通过对符合条件的景区更新改造，使其焕然一新，成为集画展厅（廊）、艺术活动中心、艺术家创作室、设计部门等各类空间于一体的聚集区域，通过艺术类产业及配套产业的发展，增添了园区的旅游吸引性，提供给游客艺术类的观光体验游。

2. 文化娱乐类主题产业园区

在这个园区主要以休闲娱乐产品或文化娱乐产品的制作与体验为主题产业，整个园都是围绕园区内拥有的主要文化背景来发展相关的娱乐项目等，以文化为主线，依据产品的关联度，增加产品组合的深度和宽度，增加生态旅游产品的内涵。例如，如好时巧克力世界，就是一个以巧克力发展和制作的历史文化为背景，来设置一些各类供游客享受的主题性娱乐体验和相应的服务设施，从而促成巧克力文化娱乐主题产业园区的形成。

第二节　文化产业数字化发展

一　提升旅游行业整体的新媒介认识和使用能力

从 20 世纪 90 年代起，互联网作为一种新兴的传播载体，在我国得到迅速发展，经济的快速发展与技术的不断革新，为互联网的普及提供了强大的动力，任何接触网络的人都有可能成为网络的使用者，这些新的媒介形式可以为青海旅游业提供更加丰富的信息和更加便利的宣传渠道。旅行业作为朝阳行业在新媒体的支持下迅猛发展起来，手机和互联网为代表的新媒体为各种旅游产品的宣传和营销提供更为广阔的宣传平台。酒店、旅行、美食等服务性产品都建立起独立的互联网网站和手机公众微信，然而在青海旅游业中新媒体实际应用的理论基础相对滞后，导致新媒体对旅游行业的发展实际作用降低。因此，新媒体语境下提升旅游产业的媒介认识和使用力具体措施如下：

(一) 重视网络社区，提升旅游产业化的知名度

以购买旅游产品为例，超过50%的网民一般都会在做出是否购买产品的决定之前查看其他购买者对产品的评价，旅游产品为体验型产品，消费者在购买旅游产品之前会面临一定的购买风险，因为很难找出恰当的标准对旅游产品进行评估，所以旅游者都会在网络上搜集很多旅游产品的相关信息，会认真考虑其他人对产品的评价，之后才会做出是否购买的决定。从这一角度来看，旅游企业要重视提升网络上的企业形象和服务质量，如何在知名旅游网站发布与旅游有关的信息，提高自身旅游品牌的知名度，使其恰到好处地引导消费者购买旅游所需，有的旅游企业利用意见领袖进行宣传和引导。

意见领袖指的是网络上受人关注，且具有一定信任度的人，这些人常常在论坛、博客上发表个人观点，帮助其他网民解答问题以及提供一些建议。他们可能不是行业内部人员，也可能不是社会知名人士，但是因为这些人的身份与大多数消费者的身份处于同一层次，他们的意见才会得到更多消费者的认可。青海旅游企业营销人员可以邀请意见领袖亲身体验旅游产品，并用详细的笔触描绘出自己的旅游经历和旅游感受，达到宣传旅游产品的目的，提高旅游企业的知名度。

旅游企业也可以在一些人气比较旺盛的网络社区设置一些专门的营销人员，通过在线与消费者直接进行交流，一方面宣传自己的旅游产品，另一方面获得最直接的消费者反馈信息。这样做能在两个方面产生积极的作用，一是有利于尚未购买旅游产品的人对旅游产品形成良好认识，能吸引

一部分旅游者前来购买；二是有利于增加购买过旅游产品的人的好感，特别是有利于企业弥补自身过错，为旅游者提供质量更高的服务。

（二）强化网络微博传播渠道，营造良好的旅游产业互动平台

如今，好的旅游平台越来越多地关注微博，而且有很多企业开始认识到微博在旅游行业营销中的积极作用。因此，青海旅游企业不但应主动利用微博拓展市场，还可利用其管理目标客户，纷纷开通微博服务平台，并在微博上以文字配图片的形式宣传自己的旅游产品，使没有体验过旅游景点及产品的人更多地了解旅游景点及有关的旅游产品，这样能引起消费者的兴趣并激发游客的旅游欲望。但是在实践中，网民很少过于关注发布的旅游产品信息，因为很多网民对企业发布的旅游产品信息持怀疑态度，怀疑信息的真实性，网民在心理上容易认同普通网民发布的旅游信息。在调查研究中发现，很多网民喜欢通过微博与旅游企业进行互动，尤其青睐于针对某一话题进行讨论。同时，青海旅游企业可以特意设置一些具有争议性的话题，并将旅游信息恰到好处地隐藏在话题中，使网民自由讨论，基于网络信息的高速传播性，旅游产品信息很快就会得到扩散，从而达到宣传和推广旅游产品的目的。

二 建立以大数据为基础的旅游服务质量跟踪与反馈体系

大数据时代的到来，有关青海旅游的服务质量可从统计数字中快速获得有关服务质量、旅游价值信息等内容，诸如旅游后带来的愉悦度是否符合个人的需要，这些景点能否在众多竞争行业中脱颖而出，这些都是青海旅游企业需要及时了解的信息。因此，建立完善的大数据体系对每年的服务质量数据进行分析，并实施有效跟踪，将有利于调整青海的旅游方案、良性发展和持久发展。主要路径包括以下几个方面：

（一）建立以大型旅游合作企业为主要板块的网络系统

青海旅游业的各个景点的单位共同建立一个网络平台，可以随时分享让游客更为满意地服务，快速发布有关青海旅游某个景点的宣传照片及特

色，旅游过的游客可以在这个平台分享自己的旅游经验、感受等。如可以举办旅游景点介绍的视频竞赛来吸引网民兴趣，号召网民将自己制作的旅游景点视频上传到网站，这种方式不但可以取得良好的宣传效果，同时将宣传成本控制在较低的水平。旅游企业和网络平台可以一起商议参赛视频的主题范围，内容不能脱离自身的产品范围，必须坚持扩大自身旅游产品的影响以及提升在消费者群体的形象的基本原则。一般来说，游客在去某个地点旅游前会通过对景点进行评估，对旅游企业发布的信息进行搜索、比对。最后，大型企业通过数据库建立信息发布的数字统计，游客的搜索数据、游客的满意度评价数据，青海旅游企业就可以直接利用这些数据进行当年游客满意度进行分析，包括哪些景点的服务满意度高、哪些景点比较热门与冷门等，这是非常重要的反馈途径。

（二）建立以游客为主体内容的网络系统

在建立这个网络系统起初，青海旅游业给予第一批游客一定的优惠，在系统中要不定期发布一些活动和有关青海旅游方面特色产品的优惠活动。以能快速吸引游客反馈自己的信息，建立更为完善的青海旅游反馈体系，游客在这个网络系统中可以有自己的账号，能够自行登录、查询、修改有关的信息。这样不仅可以统计当年的数据信息，第二年、第三年同样能够继续跟踪下去，游客在网络上填报自己相关信息也很方便，随时有变动随时在网上填报。青海旅游企业负责人员要经常上网浏览信息变动情况，对有用的信息及时分析并提供给旅游企业相关部门，为旅游业的发展提供真实可靠的数据依托。

（三）利用算法推送形成持续性，个性化的旅游服务信息传播

建立了完善的网络系统后，根据收集到的用户信息及对应的用户模型，通过设定算法目标进行学习，并对特定用户计算出推荐结果，以此利用算法推送个性化的定制服务。当前海量的信息以其无序性挑战着人们的认知能力，无效信息、虚假信息充斥人们的眼球。同时人们应用媒体的能力和时间有限，利用算法推送定制服务可以高效地获取所需信息，可以在一

定程度上缓解游客对旅游信息选取的信息过剩的困境。因此，基于建立完善的网络系统后通过算法的个性化推送技术，可以给游客带来直接的"私人定制"感，真正实现了游客对于信息的"选择性接触"。

（四）注重社群传播的解构与重构对旅游观念的影响

现代旅游观念主要有两类：一是为寻求精神寄托和自我提高而旅游；二是为内涵需求而旅游。在这个阶段，人们旅游观念的理性表现主要体现在"重休闲""重和谐""重健康"和"重环保"。在旅游分众化趋势下，有不同兴趣爱好的人更愿意找相应的群体一起出游。同质化旅游产品已被大众慢慢抛弃，传统旅行社要想在个性化的社群出行市场打出一片新天地，及时占领稀缺的社群资源很重要。

社群出游追求志同道合，这样聚集起来的游伴，会在行程中碰撞出各类不一样的元素，激发更多的游览兴趣。比起普通跟团游或纯粹的自由行，很多青少年更喜欢有主题性质的个性旅游产品。社群旅游是真正以游客为中心、以游客喜好为引导、以游客体验为目的的新型组织形式。不同于僵化的游客组织形式，社群旅游是人性和人本的回归，它让人们从内心激发的好奇、求新、欣赏、愉悦得到真正满足。

自媒体的兴起促进公共领域加速向社群转变，信息的传播逐渐演进为用户生产内容（UGC）。社会中一群志同道合的人聚集在一起，积极的网络传播者成为意见领袖，把圈子里的人聚合在一起，从海量信息中剔除干扰信息，为群员过滤出有用的信息，并连接其他圈子，成为重要的网络节点。很多有共同旅游目的地的游客通过网络自然而然形成一个小的社会群体，在这样的社群中，通过意见领袖对某些内容的转发、阐述，无形中吸引更多的游客向往。

青海民族旅游应把握社群传播，将旅游目的地打造成社交群体的兴趣聚合地，即某个社交圈层慕名前往并多次旅游消费，成为固定社交地。在科学的市场细分基础之上，针对各个圈子打造不同的社交平台将塑造出针对各个层次社交旅游群体的旅游目的地。

社交旅游与其他形式的旅游的本质区别在于，其他旅游形式的核心重点在于旅游目的地本身，社交旅游的重点在于人，即社交对象。因此，社交旅游目的地的打造比普通的旅游地的打造要更加具有难度，不仅仅要打造好旅游目的地本身，还需要更加强调人性化的服务，更要经营好为意见领袖的服务，以此来创立社交旅游目的地的品牌。

运营商本身具有广大的人际交往圈子，使其可以借助人际传播与口碑营销形成较强的运营优势。主题性、专属性的社交旅游目的地成功，往往要归功于运营商自身的人际圈子。例如华彬集团马会、星河湾的品酒会等。在不具有已经累积的人际交往圈子的情形下，则需要针对特定的社交旅游群体做出营销宣传。如邀请某位演艺界明星或体育界明星常年免费到旅游目的地进行消费，以此来吸引相同圈子的群体，从而构建社交旅游群体，最终形成特定的社交旅游目的地品牌。也就是说，一系列的预订和售后服务措施以保证社交旅游目的地的圈子性和私密性是社交旅游目的地成功运营的重要工作。

第九章 文化间性中的媒介与产业研究思考：微观—"线上—线下模式"的民族文化产业发展路径

第一节 文化产业的线上行动方案

媒介的变迁笼统地说是印刷品时代到图像时代，再到能够承载一切的互联网的时代。结合社会生活的角度来看，占领人们生活的媒介形态的发展大致是书籍报刊类的文字到以电视手机为载体的图像影像。总的趋势是从文字到图像，从抽象到具象。前者需要在阅读的过程中通过读者的精微的理解力去将一串文字符号转化成抽象的概念、含义和感受；后者则不需要这种理解力，直观看到的东西就是图像和影像想要表达的东西。"没人会看不懂一张照片，照片就是真实发生的场景，无所谓理解不理解，明白不明白"。

从微信到短视频，这样的变化符合媒介形态的变化。人类社会的媒介越来越朝着碎片化的方向发展，短视频的出现更像是对人类所能承受的碎片化的程度的挑战。在印刷品时代，书籍所承载的信息和知识是以文字形式呈现的，要说明一种观点，需要将本身没有任何意义的符号组合在一起，形成严密的逻辑，通顺的语境，读者在阅读的时候既要理解单个语句和段落的意思，也必然要在书中呈现出的逻辑和语境中才能真正理解其含义。因此印刷品时代是一种连贯的、相互联系的阶段。而后碎片化的进程开始了，无论是视听结合下打造的电视节目还是目前占领人们生活的新闻报道和手机文章皆是破碎的，文化产业同样也需要根据时代的变化而采取一定的线上行动方案。

一　依托互联网建立民族文化旅游的媒介互动平台

随着计算机、手机的普及，与生活密切相关的许多领域如营销、旅游，正在"微信""微博""微商""微旅游""微营销"等的陪伴下，进入一个全新的无"微"不至时代。与互联网相偎依的新型旅游正在将人们从过去走马观花、早出晚归的跟团观光模式中"解放"出来，使用"互联网+旅游"将门票、酒店、旅行社几秒钟之内搞定的外出旅行的方式，正在悄然让旅游变得更加惬意、实惠。

作为最有说服力的官方旅游通道，"青海省旅游局"官方微博从开通后，每周阅读量近7000次，"青海省旅游局"官网微信公众号累计关注人数达5472人。小小的手机成为青海旅游宣传的最大功臣，互联网无形之中缩小了我们生活的世界。

（一）提供更加便捷的旅游服务

"互联网+"让来青旅游更加便捷，如今的民族旅游，在"互联网+"的浪潮中，越来越便捷。打开微博，类似"明天去青海湖，还差两位，有拼车的旅友尽快联系我""这几天不要去鹞子沟啊，封山整顿中""现在青海湖堵车，大家不要自驾来青海湖"等诸多旅游信息不断被分享传播，帮我们节省了旅游资源、避免了堵车、下雨等不必要的旅途困扰。不必再为住宿一房难求困扰，用互联网提前订酒店，既解决了旅游者需求，又更加合理调配了酒店房源。去野生动物园不再是排队买票，更多人选择在美团网订票，免去排队之苦的同时享受了网购的优惠，还可以下载地图导航。"移动当中随心的旅游"让旅行的决策与购买变得更加便捷与随意，越来越多的用户开始选择在旅途中"边走边订"。互联网正在让来青的游客在随心所欲中品味出大美青海的更多细致味道……

"互联网+"带动相关产业变革,青海湖景区正式开通微信摇一摇购票和微信支付购票功能,游客通过青海湖微信公众号摇一摇支付购买门票后,可凭电子二维码在售票窗口取票,景区还通过微信平台实现了语音导览,不仅免去排队之苦,游客还可以边观景区边用手机导览听讲解。此外,青海湖景区与去哪儿网、同程网、携程网等网络分销商合作开展预订青海湖景区门票服务,扩展了营销渠道,减小了景区售票压力。

塔尔寺官方网站通过音视频讲解、图文并茂的方式详细呈现塔尔寺景点风貌,使喜欢藏传佛教的游客在实地游览之前领略到塔尔寺魅力。"厌倦了江南水乡的清秀,那就来一场大美青海的波澜壮阔吧!""带着你爱的人,来一场说走就走的茶卡之旅"。这是西宁一家婚纱摄影公司微信广告语,随着旅游业的持续火爆,婚纱摄影业也进入了旺季,汽车租赁行业、饮食业等传统行业经营者纷纷加入各大团购网站和淘宝、携程等电商平台。各行各业都在迫不及待的分享着"互联网+旅游"这场盛宴。

从官方微信、微博到全民"朋友圈",从传统旅行模式到专业旅行APP软件的广泛应用,"互联网+旅游"新格局逐渐形成。以政府部门为主导,研发集旅游宣传、景区介绍、天气预报、酒店、车辆预订为一体的手机APP,发布权威信息,避免误导游客。

(二)建立专家引导服务体系,形成"意见领袖"式的旅游消费

意见领袖在旅游网络口碑的传播过程中起到关键性作用。意见领袖进行旅游网络口碑传播的影响因素包括三个方面:动机性因素、体验性因素、媒介因素。青海旅游中网络口碑传播的影响因素与口碑的传播与满意度和个人因素有着密切联系。Penny M. Simpson 和 Judy A. Siguaw(2008)[1]的研究表明在口碑传播中满意度和身份特点有重要的影响,而满意度水平和身份特点因旅游者类型和居住地类型的不同而明显变化。就青海旅

---

[1] Penny M. Simpson, Judy A. Siguaw, Destination Word of Mouth: The Role of Traveler Type, Residents, and Identity Salience, *Journal of Travel Research*, 2008, pp. 167 – 182.

游业而言，其口碑传播也存在不同于其他行业的地方。例如：美国学者克拉克在加勒比海的研究表明旅游地居民对旅游者显示出的不友好会带来负面口碑和旅游业的不景气。表达情感、分享传播自己的旅游经历同时获得自己在旅游方面的自我提升以及参与到网络营销之中是意见领袖的主要动机；专家所进行的网络口碑的传播更倾向于旅游经历中诸如旅游形象感知、旅游服务满意度等互动性内容；此外青海旅游业应对传播平台的选择完善，使其更具有稳定性、互动性、关注度。这样意见领袖在选择传播平台时，考虑网站的特点以表达他们在选取旅游景点方面的看法。

（三）充分利用媒介技术建构互联网宣传模式

1. 场景化与 VI 的应用

场景化的前提和核心是真实性，在表现内容上，要深入挖掘地方文脉，忠于地方文脉，真实再现地方特色；在表现效果上要达到有一种不是历史却胜似历史的规划效果，通过精心的构思和设计，使游客获得一种仿佛置身于其间的美好体验。场景化在形式上也要不拘一格，多种多样。在表现内容上，游客形成完整旅游体验是从所接触到的整体环境中获得的，因此场景化展示的内容呈现多样性、全面性的特色。在表现手法上也要呈现多样性，防止出现单调、呆板的旅游氛围。场景化展示手法的题材具有地方性，不论是自然景色、人文风情均体现地方文脉，在建筑材料的选取上也要突现地方特色。还有景区所需人力资源也尽量从本地获得，这在一定程度上能保证本地居民切实地从景区开发中获得利益。亲近性是场景化展示中一个非常重要的原则，指的是景区的策划要根据人的需求进行，凸显人本主义，这就要求景区的策划要从游客的角度来进行，想游客之想，特别是在细微处的策划设计方面，使游客在欣赏不同文化内涵的同时，拥有一种真实的归属感和安全感，减少游客在异地的"紧张感"，一定程度上增加游客的逗留时间。

把场景化的真实性与 VI 相结合，好的 VI 设计能将原本枯燥的语言通过具有艺术性和趣味性的视觉图形表现出来，青海具有众多的旅游景区，VI能更好地展现景区羊毛。生动活泼的 VI 旅游设计能吸引消费者的视线，引发消费者的好奇心，给人美感，让人心动，所以完美的 VI 旅游设计与场景化相结合具有巨大的审美价值。青海旅游 VI 设计应具有强烈的视觉冲击力，且形式完美、装饰性强、创意独特，使人赏心悦目，让人们在愉悦中牢记青海旅游文化。具有审美价值的 VI 设计，更能贴近人们的生活，有强烈的亲和力，让人们喜欢、耐看、易认、易记。

2. 场景化与 AI 的应用

青海旅游利用媒介技术建构互联网宣传模式，需要合理使用相关技术来实现旅游的有效创新，而 AI 人工智能技术以其突出的技术优点，逐渐成为旅游产品与服务创新中的重要手段，与场景化的结合更好的凸显青海旅游文化的独特之处。

机器翻译是人工智能的重要分支和最先应用领域，旅游解说是旅游产品或服务中的重要内容，在传统的旅游服务中，往往采取的是人工解说的形式，但是随着游客数量的不断增加以及消费者个性化定制需求的提高，在实际情况中人工解说已经逐渐无法满足实际需要。而人工智能技术能够有效缓解人工解说的压力，满足游客对于旅游解说的需要。首先，在境外旅游中，随着人工智能技术的发展，目前的翻译软件已经实现了很高的智能化与信息化，在翻译软件的应用形式中不再只局限于字典形式，游客能够在人工智能的帮助下对路标、语音、菜单等不容易转化为字典性质的待翻译内容进行有效的翻译，从而为游客的境外旅游提供必要的翻译服务。其次，利用人工智能技术在旅游中的应用，能够在一定程度上实现对人工导游的替代，利用自助导览软件来实现游客旅游过程中导游引导与讲解工作，自助导览软件的应用一方面能够有效缓解目前旅游行业中导游数量不足的情况，另一方面也能够给予游客更大的选择自由，从而为游客的个性化定制旅游提供便利。最后，在人工智能技术的应用中，能够通过计算机的智能语音实现与游客的交流，在这一过程中就实现了传统人工导游形式中，导游对于旅游产品的语音介绍，提高游客的旅游体体验感与互动感。

二 充分利用社交媒体的优势建构"口碑营销"的模式

口碑营销又称病毒式营销，其核心内容就是能"感染"目标受众的病毒体——事件，病毒体威力的强弱则直接影响营销传播的效果。在今天这个信息爆炸，媒体泛滥的时代里，消费者对广告，甚至新闻，都具有极强的免疫能力，只有制造新颖的口碑传播内容才能吸引大众的关注与议论。所以，口碑营销的内容要新颖奇特。

随着移动互联网技术的不断革新和发展，新浪微博、新浪博客、腾讯微博、微信、QQ、今日头条、抖音等新兴社会化媒体工具已经渗入到人们的生活当中。社会化媒体对旅游业的许多方面，特别是在信息检索、决策行为、旅游推广、社会及同消费者的最佳互动起到了显著作用，青海旅游业应牢牢抓住微信的营销模式。推广"口碑营销"

（一）微信

微信是基于新一代即时网络的互联网信息技术开发而来，其信息推送具有及时性、互动性、精确性，改变了青海旅游的服务方式。青海旅游利用微信平台或微信连接到第三方服务平台，不断丰富完善自身功能。通过对组织开发、人力管理、营销等产生影响进而创造新服务概念与新顾客服务界面，是青海旅游服务创新的新型工具，运用微信对青海旅游服务进行创新，使青海旅游整个服务系统不断的降低营销成本，进而为景区带来更高的利润。

1. "微信营销"概念带动青海旅游服务创新

微信是一种跨平台的通信工具。"微信营销"由于其具有用户规模庞大、实时性、互动性、精确性及强关系链等特点。青海旅游应建立自己的微信营销号，扩大对青海旅游区的推广。

2. 微信服务界面引导青海旅游服务创新

微信服务界面是顾客和旅游服务之间沟通、交互、共享信息的平台。

新服务界面实现景区同游客信息间的双向互动式交流，为游客参与青海旅游服务创新奠定了基础。

3. 微信服务系统促进青海旅游服务创新

游客满意度是衡量旅游服务质量的重要标准，是企业赖以生存和发展的根基。随着旅游服务业竞争的加剧，旅游企业必须重新审视员工在服务游客、创造价值中的角色定位。景区针对相关服务部门，对员工进行培训，使其熟练掌握微信营销内涵、微信服务界面技巧。景区通过微信平台及时地掌控旅游服务质量，创造更好的顾客满意度。此外，微信能提升组织内部的沟通、协调、组织及管理，有助于青海建立高效、灵活的旅游服务团队，进而促进青海服务创新。

4. 微信技术支撑青海旅游服务创新

微信作为一款跨平台的通信工具，并实现和特定群体的文字、图片、语音、视频、图文消息五个类别的全方位沟通、互动。在游客间实现一对一、一对多和多对多互动，增强了游客旅游体验的趣味性。

用户添加微信公众平台号后的回复语设置可分为自动回复、用户消息回复、自定义回复三种，可以根据自身的需要进行添加。还可以对用户进行分组，政府、景区、商店可以对每个组群发的信息做一个详细的时间安排，提前把相关的文字和图片素材准备好。对信息的推送可以是直接的也可以是间接的，间接的内容可以是保健、饮食文化、旅游规划路线等方面的，直接的内容就是当地实在的折扣信息等。用户的分组管理也可以针对新老游客推送不同的信息，同时还方便对新老游客的不同提问分别回复。这种人性化的贴心服务一旦受到顾客的欢迎，顾客便愿意使用微信分享自己的旅游体验进而形成口碑效应，对青海民族文化旅游品牌的知名度和美誉度提升效果极佳，无形中就达到了营销的目的。

总之，微信信息传播迅速，使个人社交、企业信息推送时效性更强。用户可以不受时空限制，随时随地进行沟通交流，及时对信息进行接收并反馈。随着智能手机的普及和微信用户的迅速膨胀，微信应用延伸的地方越来越多。比如便民查询、多样缴费、转账刷卡等功能，微信的使用率越高，其营销就越容易达成。

(二) 微博

旅游微博营销具有成本低、即时性、定位准、口碑好、互动强、效果快、目标准、调研易等特点，网络营销的优势明显。从发展趋势看，旅游微博推动的网络营销应成为青海旅游的营销手段，具有广阔的发展空间。

2018年9月末至10月初，支付宝"锦鲤[①]活动"成为备受关注的营销事件。2018年国庆，支付宝用一条"祝你成为中国锦鲤"的微博打破了社交圈的平静。由200多商家组团提供的、价值300万元的"中国锦鲤全球免单大礼包"在微博上共收获了400多万转评赞，2亿曝光量。[②] 本次支付宝"锦鲤活动"重新定义了社交营销，创下了"企业营销史上最快达到百万级转发量""企业传播案例中迄今为止总转发量最高""企业营销话题霸占微博热搜榜单最多""企业营销24小时内给个人涨粉量最多"的四项纪录[③]。成功的背后是支付宝对消费者心理的深刻洞察，是对社会化媒体的精准把握及其社交属性的最大化利用，是造势与借势的完美结合。"锦鲤"本身自带话题性与传播性，尤其在支付宝锦鲤之前"锦鲤"一词刷遍了微博和微信朋友圈。并且"锦鲤"文化在微博流行已久，由于年轻人的日常"迷信"，可谓已形成一种锦鲤文化。而微博"一呼百应"的社交属性为本次营销活动奠定了坚实基础。支付宝锦鲤营销所提供的奖品丰厚之极让消费者艳羡不已，而中奖者的稀缺性更是将活动推向极致，吸引着大量地消费者。消费者无论其是出于好奇还是侥幸，抑或是仅仅只是想成为这一热门话题的参与者，纷纷参与到此次狂欢活动中，层层转发，进而以极快的速度实现裂变式传播。

---

① 网络流行语。代指一切跟好运相关的事物：如有好运的人，或可带来好运的事情。
② 识微看舆情：《2018年优秀营销案例分析：锦鲤式营销事件》，百家号2019年1月10日，https://baijiahao.baidu.com/s?id=1622179800327487501&wfr=spider&for=pc。
③ 运营研究社：《支付宝锦鲤营销背后，有4个精心策划的内幕！》，千家网2018年10月9日，http://www.qianjia.com/html/2018-10/09_307025.html。

实际上，支付宝锦鲤事件仅仅只是其"全球周"推广活动中计划已久的一个营销活动，但其将传统的自说自话、封闭式的企业品牌营销传播活动变成了一个全民皆可参与的开放舞台，借助企业蓝 V、微博大 V 的号召力，利用微博平台的爆发力，巧妙造势与借势形成一片生机勃勃的社交圈，实现社交传播裂变，并完成了支付宝锦鲤活动从活动开始、启动初期、进行时、公布结果等多级裂变，将支付宝锦鲤活动的话题热度推向极致，创造出一个热闹的营销生态。

青海地区也可以积极拥抱微博，而支付宝此次成功的微博营销，青海民族文化旅游也可从其中得到启发：（1）洞察人性，抓住人们好奇、向善的心理，合理的利用，营销的终极战场一定是用户心智的占领。（2）话题选择要贴近热点，简洁明了，让用户一眼读懂，才有可能参与。（3）别给用户设置门槛，参与要容易，过程尽可能简化，超过几步的活动基本不会有人参与。（4）巧用资源，借助其他大 V 帮助传播，支付宝锦鲤营销并非单枪匹马冷启动，其实背后与微博蓝 V 进行了合作，还有微博官方为其增加曝光量。（5）善于总结，多对成功的旅游活动进行总结复用，就像支付宝将在锦鲤营销上，沿用集五福等系列品牌活动的优势一样。

基于微博营销成功的发展案例，青海旅游微博营销应从与旅游目的地营销相结合、打造旅游微博集群化平台、重视意见领袖的作用、关注用户的反馈和兴趣偏好、加强旅游信息的细分化传播。

（三）客户端

人们对旅游信息的搜索行为一般是在客户端，客户端主要有"PC 端"和"移动端"，"移动端"强调信息搜寻速度，"PC 端"则着重于信息搜寻深度。"移动端"预测能力表现出现代都市人更强调信息获取速度。人们特定的行为习惯的影响，亦不可忽视。青海旅游应该重视客户端的运用。人们产生旅游想法的时候通常会处在闲散时间，客户端不受时空约束，更易进行搜索，且目的性较强；旅游是一个流动性问题，由于消费的是目的地，所以必然有空间移动和到访的过程，此时客户端就可以发挥流动性的作用。

利用客户端传播的联动，可以直击旅游者和当地居民的需求痛点。其一为360度全方位视角。通过三维图像结合，将所在景点1：1还原，完成360度视角的随意旋转，每一个角落都能被观测。且每个景点都会画出，这样看起来会不死板，彰显出比较人性化的一面。

假如你想要看全景，以"王家大院"为例，你将会看到一个庞大的红色的建筑群，那个就是堡，仿佛又是一个城，它们都背山建立。从高到低分四层并且并列，左右对称，中间是一条大的主干道，形成一个"王"字整齐的造型。又蕴含着我国古代"龙"的造型。这座堡里一共有88个院子，每个都具有自己的特色，没有一处雷同。在这其中有几家是遥遥相对，仍可以想象到当时的气魄。它不仅仅是我们山西人的骄傲，更是中国建筑上的荣耀。

其次，如果你还想要看细节，那么仅需点你想要看的地方，就会出现细节图，不仅仅会出现图片，还带有一番注解，这样就会让大家更加了解王家大院作为文化的象征，它潜移默化地熏陶着我们世世代代子孙，让我们谨遵祖训，引导着我们在这一条路上有所作为，同时也激励着我们，不断推动着山西的发展以及家族的兴旺。

操作便捷、简单。这款App的操作简单、便捷，假如你想要了解更多的细节，就可以点开那个景点，旁边一栏里有各种各样的信息，还以"王家大院"为例，我们设有导航功能，如果离得近，你可以选择自驾游，就会显示出它的地理位置，它位于山西省灵石县城东12公里处的中国历史文化地。距离现在世界文化遗产双古城之一的"平遥古城"只有35公里。以及它的简介，由静升王家家族经明清两个朝代、历经了300多年才建成，总面积达到了25万多平方米，不仅仅是一座具有传统文化特色的历史民居，而且还是全国重点文物保护单位和国家4A级景区。

消费水平的显著提高，使旅游成为人们假期休闲、好友相聚的方式之一。但是，互联网时代，如何在最短的时间内获得更多的信息资源是我们的必要条件，旅游是不能例外，且因为经济发展，对这个资源的需求更加迫切。而对于一个外省而来的游客，一款好用的旅行 APP 就显得更加的重要了，游客可以在这个 APP 找到这个省的所有旅游景点。

所以，一站式旅游消费服务，也是旅游行业发展的趋势和方向。但一直以来很少有网站将其做得比较成功。但是当你计划旅游的时候，就应该找出其附近相应的酒店宾馆及其他设施，所以，将景点周围的特色食宿也加入其中，这样便可以一站式体验当地特色，同时可以 360 度全方位视角观看。

第二节　文化产业的线下布局方案

一　对现有旅游资源的文化归类，凸显旅游带给消费者的精神享受

旅游是一种特殊的休闲方式，是属于非物质的，但又同时融于人们的精神生活之中。旅游文化作为一种特殊的文化形式，在传统的中国文化中有着独特的地位。自古，各地风景就是中国人所热衷的，诗人们歌颂过很多美好景色，现在社会每逢佳节全家朋友聚会，总会去郊外风景优美的地方玩，在中国很多对情侣都是在旅游的途中增进了感情，可以说美景在中国不仅仅只是美景，更是一种文化的积淀，是属于全世界的宝贵财富。

青海旅游资源得天独厚，丰富的自然生态景观，悠久灿烂的古代文明遗存，多姿多彩的少数民族风俗文化，均可构成独具特色的旅游品牌。打造青海多元特色旅游项目，顺应旅游者消费心理向综合性需要发展的趋势青海旅游资源繁多，千差万别，这些旅游资源的社会条件和自然环境各不相同。因此，我们要有针对性的满足旅游者的精神需求，开发多种多样的旅游项目，一改原本以观光旅游为主的单一的旅游产品结构，让旅游者更具有选择性。

（一）原生态旅游增加消费者的精神享受

青海省的自然资源优势尤为突出，拥有大量的湖泊、山峰、草原、沙

漠、戈壁、动植物，等等。用这些与各州县的风土人情及地理状况相结合，带给消费者在视野上的不同。体会青海这块土地带给人的神奇之处。

（二）民族民俗旅游加强消费者的精神享受

青海省作为一个少数民族大省，大力开发民俗旅游产品会有很大的挖掘空间。感受不同的民族风情，增加消费者对于不同民族文化的理解与尊重，促进民族融合和民族团结，满足消费者对于不同生活的追求。

（三）宗教文化旅游增添消费者的精神享受

青海是我国古代由中原通往西域、吐蕃的通道。因此，其文化受到了中原文化、印度文化及阿拉伯文化的影响。加之青海民族众多，宗教文化的底蕴也非常浓厚。青海的主要教派有藏传佛教、伊斯兰教和道教，也有少数人信仰基督教。对不同的消费者，产生不同的精神层面。这些宗教文化唤醒人心灵的纯净，体会到不同的精神境界。

二 加强旅游衍生产品的设计

（一）日本熊本县的借鉴意义

在日本，最为成功的旅游衍生品当属日本熊本县的"熊本熊"（如图9-1），它是城市的形象具化的产物，被称为熊本县的吉祥物。吉祥物的概念起源于 21 世纪初，特指日本各地区为了宣传当地特色而设计的二次元形象。这只带着腮红的黑色憨熊，没有自身故事内容的载体孵化，横空出世，短短几年时间就变成了国民"网红"，不仅在日本研究机构 RJC 的"吉祥物品牌排行榜"一举夺魁，更是被点名在日本天皇和皇后面前表演。甚至在申请火炬手时因"非人类""年龄不详""易燃"等理由被东京奥运会拒绝，引起全网的争相播报。

而这一成功城市 IP 的打造的秘诀，首先是有辨识度的形象设计。以熊本城主色调黑色打底，加上象征"火之国"的两坨圆圆的腮红，打造出憨厚萌系的形象。同时，从挥手到捂嘴，所有动作都经过精心设计，以贱萌的高度拟人化行为来拉近与消费者的距离。

292 / 情境与范式

图 9-1　熊本熊形象图

熊本熊的衍生品营销也是开启城市营销成功之路的关键。熊本熊诞生之初，熊本县政府便划拨经费，为这只熊制订了一系列的营销计划。首先，熊本熊被赋予了真实身份：县政府聘任熊本熊为熊本县营业部部长兼幸福部部长，这也是第一位吉祥物公务员。其次，正式出道前，熊本熊就开通了 Twitter 账号，加上熊本县官网的介绍页面以及熊本熊专属博客，可以说打造了全方位的网络宣传平台，这也为后续的营销活动和粉丝推广奠定了传播基础。另外，从出道开始，县政府就进行了一系列的事件营销，如 2010 年，在任命熊本熊为临时公务员后，县政府让熊本熊前往大阪，完成派发名片的任务，但是在任务中，这只憨熊突然"失踪"，熊本县政府立刻召开新闻发布会，呼吁大家一起"寻找熊本熊"。最终熊本熊被找回，这也引起了大量的关注，成了热点话题。而在 2012 年，熊本熊"丢失"了自己象征"火之国"的腮红，县政府又一次召开新闻发布会，熊本熊也跑去了东京警视厅报案，并上了电视。在公众参与提供线索后，腮红最终被找回。事后有媒体表示，这次营销达成了 6 亿日元的广告效果。

而后因为减肥计划失败而被降职等事件,充分吸引了公众的广泛关注。在事件营销之外,熊本熊致力于"蹭热点",在冰桶挑战、运动会等热门话题中频频出现。而影视植入方面,熊本熊也参演了多部影视剧和动漫作品,积极地在多领域的活动中出境。

第三个成功秘诀,是在形象使用方面,熊本县不收取熊本熊的版权使用费,使得熊本熊的影响力和经济效益激增,也是将熊本熊推向全国走向世界的重要因素。熊本县政府表示,只要通过政府审核,证明商品有助于熊本县的宣传,品牌就可以使用熊本熊形象。这一举措使得各个品牌纷纷注册使用熊本熊形象,这也像滚雪球一样让熊本熊的曝光率不断增加,也使得熊本熊有了完整的延伸产业链。

这只熊为熊本县带来了巨大的经济溢出效益,将农业大县熊本县的观光、农业、制造业各领域盘活,仅 2017 年一年,该县"熊本熊"的周边产品销售额就达到 1408 亿日元。熊本熊也成了名副其实的超级 IP。

(二)青海加强旅游衍生品布局的借鉴意义

旅游商品既是商品,也是纪念品。发展旅游商品就要集中打造有地方特色文化又有时代性的旅游商品。应该充分利用青海具有传统民族特色的制作材料和制作工艺将青海特色文化和艺术内涵相结合,打破旅游商品和非旅游商品不可逾越的界限,把旅游景点以及商品的实用性、鉴赏性、收藏性等各方面巧妙的结合在一起,突出青海浓郁的高原特色,显示出个性、差异性及独特性。比如,青海藏羊集团开发的"藏之梦"系列小规格低道数藏毯,吸引了众多外地游客的青睐,原因是这样的产品富有浓郁的地方文化特色,让人耳目一新,自然会受到游客的欢迎。

发展旅游商品就要集中打造有地方特色又有时代性的旅游商品。青海的旅游商品应该增加民族特色。商品提高档次、品位。我们知道,游客买旅游商品是因为它的独特性、异样性、地域性、纪念性部分的实用性。提高生产工艺,使得很多旅游商品制作精良、包装精美、精致、美观、增加对游客的吸引力。

三 建立"中央厨房"式的旅游信息采集和发布平台

"中央厨房"既是硬件基础和技术平台,也是大脑和神经中枢,应具备集中指挥、采编调度、高效协调、信息沟通等基本功能。其实质上来说,是青海旅游业在互联网时代应该具备的要素,青海旅游业进一步调整旅游架构和旅游信息归类,利用技术手段强化信息采集处理,最终高效生产旅游信息系统。并对一些旅游信息平台进行监管的新型旅游管理机制。从结构上来说,"中央厨房"是旅游信息平台和发布平台的完整融合。信息技术平台的搭建,是实现青海旅游业发展的基础。

四 建立旅游管理舆情危机预警和防控机制

旅游网络舆情如果应对不当,容易演变为旅游网络舆情危机事件。一些学者对旅游网络舆情危机事件的定义是随着信息科技的发展以及网络新媒体的普及,经由网络媒介的曝光、传播、扩散及放大,使旅游目的地的形象遭受冲击的旅游危机事件[1]。旅游网络舆情危机有可能危害社会稳定,影响公共政策,并造成政府形象危机,这是一个比旅游目的地形象危机更为严重的后果。如有的学者以湖南凤凰古城门票事件为研究对象,从旅游网络舆情危机的视角,分析旅游包容性发展问题,认为当游客利益受损时,旅游目的地改革方案的不透明和不科学,容易引起公众对当地地方政府旅游改革政策的质疑,造成政府形象危机[2]。

青海的网络监管部门对于旅游管理舆情的监管预警主要采取的部署是通过多个下级监控点对旅游管理舆情信息的采集分析,提交给上级监控点,并最终由上级决策点做出预警决策。而在具体的旅游管理舆情危机预

---

[1] 付业勤、郑向敏、张俊:《旅游网络舆情危机事件的时空分布规律研究》,《财经问题研究》2014年第9期。

[2] 王超、骆克任:《基于网络舆情的旅游包容性发展研究——以湖南凤凰古城门票事件为例》,《经济地理》2014年第34期。

警工作流程中，一般是先从网络上（如论坛、BBS 新闻站点、博客 Blog 等）采集相关旅游管理舆情信息，通过对该信息的分析（如热点话题发现、网民观点倾向性分析等），产生分析结果，并依据该结果对旅游管理舆情危机事件进行预警。

旅游管理舆情危机的防控机制是借助危机管理、网络传播和信息管理的策略，对旅游危机事件进行有效控制。旅游管理舆情危机的防控机制是以法律法规为基础，及时处理好公众知情权和个人隐私等之间的关系，有效地将舆情控制在合适的范围之内，确保网民具有一定的知情权和监督权。在互联网快速发展的时代背景下，加快了网络舆情的发展速度和传播速度。青海旅游管理部门和相关企业需要严格遵守科学合理的发展原则，增强自身的危机意识，重视社会大众提出的意见和建议。此外，旅游舆情有关部门还需要不断加强自身的责任感和使命感，严格要求自己，共同维护青海旅游形象，推动青海旅游行业的可持续发展。

五　形成与国内外相关旅游 NGO 组织的合作机制

（一）青海旅游与 NGO 组织的合作的优势

NGO（非政府组织）在公民社会发达的国家，扮演着举足轻重的作用。NGO 组织作为不同于企业、政府的第三方组织，在某些公共服务、公共治理方面具有独特的优势。如果能将 NGO 组织运作引入青海的旅游景区的经营管理，那么将创新青海相关景区的管理模式，产生更多的经营业态。同时，也能更好地发挥青海旅游的社会效益，让青海的旅游资源不仅仅是享誉国内，更重要的是可以通过与 NGO 组织的合作机制，走出国门，吸引更多国外的爱好者。以此可以扩大当地的旅游群体，增加和扩大青海地区的旅游收入与来源。

首先，引进 NGO 可以给旅游景区带来专业化、贴近需求、深入细致的服务。有需求点的地方就能进行服务的细分和创新。景区某些服务可以交由 NGO 运作，NGO 凭借其各式各样的自愿人才以及专业特色，可以为景区产品和服务的创新提供许多可能。如针对老年群体，景区可以通过专业的服务老年群体的NGO，为老年人在景区的旅游通过专业、人性化的细致服务。

其次，节约人工成本。将NGO引进景区，可以节约景区管理的人工成本。比如景区的导游讲解员，景区可以在某些特殊时段，通过NGO招募志愿者群体。这些志愿者可以是当地居民也可以来自其他地方，对该景区特别感兴趣的民众，将志愿者经过简单培训用作导游讲解员，不仅可以发挥志愿者热情的服务优势，而且也可以帮助景区节约成本。

除此之外，NGO在弱势群体服务中甚为活跃，它们活动的一大特性是"使得没有被听到的声音得以发出"。在旅游景区管理中引入NGO，可以为弱势群体发声，使得弱势群体参与旅游的机会增多，增强社会的公平性，从而提高景区的社会效益。利用NGO公益性的特点，也可以化解景区管理遇到的舆论危机。

最后，NGO具有倡导功能。NGO在自身提供公共服务的同时，还具有政策倡导价值，即让各自不同的声音可以反映进入公共政策的制定和执行过程，促进政策的科学性、促进政府、企业及第三部门自身的责信，比如公民教育、环保组织对环境价值的倡导，残疾人权益保护立法的倡导，等等。景区如果能和NGO合作的话，NGO的一些理念将改变景区经营者的狭隘理念，可以带来景区管理新的理念和价值观。景区管理者在NGO组织的倡导下，将在社会公益和社会其他方面作出更大的贡献。比如目前，景区门票经济与当地居民的利益经常造成冲突，政府很多时候又无法真正起到调和作用的时候，如果在这三者之间引入NGO机制，将给旅游利益相关者利益冲突问题带来新的解决办法。这也是NGO公益性的体现。

（二）通过NGO组织增加资源景区的收入

门票收入只是资金来源的一部分，而不能将其作为收入的全部。这些公共属性的景区在资料来源上应该创新思维。比如可以通过特定的NGO组织进行接受来自国内外企业、社会的捐赠。另外，在接受捐赠的同时，景区也应该加强自身的经营运作能力，但是获得的利润不应该在管理者内部分红，而应再回馈给国内外的企业或社会，如此才能形成良好的循环，发挥最大的社会效益。

(三) 促进旅游景区的社会营销

利用公益性的社会营销，对于旅游景区的宣传将起到意想不到的效果。可以通过选择获得免费产品和服务的弱势群体，通过他们开展公益性的社会营销。不仅可以树立良好的景区形象，而且会有大量的国内外媒体对这样的事件进行报道，从而为景区进行了宣传，不仅在国内使得更多人知晓，而且也增加了国外的知名度。

参考文献

一 外文文献

Kater M. E., Heidegger's Confrontation with Modernity: Technology Politics and art, *German History*, 1992.

Samuel Huntington, Culture Matters: How Values Shape Human Progress, *Basic Books*, 2000.

Edward W. Said, Culture and Imperialism, *New York: Vantage Books*, 1994.

See Terry Eagleton, Literary Theory: An Introduction, Minneapolis, *The University of Minnesota Press*, 1996.

Raymond Williams, Culture and Society, 1780—1950, *London: Chatto & Windus*, 1959.

Chen Chen, Professor Habermas visited China and delivered a speech, *Social Sciences Abroad*, 2001.

Allolio-Nacke L., Interculturality, *Springer New York: Encyclopedia of Critical Psychology*, 2014.

Paul Bagguley, Interculturalism: the new era of cohesion and diversity, *Interculturalism The New Era of Cohesion and Diversity*, 2012.

Cantle T., National identity, Plurality and interculturalism, *The Political Quarterly*, 2014.

Maxwell B., Waddington D. I., McDonough K., et al., Interculturalism, multiculturalism, and the state funding and regulation of conservative religious schools, *Educational Theory*, 2012.

Cantle T., National identity, Plurality and interculturalism, *The Political Quarterly*, 2014.

Dan H. S., The role of interculturalism in European integration, *Studia Universitatis Bahes-Bolyai*, Europaea, 2014.

Dervin F., *Interculturality in Education: A Theoretical and Methodological Toolox*, London: Palgrave Macmillan UK, 2016.

Dervin F., Towards post- intercultural teacher education: Analysing "extreme" intercultural dialogue to reconstruct interculturality, *European Journal of Teacher Education*, 2015.

Dunne C., Developing an intercultural curriculum within the context of the internationalisation of higher education: Terminology, typologies and power, *Higher Education Research & Development*, 2011.

Bedekovi V., Bosni I., Jakovi B., An intercultural personnel competence in cultural tourism, *Tourism & Hospitality Industry* 2014 *Trends in Tourism and Hospitality Management*, 2014.

Jafari J., Nuryanti W., Wall G., Intercultural perspectives on tourism, *Annals of Tourism Research*, 1993.

Carmen B., Daniela I., Andreia I., Interculturality—a factor of tourism development (part 1-gastronomy in tourism, attraction or impediment), *Annals of Faculty of Economics*, 2009.

Favero, "What a wonderful world!": On the "touristic ways of seeing", the knowledge and the politics of the "culture industries of otherness", *Tourist Studies*, 2007.

Fan D. X., Zhang H. Q., Jenkins C. L., et al., Does tourist—host social contact reduce perceived cultural distance, *Journal of Travel Research*, 2017.

Wang C., Miao L., Matti la A. S., Customer responses to intercultural communication accommodation strategies in hospitality service encounters, *International Journal of Hospitality Management*, 2015.

Everingham P., Intercultural exchange and mutuality in volunteer tourism: The case of intercambio in Ecuador, *Tourist Studies*, 2015.

Mil stein T., Communicating "normalcy" in Israel: Intral intercultural paradox and interceptions in tourism discourse, *Journal of Tourism and Cultural Change*, 2013.

Basil Hatim & Ian Mason, *Discourse and the Translator*, London: Longman, 2001.

Simpson, Penny M., Siguaw, Judy A., Destination Word of Mouth: The Role of Traveler Type, Residents, and Identity Salience, *Journal of Travel Research*, 2008.

二　中文文献

［意］安东尼奥·拉布里奥拉：《关于历史唯物主义》，杨启潾等译，人民出版社1984年版。

［法］弗朗索瓦·冈绍夫：《何为封建主义》，张绪山、冯兆瑜译，商务印书馆2016年版。

［美］史徒华：《文化变迁的理论》，张恭启译，远流出版事业股份有限公司1989年版。

［英］霍布斯鲍姆：《民族与民族主义》，李金梅译，上海人民出版社2006年版。

［英］马凌诺斯基：《文化论》，费孝通等译，华夏出版社2002年版。

［美］史徒华：《文化变迁的理论》，张恭启译，远流出版社1989年版。

［以］S.N.艾森斯塔特：《反思现代性》，旷新年、王爱松译，生活·读书·新知三联书店2006年版。

[德] 马克思、恩格斯：《马克思恩格斯选集》第 1 卷，中共中央马克思恩格斯列宁斯大林著作编译局，人民出版社 2012 年版。

[美] 塔尔科特·帕森斯：《社会行动的结构》，张明德等译，译林出版社 2003 年版。

[美] T. 帕林斯：《现代社会的结构与过程》，梁向阳译，光明日报出版社 1988 年版。

[瑞士] 雅克布·布克哈特：《世界历史沉思录》，金寿福译，北京大学出版社 2007 年版。

[英] 爱德华·伯内特·泰勒：《原始文化：神话、哲学、宗教、语言、艺术和习俗发展之研究》，连树生译，广西师范大学出版社 2005 年版。

[美] 大卫·丹穆若什：《什么是世界文学?》，查明建、宋明炜等译，北京大学出版社 2014 年版。

[保] 亚历山大·利洛夫：《文明的对话：世界地缘政治大趋势》，马细谱等译，社会科学文献出版社 2007 年版。

[西] 曼纽尔·卡斯特：《认同的力量》，黄丽玲等译，社会科学文献出版社 2003 年版。

[英] 哈维·弗格森：《现象学与社会学》，刘聪慧、郭之天、张琦译，北京大学出版社 2010 年版。

[美] 比尔·科瓦奇等：《真相》，孙志刚译，中国人民大学出版社 2015 年版。

[英] 彼得丹尼尔斯：《人文地理学导论：21 世纪的议题》，邹劲风译，南京大学出版社 2014 年版。

[英] 戴维·莫利：《传媒、现代性和科技："新"的地理学》，郭大为等译，中国传媒大学出版社 2010 年版。

[英] 奥利弗·博伊德-巴雷特、克里斯·纽博尔德编：《媒介研究的进路——经典文献读本》，汪凯、刘晓红译，新华出版社 2004 年版。

[德] 加达默尔：《真理与方法》，洪汉鼎译，上海译文出版社 1999 年版。

[德] 尤尔根·哈贝马斯：《后形而上学思想》，曹卫东等译，译林出版社

2001年版。

[英]戴维·莫利:《传媒、现代性和科技:"新"的地理学》,郭大为等译,中国传媒大学出版社2010年版。

[美]瓦伦·史密斯:《东道主与游客:旅游人类学研究》,张晓萍等译,云南大学出版社2002年版。

[美]塞缪尔·亨廷顿:《文明的冲突与世界秩序的重建》(修订版),周琪等译,新华出版社2009年版。

《马克思恩格斯选集》,人民出版社1984年版。

《马克思恩格斯文集》,人民出版社2009年版。

《周恩来选集》,人民出版社1984年版。

郑明轩、蔡汉珞、梁锋:《党报少数民族文字版如何提升影响力》,《新闻前哨》2010年第12期。

丁智才:《民族地区少数民族特色文化产业发展研究》,《广西民族研究》2014年第6期。

李鸿、张瑾燕:《供给侧改革与民族地区文化产业的转型升级》,《大连民族大学学报》2016年第4期。

习近平:《决胜全面建成小康社会夺取新时代中国特色社会主义伟大胜利——在中国共产党第十九次全国代表大会上的报告》,人民出版社2017年版。

张会龙:《论我国民族互嵌格局的历史流变与当代建构》,《思想战线》2015年第6期。

刘成:《民族互嵌理论新思考》,《广西民族研究》2015年第6期。

陈连开:《中国·华夷·蕃汉·中华·中华民族》,中央民族学院出版社1989年版。

周平:《中国民族构建的二重结构》,《思想战线》2017年第1期。

周平:《中华民族的性质和特点》,《学术界》2015年第4期。

费孝通:《中华民族的多元一体格局》,《北京大学学报》(哲学社会科学版）1989 年第 4 期。

马戎：《民族社会学导论——社会学的族群关系研究》，北京大学出版社 2005 年版。

费孝通：《简述我的民族研究经历和思考》，《北京大学学报》（哲学社会科学版）1997 年第 2 期。

钱乘旦：《世界现代化进程》，南京大学出版社 1997 年版。

余谋昌：《地学哲学：地球人文社会科学研究》，社会科学文献出版社 2013 年版。

郭圣铭、王晴佳：《西方著名史学家评介》，华东师范大学出版社 1988 年版。

费孝通：《中华民族多元一体格局：修订本》，中央民族大学出版社 1999 年版。

许彬、谢忠：《论地理环境对中华民族多元一体格局形成和发展的影响》，《广西民族研究》2007 年第 1 期。

郭家骥：《地理环境与民族关系》，《贵州民族研究》2008 年第 2 期。

周智生、猴晓婷：《藏彝走廊地区多民族经济共生形态演进机理研究》，《云南民族大学学报》（哲学社会科学版）2014 年第 3 期。

许宪隆、张成：《文化生态学语境下的共生互补观——关于散杂居民族关系研究的新视野》，《中南民族大学学报》（人文社会科学版）2011 年第 5 期。

于逢春：《构筑中国疆域的文明板块类型及其统合模式序说》，《中国边疆史地研究》2006 年第 3 期。

罗康隆：《论民族生计方式与生存环境的关系》，《中央民族大学学报》（哲学社会科学版）2004 年第 5 期。

费孝通：《费孝通文集》第 15 卷（1999—2001），群言出版社 2001 年版。

费孝通：《费孝通论文化与文化自觉》，群言出版社 2005 年版。

费孝通：《费孝通文集》第 14 卷（1996—1999），群言出版社 1999 年版。

班班多杰：《和而不同：青海多民族文化和睦相处经验考察》，《中国社会科学》2007年第6期。

郝时远：《中华民族：从中央民族工作会议的论述展开》，《黑龙江民族丛刊》2016年第1期。

马戎：《中国民族关系现状与前景》，社会科学文献出版社2014年版。

韩庆祥：《现代性的本质、矛盾及其时空分析》，《中国社会科学》2016年第2期。

张琳：《现代性的信仰困境与信仰塑造》，硕士学位论文，复旦大学，2012年。

冯平、汪行福、王金林等：《"复杂现代性"框架下的核心价值建构》，《中国社会科学》2013年第7期。

衣俊卿：《现代性焦虑与文化批判》，黑龙江大学出版社2007年版。

郗戈：《现代性的矛盾与超越：马克思现代性思想与当代社会发展》，中国人民大学出版社2014年版。

邱梦华：《中国城市居住分异研究》，《城市问题》2007年第3期。

郭家骥：《地理环境与民族关系》，《贵州民族研究》2008年第2期。

马戎：《中国人口跨地域流动及其对族际交往的影响》，《中国人口科学》2009年第6期。

李松、张凌云、刘洋等：《新疆主要民族空间分布格局演变——基于1982—2010年人口普查数据》，《人口研究》2015年第4期。

社会学概论编写组：《社会学概论：试讲本》，天津人民出版社1984年版。

潘玥斐：《文化自信为世界文明增添色彩》，《中国社会科学报》2017年1月13日第1版。

李慎之：《数量优势下的恐惧——评亨廷顿第三篇关于文明冲突论的文章》，《太平洋学报》1997年第2期。

许慎：《说文解字》，中华书局1978年版。

郑玄注，孔颖达正义：《礼记正义》，吕友仁整理，上海古籍出版社2008年版。

钱穆：《论语新解》，生活·读书·新知三联书店2005年版。

赵毅衡：《哲学符号学》，四川大学出版社2016年版。

刘建明：《舆论传播》，清华大学出版社2012年版。

《列宁全集》，人民出版社1986年版。

刘勰：《文心雕龙·原道》，中州古籍出版社2008年版。

郑德聘：《间性理论与文化间性》，《广东广播电视大学学报》2008年第4期。

郑度：《关于地理学的区域性和地域分异研究》，《地理研究》1998年第17期。

孟召宜、沈正平、渠爱雪等：《文化多样性研究述评与展望》，《淮海工学院学报》（人文社会科学版）2015年第13期。

单波：《跨文化传播的问题与可能性》，武汉大学出版社2010年版。

曹卫东：《交往理性与诗学话语》，天津社会科学出版社2001年版。

窦开龙：《民族旅游的定义及内涵》，《现代商业》2008年第12期。

甘晓盈：《青海省文化产业报告》，《新西部》2018年第7期。

李明真：《从战略角度浅析青海省酒店企业生存现状及战略选择》，《经营管理者》2016年第33期。

李勇：《网络新闻评论的效果研究》，硕士学位论文，山西大学，2007年。

周大鸣：《树立文化多元理念，避免民族旅游中的同质化倾向》，《旅游学刊》2012年第27期。

张宏瑞：《文脉在文化资源旅游开发中的主导作用》，《资源开发与市场》2004年第2期。

陈少峰：《文化产业读本》，金城出版社2009年版。

宋英萱：《浅谈如何加强旅游业的竞争性》，《现代经济信息》2011年第4期。

宋亮：《青海省民族文化旅游信息传播效果研究》，硕士学位论文，青海大学，2015年。

李星明、朱媛媛、胡娟等：《旅游地文化空间及其演化机理》，《经济地理》2015年第35期。

王超、骆克任：《基于网络舆情的旅游包容性发展研究——以湖南凤凰古城门票事件为例》,《经济地理》2014 年第 34 期。

文化部关于推动数字文化产业创新发展的指导意见,2017 年 4 月 11 日,http://zwgk.mcprc.gov.cn/auto255/201704/t20170424_493319.html。

新华社:《习近平指出,中国特色社会主义进入新时代是我国发展新的历史方位》(2017-10-18)[2018-01-12],http://www.xinhuanet.com/2017-10/18/c_1121819978.htm。

新华社:《全国城市民族工作会议在京召开,俞正声作出批示》(2016-01-07)[2018-01-12],http://paper.people.com.cn/rmrbhwb/html/2016-01/07/content_1645850.htm。

新华社:《中共中央政治局召开会议,研究进一步推进新疆社会稳定和长治久安工作》(2014-05-26)[2018-01-12],http://www.gov.cn/xinwen/2014-05/26/content_2687490.htm。

《习近平在第二次中央新疆工作座谈会上发表重要讲话》,《人民日报》2014 年 5 月 30 日。

新华网:《中央民族工作会议暨国务院第六次全国民族团结进步表彰大会在北京举行》(2014-09-29)[2018-01-12],http://www.xinhuanet.com/politics/2014-09/29/c_1112682650.htm。

胡锦涛:《在庆祝中国共产党成立 90 周年大会上的讲话》(2011 年 7 月 1 日),《人民日报》2011 年 7 月 2 日第 2 版。

习近平:《在庆祝中国共产党成立 95 周年大会上的讲话》(2016 年 7 月 1 日),《人民日报》2016 年 7 月 2 日第 2 版。

习近平:《在哲学社会科学工作座谈会上的讲话》(2016 年 5 月 17 日),载《人民日报》2016 年 5 月 19 日第 2 版。

习近平:《共担时代责任,共促全球发展——在世界经济论坛 2017 年年会开幕式上的主旨演讲》(2017 年 1 月 17 日,达沃斯),《人民日报》2017 年 1 月 18 日第 3 版。

习近平:《在文艺工作座谈会上的讲话》(2014 年 10 月 15 日),《人民日报》2015年10月15第002版。此文以下简称"艺谈",采用随文夹注形式。

习近平:《在哲学社会科学工作座谈会上的讲话》(2016年5月17日),载《人民日报》2016年5月19日第2版。

后记　媒介的全球化与文化的在地化：民族文化的间性发展与社会认同

在网络社会当中，社会人的主体性是逐渐消解还是进一步强化？是异质化还是同质化？在消费社会中，公众在日益增多的符号消费，甚至过度的符号消费中是一种迷失还是自我意识重构？在后真相时代，对情感的追求及借此获得的集体狂欢背后，松散和暂时集合体是否让人们对个体身份、团体身份、社会身份的识别产生困惑？在后媒介时代，信息传播拥有更多的渠道，形成更大的社会关系网络，提供更多自主化的或是超验的信息以丰富社会人认知的同时却又一次次冲击人们在原有经验体系上建构的认同并使之显现出脆弱的一面。在多元文化时代，各种文化呈现出的交互、嵌套特征，以及已然成为客观因素的文化间性使得没有哪一种文化能够完全独立的和以最初的样式存在，旧文化的解构和新文化的确立进一步加速某种社会意识的重新建立，进而对受到新的文化影响的主体产生在身份、认同问题上的规约。与此同时，将社会人视为某一文化的主体则需要进一步明晰，主体是否能在这一文化机体中对自己的身份有所识别，这是产生相应文化行动的基础。作为行动者的文化主体只有对共同享有的文化产生认同的时候才能将行动本身的诉求转化成文化价值，而这种认同同时也催生了对该文化的自信。对上述问题的观照并不是批判性的反思，而是对其实质的提炼，即如何明确主体身份并形成文化认同基础上的文化间性。

应该看到，当前新技术的发展，尤其是媒介技术的日新月异，使社会各主体之间的交互性进一步增强，可以假设一个理论并将其称之为多元主体互动。这一假设并非建立在虚无的想象中，作为现代最后一个主体哲学家的胡塞尔曾经提出"交互主体性"并认为主体性的关键依然是"同一性"，但是"同一性"绝非主体自身拥有的某种特质，而是与"他者"结合之后形成的"移入"与"共现"关系。在这里，移入是共现的前提，而移入本身不仅仅表现了主体"在"的意识，更显现了"在"的位置——与他者同经历、共体验，同思维、共情境，化入他者的存在，他者成为"另一个自我"。可以说，移入就是一种互动，是自我和他者之间的交互作用，而作用的结果则带来了同一性。实际上，上述互动同时是自我借助他者感知自身身份和形成身份认同的过程。正如拉康所说，"我对我在符号交流中采取的各种身份有所感觉、有所觉悟，自我在这些'自我感觉'中产生。"[1] 通过与他者的对话——"我是谁""我如何去表达"以及通过获义而对成功的表达实现经验积累并逐渐进入身份认同。换句话讲，主体身份认同是自我与他者在共景的文化单元中通过交流与互动实现的，并且这一过程伴随着对共同拥有和使用的文化符号传递。

拥有共同解释的社群——即解释社群，同时拥有着生产"共享文化"的能力并对这一文化产生较高认同进而结成文化社群。于是，可以看到这样一个逻辑线索，从主体互动到主体身份认同再到借助社群传播出现解释社群，逐渐稳定了社群关系，而这种关系最突出的表达式则是"共享文化"的产生和对该文化的认同。由此也可以连接胡塞尔所说的共同主体性与身份认同、文化认同之间的关系，它们之间潜在的动力是互动，在社会关系中以对话的形式出现。当然，认同不是这一过程的最终结果，认同是人们意义与经验的来源，认同形成后"反哺"社群，成为社群行动者为其目的所做的"象征的确认"[2]。而这里的象征是社群在"共享文化"中对

---

[1] 赵毅衡：《哲学符号学》，四川大学出版社2016年版，第23页。
[2] [英]哈维·弗格森：《现象学与社会学》，北京大学出版社2009年版，第121页。

文化符号使用的意义积累，在历时的发展中符号意义上升成为文化中一些抽象的部分，比如信念、观念，并以此塑造了使用文化的自信。

如果说建立文化间性的前提之一是社会人对"共享文化"的认同，那么就必然要进一步解析认同的产生及其意义。通常，认同的社会建构发生在一个以权力关系标示的脉络当中，这种对认同形成及起源的界域性认知使得可以将认同本身的构造进行三个方面的解释。

其一，社会发展的运行规律可以探测其轨迹的合理方式之一是通过制度、支配性制度以及区隔在不同文化环境中制度产生支配性的差异。首先应该强调的是，制度隶属于文化的范畴，其对认识和理解文化具有相当的指示意义。而更为重要的是，由社会支配性制度所介导，以拓展及合理化它们对社会行动者的支配成为一种合法性的认同产物，或者可以称之为合法性认同——产生公民社会的基础动力。虽然公民社会有通过非暴力的形式便能掌握国家的可能性，但不得不说，文化的多元主义和信息的碎片化等社会实景已经使公民社会开始被逐渐瓦解，合法性认同在社会中曾经拥有的宰制性在受到更多因素的挑战时而逐渐弱化。

其二，在不得不承认文化具有标出性时，可以得到或直接感知的结果是，被标出成为异项的文化在主流文化的压抑和被污名化的环境中，持有该文化的社会行动者会产生拒斥性认同。为了抵制乃至反抗主流文化他们建立战壕，以不同或相反于既有体制的原则为基础而生存。在这种情况下"排除者对排除他的人们所进行的排除"[①] 和自组织，促成了某种文化社区并使之带有防御性。这种情况在社会中时有发生，尤其是在观念塑造的过程中。观念自身存在着文化标出性的意义，有些观念是非标出的，有些观念是标出的，这是因为在观念建构的过程中与文化一样存在二元对立。

其三，如布尔迪厄所说："现代社会中，人不一定知道自己叫什么，但一定要知道自己处于什么位置。"位置对社会行动者而言其重要性在于，

---

① [西]曼纽尔·卡斯特:《认同的力量》，黄丽玲等译，社会科学文献出版社2003年版，第196页。

基于对自身所处社会位置的判断来明确阶层、立场和角色。可是，如果将位置看作是固定的或是一成不变的又会陷入主观僵化的尴尬中。社会信息系统因技术因素变迁后形成的客观情况使社会人拥有了更多获得文化材料的渠道和平台，同时也让社会行动者通过建立一个新的认同来界定他们的位置，换句话讲，借助媒介所形成的思想与符号层面的互动、互证使新的认同可以去解释变动不居的位置，也因不断改变着的位置行动者经常处于各种调试与转换当中并借此寻求社会结构的全面改造。这正如卡洪举例说明的一样："当女性主义从女性身份及女权抵抗的战壕中出来，挑战父权家庭，整个生产、再生产、性别及人格结构都长期依赖的父权主义时。"上述对认同社会建构层面的分析可进一步揭示，在构筑民族、阶层、社区文化同一性的过程中，认同在不同的历史阶段和不同的文化环境、语境下均是社会行动者在认知自身所处社会位置以及借此产生行为意向性的核心因素，在时间和空间的浸润之下形成行动的惯习，也由此建立起共同的文化心理基础。

　　文化自信折射出的不仅是文化主体心理层面的共识与共感，同时也是在社会变迁和今天称之为文化星丛的时空中建立起来的主体与他者之间由互动产生的共在与共思。实际上，这里需要进一步观照的是两个问题，其一，在社会变迁中存在着认同的建构、解构与重构过程，这将直接关系到文化自信的产生。网络社会的崛起深刻影响着社会结构的变化，这种结构变化最明显的写照则是越来越片段化的社会形态，与此同时，人们不再是自主主体，而是在"永恒时间"中瞬息性的为了某个临时议题形成的"暂时联盟"，时间似乎已经被摧毁，高速的信息化和大量超文本的传播，消除了顺序，创造了更多的未加分化的时间，这使一般社会的文化主体在认识和理解他们身边的世界时必须借助与他人的互动来实现，甚至在理解自身时也必须通过"我看人看我"。从时间上重新解构了信息社会从而间接分离了原有的社会整体性，主体成为他者的主体并最终导致主体在符号互动的过程中为了获得意义而进入区隔化的社群。也因此，大范围的社会认同很难再像"钟摆时间"指引的那样在公民社会中以共同经验的方式出现,"认同的分解,相当于作为一个有意义的社会系统的社会之分解"①,而这正是今天社会的具体情境。认同在整体社会中碎片化的解构,使认同重构本身成为再次形成社会凝聚力和自信力的重要问题,而这一问题在国家、民族、社会不得不面对全球化的过程中显得更加迫切。

其二,全球化过程中新的认同重构的根源与意义,其与文化自信发声的空间相关。在这个新的时代背景下,对全球化、信息化的对抗实际催生了新的认同产生,这种认同发轫于抵制的意义并因此建立起抵抗的社区。"抵制认同"社区防守他们的空间和区域,对信息时代产生社会支配性的流动空间和无地方逻辑进行抗争,以此来进一步稳固社区认同。应该说,"抵制认同"成为今天这个时代产生认同的一种根源,它植根于一种对抗意识和实践于社会主体自主性形成的社区中(在较长时间的行动和意义积累之后,社区明显成为一个文化社区并以新的权力再现形式——信息符码与意象来维系社区认同),因此也可以说,全球化导致了社区化,或者越是全球化的越是社区化的。但同时需要注意的是,当"抵制认同"成为一种现实情况,其具有的孤立性又与信息社会本身存在的联通性产生矛盾,换句话讲,"抵制认同"并不能成为当前认同重构的实践基础,而真正的问题是由上述矛盾所催生的计划性认同出现。在计划性认同中颇具代表性的领域认同是一个明显具有计划性的方案,地方与区域政府在代表制与干预制两个方面表现出的调适能力是面对全球流动的无穷变化时的显著力量和重要角色。其在充分理解文化间性并通过利益、取向与共同抗争的基础上建立相对范围的文化认同社区,从而使自身的文化自信能在更大的空间中得以彰显和确立。

---

① [西]曼纽尔·卡斯特:《认同的力量》,黄丽玲等译,社会科学文献出版社 2003 年版,第 277 页。